中国科学院院士传记丛书
老科学家学术成长资料采集工程

吴征镒传
一生情缘植物学

吕春朝 著

1916年	1937年	1949年	1955年	1958年	1987年	1995年	2003年	2007年	2013年
出生于江西九江	毕业于清华大学生物系	奉调中国科学院	选聘为中国科学院院士（学部委员）	任中国科学院昆明植物研究所所长	任《中国植物志》主编	获何梁何利基金科学与技术进步奖	获何梁何利基金科学与技术成就奖	获国家最高科学技术奖	逝世于昆明

老科学家学术成长资料采集工程
中国科学院院士传记丛书

一生情缘植物学
吴征镒 传

吕春朝 ◎ 著

中国科学技术出版社
·北京·

图书在版编目（CIP）数据

一生情缘植物学：吴征镒传 / 吕春朝著 . — 北京：中国科学技术出版社，2022.10

（老科学家学术成长资料采集工程丛书 . 中国科学院院士传记丛书）

ISBN 978-7-5046-9143-9

Ⅰ. ①一… Ⅱ. ①吕… Ⅲ. ①吴征镒（1916—2013）—传记 Ⅳ. ① K826.15

中国版本图书馆 CIP 数据核字（2021）第 158357 号

责任编辑	余　君
责任校对	焦　宁　吕传新　邓雪梅　张晓莉
责任印制	李晓霖
版式设计	中文天地

出　　版	中国科学技术出版社
发　　行	中国科学技术出版社有限公司发行部
地　　址	北京市海淀区中关村南大街 16 号
邮　　编	100081
发行电话	010-62173865
传　　真	010-62173081
网　　址	http://www.cspbooks.com.cn

开　　本	787mm×1092mm　1/16
字　　数	320 千字
印　　张	21
彩　　插	2
版　　次	2022 年 10 月第 1 版
印　　次	2022 年 10 月第 1 次印刷
印　　刷	北京顶佳世纪印刷有限公司
书　　号	ISBN 978-7-5046-9143-9 / K·302
定　　价	120.00 元

（凡购买本社图书，如有缺页、倒页、脱页者，本社发行部负责调换）

老科学家学术成长资料采集工程
领导小组专家委员会

主　任：韩启德

委　员：（以姓氏拼音为序）

陈佳洱　方　新　傅志寰　李静海　刘　旭
齐　让　王礼恒　徐延豪　赵沁平

老科学家学术成长资料采集工程
丛书组织机构

特邀顾问（以姓氏拼音为序）

樊洪业　方　新　谢克昌

编委会

主　编：老科学家学术成长资料采集工程领导小组办公室

编　委：（以姓氏拼音为序）

定宜庄　董庆九　郭　哲　胡化凯　胡宗刚
刘晓堪　吕瑞花　潘晓山　秦德继　阮　草
申金升　王扬宗　熊卫民　姚　力　张大庆
张　剑　张　藜　周德进

编委会办公室

主　任：孟令耘　杨志宏　石　磊

副主任：许　慧　胡艳红

成　员：（以姓氏拼音为序）

高文静　韩　颖　李　梅　林澧波　刘如溪
罗兴波　马　丽　王传超　余　君　张佳静

老科学家学术成长资料采集工程简介

老科学家学术成长资料采集工程（以下简称"采集工程"）是根据国务院领导同志的指示精神，由国家科教领导小组于2010年正式启动，中国科协牵头，联合中组部、教育部、科技部、工信部、财政部、文化部、国资委、解放军总政治部、中国科学院、中国工程院、国家自然科学基金委员会等11部委共同实施的一项抢救性工程，旨在通过实物采集、口述访谈、录音录像等方法，把反映老科学家学术成长历程的关键事件、重要节点、师承关系等各方面的资料保存下来，为深入研究科技人才成长规律，宣传优秀科技人物提供第一手资料和原始素材。

采集工程是一项开创性工作。为确保采集工作规范科学，启动之初即成立了由中国科协主要领导任组长、12个部委分管领导任成员的领导小组，负责采集工程的宏观指导和重要政策措施制定，同时成立领导小组专家委员会负责采集原则确定、采集名单审定和学术咨询，委托科学史学者承担学术指导与组织工作，建立专门的馆藏基地确保采集资料的永久性收藏和提供使用，并研究制定了《采集工作流程》《采集工作规范》等一系列基础文件，作为采集人员的工作指南。截至2021年8月，采集工程已启动592位科学家的学术成长资料采集项目，获得实物原件资料132922件、数字化资料318092件、视频资料443783分钟、音频资料527093分钟，具有重要的史料价值。

采集工程的成果目前主要有三种体现形式，一是建设"中国科学家博物馆网络版"，提供学术研究和弘扬科学精神、宣传科学家之用；二是编辑制作科学家专题资料片系列，以视频形式播出；三是研究撰写客观反映老科学家学术成长经历的研究报告，以学术传记的形式，与中国科学院、中国工程院联合出版。随着采集工程的不断拓展和深入，将有更多形式的采集成果问世，为社会公众了解老科学家的感人事迹，探索科技人才成长规律，研究中国科技事业的发展历程提供客观翔实的史料支撑。

总序一

中国科学技术协会主席 韩启德

  老科学家是共和国建设的重要参与者，也是新中国科技发展历史的亲历者和见证者，他们的学术成长历程生动反映了近现代中国科技事业与科技教育的进展，本身就是新中国科技发展历史的重要组成部分。针对近年来老科学家相继辞世、学术成长资料大量散失的突出问题，中国科协于2009年向国务院提出抢救老科学家学术成长资料的建议，受到国务院领导同志的高度重视和充分肯定，并明确责成中国科协牵头，联合相关部门共同组织实施。根据国务院批复的《老科学家学术成长资料采集工程实施方案》，中国科协联合中组部、教育部、科技部、工业和信息化部、财政部、文化部、国资委、解放军总政治部、中国科学院、中国工程院、国家自然科学基金委员会等11部委共同组成领导小组，从2010年开始组织实施老科学家学术成长资料采集工程。

  老科学家学术成长资料采集是一项系统工程，通过文献与口述资料的搜集和整理、录音录像、实物采集等形式，把反映老科学家求学历程、师承关系、科研活动、学术成就等学术成长中关键节点和重要事件的口述资料、实物资料和音像资料完整系统地保存下来，对于充实新中国科技发展的历史文献，理清我国科技界学术传承脉络，探索我国科技发展规律和科技人才成长规律，弘扬我国科技工作者求真务实、无私奉献的精神，在全社会营造爱科学、学科学、用科学的良好氛围，是一件很有意义的事情。采集工程把重点放在年龄在 80 岁以上、学术成长经历丰富的两院院士，以及虽然不是两院院士、但在我国科技事业发展中作出突出贡献的老科技工作者，充分体现了党和国家对老科学家的关心和爱护。

自 2010 年启动实施以来，采集工程以对历史负责、对国家负责、对科技事业负责的精神，开展了一系列工作，获得大量反映老科学家学术成长历程的文字资料、实物资料和音视频资料，其中有一些资料具有很高的史料价值和学术价值，弥足珍贵。

以传记丛书的形式把采集工程的成果展现给社会公众，是采集工程的目标之一，也是社会各界的共同期待。在我看来，这些传记丛书大都是在充分挖掘档案和书信等各种文献资料、与口述访谈相互印证校核、严密考证的基础之上形成的，内中还有许多很有价值的照片、手稿影印件等珍贵图片，基本做到了图文并茂，语言生动，既体现了历史的鲜活，又立体化地刻画了人物，较好地实现了真实性、专业性、可读性的有机统一。通过这套传记丛书，学者能够获得更加丰富扎实的文献依据，公众能够更加系统深入地了解老一辈科学家的成就、贡献、经历和品格，青少年可以更真实地了解科学家、了解科技活动，进而充分激发对科学家职业的浓厚兴趣。

借此机会，向所有接受采集的老科学家及其亲属朋友，向参与采集工程的工作人员和单位，表示衷心感谢。真诚希望这套丛书能够得到学术界的认可和读者的喜爱，希望采集工程能够得到更广泛的关注和支持。我期待并相信，随着时间的流逝，采集工程的成果将以更加丰富多样的形式呈现给社会公众，采集工程的意义也将越来越彰显于天下。

是为序。

总序二

中国科学院院长　白春礼

由国家科教领导小组直接启动，中国科学技术协会和中国科学院等12个部门和单位共同组织实施的老科学家学术成长资料采集工程，是国务院交办的一项重要任务，也是中国科技界的一件大事。值此采集工程传记丛书出版之际，我向采集工程的顺利实施表示热烈祝贺，向参与采集工程的老科学家和工作人员表示衷心感谢！

按照国务院批准实施的《老科学家学术成长资料采集工程实施方案》，开展这一工作的主要目的就是要通过录音录像、实物采集等多种方式，把反映老科学家学术成长历史的重要资料保存下来，丰富新中国科技发展的历史资料，推动形成新中国的学术传统，激发科技工作者的创新热情和创造活力，在全社会营造爱科学、学科学、用科学的良好氛围。通过实施采集工程，系统搜集、整理反映这些老科学家学术成长历程的关键事件、重要节点、学术传承关系等的各类文献、实物和音视频资料，并结合不同时期的社会发展和国际相关学科领域的发展背景加以梳理和研究，不仅有利于深入了解新中国科学发展的进程特别是老科学家所在学科的发展脉络，而且有利于发现老科学家成长成才中的关键人物、关键事件、关键因素，探索和把握高层次人才培养规律和创新人才成长规律，更有利于理清我国科技界学术传承脉络，深入了解我国科学传统的形成过程，在全社会范围内宣传弘扬老科学家的科学思想、卓越贡献和高尚品质，推动社会主义科学文化和创新文化建设。从这个意义上说，采集工程不仅是一项文化工程，更是一项严肃认真的学术建设工作。

中国科学院是科技事业的国家队，也是凝聚和团结广大院士的大家庭。早在1955年，中国科学院选举产生了第一批学部委员，1993年国务院决定中国科学院学部委员改称中国科学院院士。半个多世纪以来，从学部委员到院士，经历了一个艰难的制度化进程，在我国科学事业发展史上书写了浓墨重彩的一笔。在目前已接受采集的老科学家中，有很大一部分即是上个世纪80、90年代当选的中国科学院学部委员、院士，其中既有学科领域的奠基人和开拓者，也有作出过重大科学成就的著名科学家，更有毕生在专门学科领域默默耕耘的一流学者。作为声誉卓著的学术带头人，他们以发展科技、服务国家、造福人民为己任，求真务实、开拓创新，为我国经济建设、社会发展、科技进步和国家安全作出了重要贡献；作为杰出的科学教育家，他们着力培养、大力提携青年人才，在弘扬科学精神、倡树科学理念方面书写了可歌可泣的光辉篇章。他们的学术成就和成长经历既是新中国科技发展的一个缩影，也是国家和社会的宝贵财富。通过采集工程为老科学家树碑立传，不仅对老科学家们的成就和贡献是一份肯定和安慰，也使我们多年的夙愿得偿！

鲁迅说过，"跨过那站着的前人"。过去的辉煌历史是老一辈科学家铸就的，新的历史篇章需要我们来谱写。衷心希望广大科技工作者能够通过"采集工程"的这套老科学家传记丛书和院士丛书等类似著作，深入具体地了解和学习老一辈科学家学术成长历程中的感人事迹和优秀品质；继承和弘扬老一辈科学家求真务实、勇于创新的科学精神，不畏艰险、勇攀高峰的探索精神，团结协作、淡泊名利的团队精神，报效祖国、服务社会的奉献精神，在推动科技发展和创新型国家建设的广阔道路上取得更辉煌的成绩。

总序三

中国工程院院长　周　济

由中国科协联合相关部门共同组织实施的老科学家学术成长资料采集工程，是一项经国务院批准开展的弘扬老一辈科技专家崇高精神、加强科学道德建设的重要工作，也是我国科技界的共同责任。中国工程院作为采集工程领导小组的成员单位，能够直接参与此项工作，深感责任重大、意义非凡。

在新的历史时期，科学技术作为第一生产力，已经日益成为经济社会发展的主要驱动力。科技工作者作为先进生产力的开拓者和先进文化的传播者，在推动科学技术进步和科技事业发展方面发挥着关键的决定的作用。

新中国成立以来，特别是改革开放30多年来，我们国家的工程科技取得了伟大的历史性成就，为祖国的现代化事业作出了巨大的历史性贡献。两弹一星、三峡工程、高速铁路、载人航天、杂交水稻、载人深潜、超级计算机……一项项重大工程为社会主义事业的蓬勃发展和祖国富强书写了浓墨重彩的篇章。

这些伟大的重大工程成就，凝聚和倾注了以钱学森、朱光亚、周光召、侯祥麟、袁隆平等为代表的一代又一代科技专家们的心血和智慧。他们克服重重困难，攻克无数技术难关，潜心开展科技研究，致力推动创新发展，为实现我国工程科技水平大幅提升和国家综合实力显著增强作出了杰出贡献。他们热爱祖国，忠于人民，自觉把个人事业融入到国家建设大局之中，为实现国家富强而不断奋斗；他们求真务实，勇于创新，用科技为中华民族的伟大复兴铸就了辉煌；他们治学严谨，鞠躬尽瘁，具有崇高的科学精神和科学道德，是我们后代学习的楷模。科学家们的一生是一本珍贵的教科书，他们坚定的理想信念和淡泊名利的崇高品格是中华民族自强不息精神的宝贵财富，永远值得后人铭记和敬仰。

通过实施采集工程，把反映老科学家学术成长经历的重要文字资料、实物资料和音像资料保存下来，把他们卓越的技术成就和可贵的精神品质记录下来，并编辑出版他们的学术传记，对于进一步宣传他们为我国科技发展和民族进步作出的不朽功勋，引导青年科技工作者学习继承他们的可贵精神和优秀品质，不断攀登世界科技高峰，推动在全社会弘扬科学精神，营造爱科学、讲科学、学科学、用科学的良好氛围，无疑有着十分重要的意义。

中国工程院是我国工程科技界的最高荣誉性、咨询性学术机构，集中了一大批成就卓著、德高望重的老科技专家。以各种形式把他们的学术成长经历留存下来，为后人提供启迪，为社会提供借鉴，为共和国的科技发展留下一份珍贵资料。这是我们的愿望和责任，也是科技界和全社会的共同期待。

周济

吴征镒

（1916—2013）

在北京大学采访许智宏院士
（左起：杨云珊、吕春朝、许智宏、康珠永初。2015年12月）

在中科院南京地质古生物研究所采访周志炎院士
（2015年12月）

在中科院资源与地理科学研究所采访孙鸿烈院士
（2015年12月）

目 录

老科学家学术成长资料采集工程简介

总序一 ·· 韩启德

总序二 ·· 白春礼

总序三 ·· 周 济

导 言 ·· 1

第一章 吴氏世家 ·· 7

 生于九江 ··· 7
 扬州吴氏 ··· 8
 吴道台宅第 ··· 13
 家塾 ··· 16
 童年的绿色底衬 ··· 17

第二章	扬州中学	19
	三位启蒙老师及标本展览	19
	救亡歌	20
	树人堂	23

第三章	清华大学生物系	27
	通才教育	27
	生物系九级植物组	30

第四章	西南联大的艰难岁月	42
	《滇南本草图谱》第一集	42
	大普吉和黑龙潭	44
	西南联大侧忆	50
	参加中国民主同盟，加入中国共产党	55

第五章	在新中国的科学院	59
	奉调中国科学院	59
	组建植物分类研究所	75
	组建生物学口的研究所	80
	赴印度参加南亚栽培植物之起源及分布学术讨论会	85
	大区综合考察	88

第六章	南迁昆明，立业云南	99
	野生植物资源考察和开发利用	99
	建立昆明植物研究所	102

"文化大革命"与中草药笔记 …………………………… 116
走进青藏高原 ………………………………………… 125
中国科学院评议昆明植物研究所 ……………………… 131
云南相识的同辈科学家 ………………………………… 132

| 第七章 | 走向世界，融入国际舞台 ………………………… 137

北京科学讨论会 ………………………………………… 137
古巴、越南和柬埔寨考察 ……………………………… 138
与欧美植物学界交流 …………………………………… 141
中日植物学家交流 ……………………………………… 162
东亚植物区系特征及生物多样性国际学术讨论会 …… 169

| 第八章 | 师友情谊，精神家园 ……………………………… 176

水木清华 ………………………………………………… 176
国学兴致 ………………………………………………… 186
师友同事 ………………………………………………… 189

| 第九章 | 吴征镒与植物学 …………………………………… 191

植物分类学和植物系统学研究 ………………………… 191
中国种子植物区系地理研究 …………………………… 214
植物保护生物学研究 …………………………………… 241
植物资源合理利用与生态环境持续发展研究 ………… 246
编纂《中华大典·生物学典》 ………………………… 248
收获与荣誉 ……………………………………………… 254

| 第十章 | 为学无他，争千秋勿争一日 ································· 261

  东方人的思维 ·· 261
  吴征镒学术思想的传承 ·· 263
  吴征镒科学基金会 ·· 267

结　语 ··· 269

附录一　吴征镒年表 ·· 275

附录二　吴征镒主要论著目录 ·· 292

参考文献 ··· 304

后　记 ··· 305

图片目录

图 1-1	周岁的吴征镒	8
图 1-2	《吴氏宗谱》	9
图 1-3	吴征镒的清华大学理学院生物系毕业证书	10
图 1-4	吴道台宅第吴征镒父母居室	11
图 1-5	吴道台宅第的传胪匾	13
图 1-6	吴道台宅第的测海楼	14
图 1-7	吴道台宅第的有福读书堂	15
图 2-1	刊登于《扬中校刊》抗日专号的《救亡歌》	23
图 2-2	吴征镒为扬州中学树人堂所作的题词	24
图 2-3	吴征镒赠送母校扬州中学的金冠柏	26
图 3-1	五华中学高中第二班毕业师生合影	29
图 3-2	湘黔滇旅行团途经桃源渡口	31
图 3-3	李继侗、闻一多到昆明前在大板桥石灰岩石旁留影	31
图 3-4	《瑞丽地区植被的初步研究》首页	32
图 3-5	吴征镒花十年功夫制作的三万余张植物卡片	33
图 3-6	吴蕴珍教学资料笔记本	36
图 3-7	吴蕴珍所著《中国植物属志》	36
图 3-8	吴征镒的毕业论文封面	37
图 3-9	西南联大生物系员工为吴蕴珍先生送葬	38
图 4-1	吴征镒在大普吉	45
图 4-2	吴征镒与老友在昆明大普吉附近铁路旁留影	47
图 4-3	吴征镒重返西南联大大普吉驻地	47
图 4-4	俞德浚赴独龙江采集	48
图 4-5	设于昆明黑龙潭公园的云南农林植物研究所	49
图 4-6	吴征镒带领西南联大生物系学生到黑龙潭实习	49

图4-7	吴征镒撰写的《昆明植物初步检索表》	50
图4-8	吴征镒与姚荷生在大理苍山考察	51
图4-9	吴征镒在原西南联大旧址前留影	52
图4-10	利用周日在大普吉组织读书会活动	53
图4-11	为一二·一惨案四烈士举行路祭	54
图4-12	吴征镒为闻一多与闻立鹤、闻铭在晋宁老街口所拍合影	55
图4-13	吴征镒为《闻一多拍案颂》书写题词	56
图5-1	郭沫若院长为昆明植物所题诗	61
图5-2	吴征镒参加考察中国农业的笔记本	65
图5-3	美军飞机在中国东北辽宁省海龙县投掷的山胡椒叶片	66
图5-4	中科院植物所收藏日本东京帝国大学赠送的朝鲜红柄青冈栎标本	66
图5-5	中国科学院代表团访问苏联全体代表合影	71
图5-6	贝时璋与吴征镒	72
图5-7	证婚人郭沫若和主婚人吴晗在吴征镒、段金玉结婚仪式上	74
图5-8	吴征镒为中科院植物研究所成立七十周年题词	76
图5-9	佘孟兰讲述参加筹建南京中山植物园的情况	82
图5-10	陈焕镛、吴征镒在印度著名地植物学家Puri教授家中做客	87
图5-11	与地植物学家Puri夫妇合影	87
图5-12	在海南岛热带雨林考察	90
图5-13	吴征镒在西双版纳勐仑沟谷雨林中野餐	92
图5-14	吴征镒与基尔比奇尼科夫相聚圣彼得堡科马罗夫植物研究所	93
图5-15	吴征镒和苏联专家苏卡乔洛夫在海南岛考察	94
图5-16	在景洪召开群落站总结会	96
图5-17	吴征镒和寿振黄联合向云南省提出建立二十四个自然保护区的建议书	98
图6-1	吴征镒与商业部土产局吴建华副局长谈话记录	101
图6-2	昆明分所所务扩大会议合影	104
图6-3	唐燿	106
图6-4	唐燿著《云南热带材及亚热带材》	107
图6-5	吴征镒与九十岁的恩师唐燿留影于昆明植物研究所	108
图6-6	蔡希陶	109

图 6-7	蔡希陶全家福	110
图 6-8	蔡希陶带领热带植物园员工在热带季雨林考察	111
图 6-9	昆明植物园内的蔡希陶纪念碑	112
图 6-10	方毅给蔡希陶的题词	112
图 6-11	昆明植物研究所举行蔡希陶诞辰百年纪念	113
图 6-12	冯国楣	113
图 6-13	冯国楣与李锡文在观测植物园树木生长情况	115
图 6-14	吴征镒夫妇祝贺冯国楣八十寿辰	116
图 6-15	吴征镒记录全国各地中草药书籍整理的四本笔记本	119
图 6-16	《新华本草纲要》编委会在南京举行审稿会	120
图 6-17	吴征镒、李锡文在鼎湖山考察留影	121
图 6-18	吴征镒与李文华赴西藏考察	129
图 6-19	李文华在昆明拜访吴征镒	130
图 6-20	评议组专家检查昆明植物研究所科技档案工作	131
图 6-21	在昆明植物研究所	133
图 6-22	吴征镒与程侃声愉快交谈	135
图 7-1	访问柬埔寨与同行交流	141
图 7-2	柏林第十四届国际植物学大会时与王伏雄院士合影	146
图 7-3	柏林第十四届国际植物学大会上与各国植物学家留影	146
图 7-4	吴征镒与美国夏威夷大学唐崇实、杨文静二位教授幸会于柏林第十四届国际植物学大会	147
图 7-5	在阿根廷听莱格伊尔的报告	148
图 7-6	吴征镒在伊瓜苏大瀑布	148
图 7-7	吴征镒在亚马孙河上留影	149
图 7-8	吴征镒在巴西参议院前留影	149
图 7-9	吴征镒在巴西、阿根廷、秘鲁三国交界处留影	150
图 7-10	生长于腾冲的大树杜鹃	152
图 7-11	吴征镒、R. J. Mitchell、冯国楣在大理苍山考察	153
图 7-12	大理苍山中英考察队鉴定标本	154
图 7-13	漾濞县领导与大理苍山中英植物考察队全体队员合影	154
图 7-14	R. Lancaster 所著 *Plantsman's Paradise Travels in China*	155
图 7-15	吴征镒率代表团访问英国与英国同行合影于自然保护区	156

图 7-16	图宾根大学 Sauer 教授夫妇陪同吴征镒游览霍亨索伦古堡	157
图 7-17	在波恩大学拜会药学系 Ruder 教授夫妇	157
图 7-18	吴征镒会见访问昆明植物研究所的埃伦多弗	159
图 7-19	埃伦多弗向吴征镒赠送维也纳音乐光碟	160
图 7-20	吴征镒与洛克赴西双版纳考察时的留影	161
图 7-21	洛克在洗马塘的留影	161
图 7-22	吴征镒在慕尼黑洛克夫妇家中做客	162
图 7-23	吴征镒与北村四郎在日本京都考察植物	166
图 7-24	《云南植物》	169
图 7-25	汤彦承带领各位博士研究生祝贺吴征镒八十寿辰	170
图 7-26	Peter Raven 祝贺吴征镒八十寿辰	171
图 7-27	Peter Raven 祝贺吴征镒九十寿辰	172
图 7-28	第二届东亚植物区系特征及生物多样性国际学术讨论会全体代表合影	174
图 7-29	Peter Raven 作学术报告	175
图 8-1	吴征镒、张可、王元化同游北平玉泉山	177
图 8-2	赵朴初手书条幅	178
图 8-3	吴征镒在老友王元化、张可寓所合影	178
图 8-4	吕春朝参加王元化研究中心成立仪式时与陆晓光合影	179
图 8-5	美国夏威夷大学杨文静教授与吴征镒联唱昆曲	188
图 8-6	唐崇实、杨文静在吴征镒家中合唱昆曲	188
图 9-1	北京《中国植物志》编研总结会留影	203
图 9-2	吴征镒访问密苏里植物园与 Peter H. Raven 品尝草莓	206
图 9-3	第二次编委会留影	207
图 9-4	第三次编委会留影	207
图 9-5	吴征镒和 Peter H. Raven 主持在昆明举行的第四次编委会	208
图 9-6	*Flora of China* 首发式	208
图 9-7	吴征镒与路安民讨论学术问题	213
图 9-8	"中国种子植物区系研究"申请国家自然科学基金重大项目的工作会议	214
图 9-9	项目论证会	216
图 9-10	"中国种子植物区系研究"项目主要课题负责人	217

图 9-11	评议验收时吴征镒作项目总结报告	221
图 9-12	"中国种子植物区系研究"项目验收全体人员合影	222
图 9-13	在植物区系地理学讲习班上	223
图 9-14	种质资源库主任李德铢与世界混农林业中心签署树种种质资源保护协议	243
图 9-15	参加交换合作签字仪式的代表合影	245
图 9-16	签署《昆明宣言》各方代表合影	245
图 9-17	《中华大典》工作委员会伍杰和云南教育出版社何学惠看望吴征镒	248
图 9-18	在日本接受 COSMOS 奖	257
图 9-19	吴征镒荣获国家最高科学技术奖的证书	260
图 10-1	李德铢	264
图 10-2	孙航	264
图 10-3	周浙昆	265
图 10-4	彭华	266
图 10-5	云南吴征镒科学基金会和吴征镒研究中心成立揭牌仪式	267

导 言

传主简介

吴征镒（1916—2013），江苏扬州人，祖籍安徽歙县，寄籍江苏仪征。1937年毕业于清华大学生物系，留校任助教。1940年至1942年师从张景钺教授读研究生。1946年加入中国共产党。1946年至1949年任清华大学生物系讲师。北平和平解放后，任北平军管会高教处副处长，参与接收和整编高校、科研院所和文化单位。1949年任中国共产党中国科学院党组成员兼机关党支部书记，1950年任中国科学院植物分类研究所副所长、研究员，1955年被选聘为中国科学院学部委员（院士）。1958年起任中国科学院昆明植物研究所所长兼中国科学院植物研究所副所长。1975年任云南省科学技术委员会副主任。1977年至1992年任第五届、第六届、第七届全国人大代表。1979年任中国科学院昆明分院院长。1981年至1991年任中国科学院学部主席团成员。1983年任中国科学院昆明植物研究所名誉所长。1987年任云南省科学技术协会主席。

吴征镒从事植物科学研究七十余载，在植物分类与植物系统、植物区系地理、植物资源、植物生物多样性保育、植物生态系统与生态环境持续发展、植物考据学等领域取得一批自主创新的重大成果，发表研究论文一百四十余篇，主编《中国植物志》（1987年至2004任主编）、《新华本草纲要》《中国植被》、*Flora of China*（1988年至2013任中方主编）、《西藏植物志》《云南植物志》，编著出版《中国自然地理——植物地理》（上）、《中国植物志》第一卷、《中国被子植物科属综论》《种子植物分布区类型及其起源和演化》《中国种子植物区系地理》等二十余部学术论著。发表和参与发表植物新种1758个，是中国植物学家发现和命名植物新种最多的一位。获得国家级一、二等奖七项（其中国家发明一等奖一项），院、省级一、二等奖九项。1956年，提出建立自然保护区的建议；1958年，与寿振黄一起向云南省提出建立二十四个自然保护区的具体建议；1999年，向国务院总理朱镕基提出建立野生生物种质资源库的建议。这些建议均得到党和国家的高度重视并得以实施，为国家做出前瞻性、战略性贡献。1995年，获何梁何利基金会科学与技术进步奖；1996年，获香港求是科学基金会杰出科技成就团体奖（中国生物志）；1999年，获日本考斯莫斯国际奖（International COSMOS Prize）；2001年，获云南省科学技术突出贡献奖；2003年，获何梁何利基金会科学与技术成就奖；2007年，获国家最高科学技术奖。

1983年，任美国植物学会终身外籍会员；1985年，任瑞典植物地理学会终身会员；1987年，任苏联植物学会外籍会员。

2007年，九十一岁高龄的吴征镒毅然领衔主编《中华大典·生物学典》。2017年，《中华大典·生物学典》所含《动物分典》及《植物分典》出版，回答了1911年之前中华古籍记载生物种数的问题，对古籍所载生物物种均考据定出生物学名，为贯通古今、连接中外，传承中华优秀文化传统做出重要贡献。

吴征镒一生立足云南，放眼中国和世界，为中国植物科学事业的创新发展和走向世界做出了杰出贡献。

采集过程与研究思路

吴征镒院士采集工程项目于2011年10月启动，至2015年1月23日作结题汇报，历时三年多。采集过程分为采集采访、资料整理和报告撰写三个阶段。

采集采访阶段，按采集工程规范要求，制定采集提纲，分采访、采集两部分，采访包括对与传主有关的科研活动和工作会议的录音、视频采访，以及对传主的录音采访；采集包括对有关信件、手稿、笔记、照片、视频、录音、专著、论文、家谱等资料的采集。接受录音采访的人员有领导师长、同事学生、身边人员、家乡亲友、母校老师、新闻记者及亲人朋友等。除传主常驻工作的云南外，采集小组还去过北京、上海、南京、扬州、歙县等地。

资料整理阶段，按采集工程规范要求，将采集成果分为口述资料、传记、证书、手稿、信件、照片、著作、论文、学术评价、新闻报道、视频、音频及其他，共十三类。

研究报告撰写阶段，主要完成吴征镒学术成长研究报告，并修改成本书《一生情缘植物学：吴征镒传》。

本传记，按传主科学研究的发展轨迹，立足传主科研涉及的主要学科领域，研究其学科特色、学术研究特点、取得的成就、自主创新理论及其原因分析，探讨其学术思想特色、揭示其科研成就的创新性，并力求人品风格。

采集成果

吴征镒院士采集小组广泛收集传主学术活动、科学研究、生活阅读的相关资料；与尽可能找到的老师学长、助手同事、朋友亲属等并取得联系，进行视频采访、口述录音、拍摄照片；查阅相关历史档案，收集史实资料。采集到如下资料：口述采访资料类28件、传记类5件、证书类191件、手稿类483件（包括植物卡片228件30204张）、信件类39件、照片类2793件3573幅、著作（书）类19件、论文类148件、学术评价类54件、新闻报告类51件、采集成果类1件（年表）、视频类86件1345分钟、音频类234件7843分钟、其他类4件、移动硬盘1件。共计3791件（含实物20件）。

这些采集资料基本能概括吴征镒学术成长的历史过程，包括传主在扬州的童年、青年时期，在北京清华大学生物系学习成长时期，在中国科学院建院初期工作时期和在云南立业时期的科研活动历程。有些资料尤显珍贵，例如实为海内外孤本的《滇南本草图谱》第一集，吴征镒回答他父亲世纪之问的录音（回答父亲学习植物有什么用的问题），"人类离不开植物，记住植物是第一生产力"的讲话录音，在中国科学院学部主席团座谈会上五分钟的发言资料等。不少资料反映了传主自主创新成就产生的背景和过程。口述采访得到的资料从第三方的角度对吴征镒学术成就的认可和评价，更显真实鲜活和生动。当然，也不可避免地存在一些缺憾，例如吴征镒在二十世纪四十年代所写的"带'胡、番、洋'名称的植物传入中国的路线"一文，经查询当时报刊、杂志，也询问过有关人士，终未寻得；吴征镒在"文化大革命"期间利用劳动之余撰写的"黑龙潭田间杂草名录"，也查无结果。

及时实施老科学家学术成长资料采集工程，使得吴征镒长达七十余载的学术成长过程得以载入史册，宝贵的科学家精神得以传承，为后学者立下值得学习和崇敬的楷模丰碑，意义至深至远。

本书结构

吴征镒学术成长研究报告分十章，以时间为轴线，第一、二章记述吴征镒童年至青年在扬州童年生活和中学时期学习的经历，童年的绿色底衬使得吴征镒自幼对植物的稚趣演变为兴趣再转为终生志向。第三、四章记述吴征镒就读清华大学生物系，接受"通才教育"，垫下坚实的学科基础知识，毕业后在大后方昆明的西南联大度过初尝人间艰辛的成人过程。第五章记述奉调新中国的科学院，为复兴中国科学事业出力献策，在新中国的科学殿堂里，为植物科学事业的建设和发展奉献力量。第六章记述吴征镒人生重要的转折点，选择到被誉为"植物王国"的云南立业，安身立命，以实现"宏图大愿"。第七章记述吴征镒参与国际科技交流合作，特别是在改革开放以来走向世界，融入国际舞台的活动，有力推动中国植物科学走向世界。第八章记述吴征镒从事科研活动的思想情操，坚守精神家园，包括"博学深思，文理相通"的理念，"三人行必有我师"的胸境等。

第九章论述吴征镒在"植物王国"里，历经磨炼，潜心研究，甘愿"坐冷板凳"，殚精竭虑，上下求索，为中国植物科学研究事业的创新发展和走向世界做出突出贡献。其中着重结合传主在中学时期对植物爱好的兴趣、兴致，抗战期间制作三万张植物卡片，担起弄清中国植物家底、编纂植物志大任、立下宏图大愿开创中国植物区系地理研究新局面和提出适应国家战略发展需求的建议等几件大事、要事，加以多角度、多层面的阐述。"为学无他，争千秋勿争一日"，是吴征镒的治学观，他以"三境界"（即立志立题，确立科研思路；殚精竭虑，百折不挠；上下求索，终有所得）、"五之堂"（博学之，审问之，慎思之，明辨之，笃行之）为座右铭，践行于科研全过程，其思路清晰而理性，建立东方人的思维。第十章据此分析和总结传主科研精神之精髓，以认识传主"为学无他，争千秋勿争一日"的特色和品格。其科学精神，有弟子和后人传承，永不没落。

吴征镒没有国外留学的经历。在清华大学受"通才教育"，走"严谨深思"之道，凝练成"大家"，全然是"国产"植物学大家。吴征镒身边群星璀璨，包括他的业师学长、领导同事、国际同行、挚友学生、亲人旧朋，他们助吴征镒成长，促吴征镒前行。吴征镒从他们身上学习其长、补己之短，一路行来，相得益彰。吴征镒守住精神家园，助他立志成业，至关重要，青年以后的吴征镒，逐渐体验到其中的魅力，故而自觉修炼，成为攀登高峰的助力器，受益终身。吴征镒于国运危难之时加入中国共产党，风浪逆境中潜心观理，定心应变，大事不糊涂，保持了共产党员本色，不愧为扎根边疆、献身科学的模范党员。综观吴征镒学术成长全程，以上四方面是吴征镒学术成长的鲜明特征。

第一章
吴氏世家

生 于 九 江

吴征镒出生于江西九江。江西九江，别称"浔"，古称浔阳，是一座有两千二百多年历史的江南名城，号称"三江之口，七省通衢"，地处长江和京九铁路交叉点上，为江西之北大门。

吴征镒的爷爷吴筠孙于光绪二十年（1894）应殿试，中二甲第一名（传胪），赐进士出身，领授花翎三品衔。后在山东、天津和湖南等地任官职。宣统三年（1911）3月，吴筠孙授任湖北荆（州）宜（昌）道尹。在荆宜兵备道任上，吴筠孙放弃对黎元洪、汤化龙等起义的抵抗，被当地人民以"万民伞"欢迎返里。后加入梁启超、汤化龙领导的进步党，至11月因辛亥革命辞官。民国二年（1913），复出初任赣北观察使，重做江西省府秘书长，后改任浔阳道尹。此时，吴征镒的父亲携家同住九江。1916年6月13日，吴征镒出生于九江的浔阳道尹衙内这个旧时的官僚家庭。

吴征镒一岁时，祖父在九江任浔阳道尹。这年，衙内的蕙兰花开得很盛，祖父抱着周岁的吴征镒在一盆盛开的蕙兰旁照了一张相。那时，国运不好，家运更差。1917年，大批进步党退出北洋政府内阁。1918年，进步党党魁汤化龙在加拿大遇刺身亡，祖父激发脑出血不治而故，接着五婶、七婶因生产去世，婴儿夭亡，家里接连死人。

家道中落，屡遭大故。极度悲伤，又深信鬼神、迷信上天的祖母以为吴征镒是花妖临世，才给好端端的家里带来大难，一见到吴征镒就非常生气。从此，吴征镒从祖母那里得到一顶"花妖"头衔。戴着"花妖"帽子的吴征镒，多病又胆小，肠胃不好；孤单又爱哭，不大会说话，对"公""红""中"这一类"一东、二冬"的韵脚说得很不清。为了让吴征镒少哭、少生病，请了一位秀才家姓芮的老太太做干娘。

这样过了两年，祖母带着全家，扶灵还乡，从九江迁回扬州，入居吴道台宅第。

图1-1 周岁的吴征镒（在九江浔阳道尹衙门内，与祖父吴筠孙合影，旁边蕙兰花开）

扬 州 吴 氏

吴征镒的祖籍是安徽歙县。

祖父吴筠孙在为母丁忧的三年间撰成《吴氏宗谱》，于光绪丙申年三月刊印（1896）。2015年，笔者及同事赴安徽歙县寻访吴氏宗族时，在安徽黄山市徽州区西乡梅村梅庄坞（原属歙县，后划属徽州区）见到了这部《吴氏宗谱》①。《吴氏宗谱》分为四卷：卷一为源流一脉，卷二为正宗行实，卷三为梅川行实，卷四为本支世系。

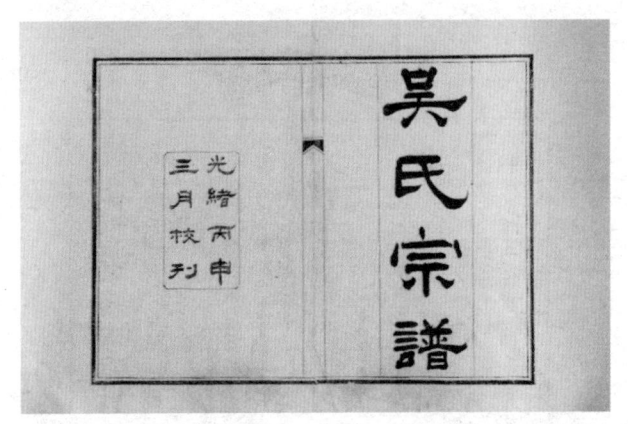

图1-2 《吴氏宗谱》

据《宗谱》记载，吴氏居歙县梅川（今黄山市徽州区西乡梅庄坞）已有上千年历史。

歙县梅川吴氏第二十世时，吴世尧（1748—1818）、吴世吉（1757—1818）兄弟迁往扬州，开始了扬州吴氏一系。吴世尧和儿子吴应选（1781—1827）、孙子吴朝潘（1799—1874）三代都是商人，经营盐业，虽规模不大，但能维持生计。至吴朝潘之子吴元植（1823—1863）这一代时，开始读书。吴元植就是吴征镒的曾祖父，歙县梅川吴氏二十三世，扬州吴氏三世。《宗谱》最后载有吴筠孙之子吴启贤（1883—1940）的名字，即吴征镒的父亲。

吴元植读书，拜师著名塾师周筱云，后以仪征籍，考中秀才。在吴征镒清华大学的毕业证书上，其籍贯是江苏省仪征县。

只是曾祖父吴元植考取秀才时，又遇太平天国运动，扬州战火不断，吴家房屋、家财和书籍毁于战火，曾祖父也失去继续应举的机会，便携妻儿回到宝应县乡下做私塾，不久病故。

曾祖母周氏是曾祖父老师周筱云的女儿。曾祖父故逝后，曾祖母周氏担当起抚养三个儿子吴庆孙、吴引孙和吴筠孙的重任，靠帮人缝洗衣服、

---

① 梅村吴氏后人吴泽峰将《吴氏宗谱》扫描成电子版，捐赠安徽黄山市徽州区档案馆。

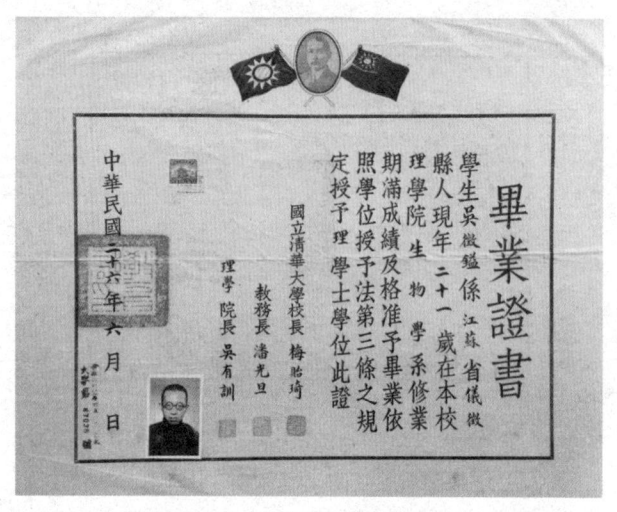

图1-3 吴征镒的清华大学理学院生物系毕业证书
（籍贯为江苏省仪征县）

纳鞋底、纺棉纱、搓麻绳度日。在极其艰难的日子里，曾祖母以坚强的毅力，苦心抚教三个儿子读书习文。吴征镒的大伯祖吴庆孙体弱多病未能考取功名，二伯祖吴引孙和祖父吴筠孙都通过科举而进入仕途。从此，迁至扬州的吴氏以"孙、贤、征、泽、永、嗣、衍、受、恩、长"排辈。①

吴敬持、吴仲璋绘制的"安徽徽州歙县梅村迁扬州支系简表"（收藏于扬州吴道台宅第管理处），把歙县吴氏族谱与扬州吴氏家谱连接了起来，把当今吴氏家人的谱系延续下来。

吴征镒的父亲吴启贤，字佑人，生于1883年（即光绪九年）。吴筠孙有贤字辈三个儿子，即吴启贤、吴志贤、吴懋贤，吴启贤为长子。徽州《吴氏宗谱》里有吴启贤名字，那时可能吴志贤、吴懋贤还没有出生。

吴启贤有藏书的爱好。吴征镒在父亲的书房中看过字画期刊《神州国光集》等书籍。吴征镒对《植物名实图考》《日本植物图鉴》尤为喜爱，他在"芜园"里认植物时，这两部书是他"看图识物"的重要参考书。

2009年7月2日，吴征镒特地给我讲述家里的一些故事，其中有他父亲吴启贤的一些内容。他说："我父亲是本房的老大，家里人称为老三房。祖父在山东济南任济南府知府时，父亲跟随祖父在山东济南府，上的是客寄学堂，未念过大学。"

---

① 根据《吴引孙自述年谱》所序，吴引孙、吴筠孙系吴世尧之后，世系为吴世尧—吴应选—吴朝睿—吴元植—吴庆孙、吴引孙、吴筠孙。吴道台宅第管理处编：见《扬州的九十九间半：吴道台宅第》。广陵书社，2006年，第23页。

图 1-4　吴道台宅第吴征镒父母居室

吴征镒说："民国初年，父亲曾在北洋政府农商部任主事，管过地质调查所和三贝子花园的农业试验场。当北洋军阀政府发不出工资时，他辞去农商部主事回扬州，在南京做江苏省议员，一辈子是个当官做议员的人。"

吴征镒回忆："父亲一心想做个民族资本家，他把家里的部分田地变卖掉，办了一个大友油坊。他一无企业管理经验，二不善于经营生意，被一个请来管理油坊的亲戚把钱卷走，油坊只好破产而收，还亏了不少一笔钱。此后，他心灰意冷，一直闲居在家。"又说，"父亲虽算不上是公子哥儿，但是到我念书时，家里基本是靠变卖家产度日，日子越来越难过了，一大家人在坐吃山空。"这时父亲有对京剧、昆曲的雅好，常与亲朋好友聚会于吴道台宅第咏唱。1940 年，吴启贤病逝于扬州，享年五十七岁。

1933 年，吴征镒考取清华大学生物系，父亲吴启贤问吴征镒："你学植物有什么用？"吴征镒只是觉得自己对植物有很大兴趣，一心想学植物，未能回答父亲的提问。此后，吴征镒再没能与父亲讨论这个话题，但一直把父亲的问话记在心里。直到 2008 年，吴征镒获得国家最高科学技术奖，扬州电视台记者采访吴征镒时，吴征镒说："我父亲曾经问过我，学植物有

第一章　吴氏世家

什么用?那个时候我答不出来,现在我可以回答了。"(其声频来自采集工程访谈资料)事隔整整75年,吴征镒用其一生研究植物科学的成就回答了父亲的问题。

吴征镒的母亲刘仲旋,字沁仙,生于1885年,江苏宝应人。太平天国时,吴征镒的曾祖父一家逃到宝应,与宝应的刘家相识。母亲家是书香门第,老一辈中的刘宝楠①就是大学问家。

刘仲旋来到吴家,身为长嫂,负有掌管吴家老三房家务之责。吴征镒说:"母亲虽然没有上过学,但很知书识礼,掌管老三房家务几十年,为人贤惠又有礼数,对婆婆、丈夫、侄男,待人接物面面俱到。"又说:"母亲能指挥全家上上下下的大小事务,把家中的乳母当家人看待,持家勤俭。"吴征镒这样评价她的母亲:"是位很称职的管家,没有一点《红楼梦》里凤姐的刻薄,却有凤姐管理大家井井有条的能耐。"

吴征镒亲兄弟六人,与叔伯家的男孩一起排序就成了八兄弟,大哥吴征铸(字白匋)、二哥吴征鉴、三哥吴征钜、四哥(堂房)、五哥吴征铠、老六吴征镒、七弟(堂房)、八弟吴征莹。吴征镒六兄弟开始认字都是母亲刘仲旋教的。吴征镒回忆说:"我之前的兄长们,都被送到新式学堂念书,大哥吴白匋、二哥吴征鉴在教会学校美瀚中学念书,家里请来外国教师,还学着吃西餐。"

新中国成立后,吴征镒的母亲一直跟随八弟吴征莹住在常州。那时,国家需要尽快摸清自然资源家底,吴征镒每年要到各地参加考察,没有机会到常州看望母亲,只好用书信向母亲问安。

1955年冬,刘仲旋故逝,享年七十岁。吴征镒也没有能赴常州奔丧,心里留下深深的内疚。直到1993年春,吴征镒才有机会去常州祭拜母亲。

在吴家历史上,有两位伟大的女性,一位是吴征镒的曾祖母周氏,在曾祖父去世后,孤身担起抚养吴庆孙、吴引孙和吴筠孙的重任,终有吴引孙、吴筠孙的功名成就。第二位是吴征镒的母亲刘仲旋,一生掌管老三房家务,在丈夫早逝后,潜心教子,终有吴征铸(白匋)、吴征鉴、吴征钜、

---

① 刘宝楠(1791—1855),清代学者,字楚桢,号念楼。江苏宝应人,道光进士。撰有《论语正义》《释榖》《汉石例》《念楼集》等。

吴征铠、吴征镒、吴征莹诸兄弟的成才。在吴家，两位伟大的母性功铭千秋。

吴道台宅第

吴征镒的二伯祖吴引孙朝考得一等三名，任七品小京官，后考取军机章京，任过浙江宁（波）绍（兴）台（州）道道尹，被御赏二品顶戴花翎，相继任广东按察使、新疆布政使、福建布政使、湖南布政使、浙江布政使等官职，他六十岁时受赏头品顶戴，这是最高的待遇了。

吴征镒的祖父吴筠孙，比二伯祖小十岁，曾考取举人，后应殿试，中二甲第一名（传胪），赐进士，任翰林院编修，受赏三品花翎。

图 1-5　吴道台宅第的传胪匾

到了光绪年间，已政局不稳，民心无常，吴引孙预感时局将有大变，萌生退志。他用四十万两"养廉银"[①]在扬州北河下购得地基，建盖宅第，为自己，也为吴氏家族留下引退

---

① 据吴白匋《扬州吴氏发家史》记载："清制有不成文的陋规：外官除正俸外，有'养廉银'（实即办公费），主官可以自由调度。复有更大之收入称'调剂'，即国家赋税岁有定额，缴纳国库，额外收入，例由各级长官瓜分之，不在贪污之列……鸦片战争失败，五口通商各设海关道，关所收税银，先存票号（当时无银行），每月利息不入国库，道台分其大半，福茨公（吴引孙）在任十年，官囊积至四十万两，合乎陋规，心安理得，当时人亦无从责其贪者。"

后的居所。吴宅建造历时一年多，于光绪二十五年十二月（1899）完工，这座宅第就是人称"扬州的九十九间半"的吴道台宅第。

图1-6 吴道台宅第的测海楼

建盖吴道台宅第时，仿效天一阁建造了一座藏书楼，定名为"测海楼"①，其含义是学深似海，登楼读书，犹如测海，彰示学海无涯。吴引孙的祖父吴朝潐一生酷爱读书，将自己的书房取名为"有福读书堂"，并自署"有福读书堂主人"。侧海楼特设有福读书堂，吴筠孙亲书"有福读书堂"挂匾。读书堂抱柱上挂有"无才未能忘忧国"（上联）和"有福方能坐读书"（下联）对联。吴道台宅第里的测海楼和有福读书堂显示了吴氏的传统渊源和文化底蕴。

光绪十九年（1893），吴引孙编写测海楼藏书的原始登记清册《仪征吴氏有福读书堂藏书简明总册》，书目按经类、史类、子类、集类、艺类、丛类、医类、试类、说类、教类、阙类共十一类（现藏于南京图书馆）。1910年，《扬州吴氏测海楼藏书目录》共十二卷木刻首次出版。1930年11月，富晋书社编成《扬州吴氏测海楼藏书目录》共四册再版。

吴征镒认为，测海楼藏书有三个不同一般的特点："一是不太讲求版本，但讲求实用，杂书很多；二是搜罗各省、府、州、县志甚全，明清都

---

① 见《扬州的九十九间半：吴道台宅第》，第75-82页。

有；三是'同文馆''译学馆'译书和坊刻、小说、戏文、晚清杂志也都无书不备。"①

据吴敬恃、吴仲嶂在"扬州吴氏测海楼沧桑录"一文中所述，"测海楼"藏书二十四万七千七百五十九卷，按御制、经、史、子、集、杂卷、地方志等十二类，涵盖宋、元、明、清各朝代诸多刻本、善本、珍本书籍，其数量和藏书广度都超过天一阁。

吴引孙、吴筠孙都是满腹经纶的文官，建成吴道台宅第后，吴引孙在遗嘱《荣产琐记》中定下：北河下吴道台宅第及测海楼藏书为两房子孙共有，"有屋同住，有书同读"。按吴氏家规，只有上过学的人才能到"测海楼"读书，年幼的吴征镒是无权阅读测海楼藏书的，但他喜爱读书，可以偷偷上楼读书。吴征镒的大哥吴白匋（原名征铸，以字行）、二哥吴征鉴就有很多机会上楼读自己所喜欢的书，于他们后来成为文学家、医学家很有帮助。

图1-7 吴道台宅第的有福读书堂

由于吴引孙、吴筠孙在外地为官任职，不能常驻新建的吴宅，吴引孙就曾先后六次举家随任迁徙。1911年初，吴引孙、吴筠孙为母丁忧守制已满，吴引孙被任命为浙江布政使，吴筠孙被任命为湖北荆宜道尹，兄弟二人都携家眷儿女住进吴道台宅第，兄弟两房团聚，这是吴氏宅第建成后最为鼎盛的时期。到了三月两兄弟分赴浙江、湖北上任。

吴引孙和吴筠孙酷爱读书，对测海楼藏书本有严格规定："严禁子孙出卖，谁出卖了藏书，就是家族子孙后代的罪人。"但后来时局多变，吴宅历经军阀、日军的多重侵占掠夺，已无法保障藏书的安全。吴征镒的大哥

---

① 吴征镒：《百兼杂感随忆》。科学出版社，2008年，第415页。

吴白匋二十三岁那年，写下了《鬻书》一文：

先伯祖福茨公毕生好书而不佞宋，尝云，惟视力量所及，耳目所周，不拘一格，凡元明课本、旧家善本、寻常仿本、殿刻据刊各本，随时购觅，意在取其适用，为异日子孙能读书而憾无书者备焉。二十年共得八千余种，构有福读书堂藏之。去冬，有军官强住余家月余，盗善本数百册去。诸父惧其再来，乃以贱值悉售之于北贾王富晋。

伯祖踪天一，勤求二十霜。
官来偷百种，贾笑捆千箱。
老树鸟啼早，空楼日影长。
诸孙思卓荦，无福坐书堂。

后来，吴征镒每想到此事，十分惋惜而又无奈。测海楼书失楼空，现今仅保存下藏书目录。据说，测海楼失散的书，国家图书馆收购了大部分，有一些传入台湾和海外，美国国会图书馆也收藏了一小部分。

家　　塾

吴征镒自幼多病，肠胃不好，出过痧子、麻疹、湿疹，性格孤单，说话不清，分不清"公""红""中"一类"一东、二冬"的韵脚，母亲教吴征镒背诵唐诗，"寥落古行宫，宫花寂寞红。白头宫女在，闲坐说玄宗。"母亲总是耐心地教吴征镒反复念以纠正吴征镒"根""痕""真"的发音。吴征镒得到母亲格外的爱抚，印象特别深刻。

吴家的小孩到了六岁就该认字，母亲边梳头边教吴征镒认字，能认到两千多个字时，吴征镒就拜师傅进家塾读书。吴征镒上面的几个哥哥，都念过家塾，考上官立中学。吴征镒与大三岁的小姐姐同时入塾，其他是比吴征镒小的弟妹们，还有一个是家塾老师的孙子。家塾老师姓黄名吉甫，学生们称老师为"公公"。

家塾用的教科书是清末民初上海澄衷中学的新式教科书和《四书》，教科书有《守株待兔》《刻舟求剑》《杯弓蛇影》《床头捉刀人》《堕甑不顾》等故事和寓言，读起来很有趣。吴征镒认得两千多字，读这些故事并不感到困难。还要学写字，头一年用"红仿"描写，开始写简单的"上大人，孔一己，化三千，七十士"等，每天要描一张纸。后来就临摹欧阳询的《千字文》，天天写。

九岁以后，老师教读《论语》《孟子》《大学》《中庸》等，吴征镒对此类文言文也不觉得太难读，因有注释可以参考，对读懂理解上很有帮助。老师要求多背书，特别是《古文观止》的一些文章，需要背诵，读不懂的"囫囵吞枣"地要熟背，练就"强记"功底。每天下午三点后，黄公公教读《唐诗三百首》，先讲解后朗读，有时黄公公入神入境，摇头晃脑地朗读，学生也被带入了诗境。

童年的绿色底衬

吴道台宅第里有座花园，吴引孙定名为"芜园"，占地十余亩。其实这个芜园管理不善，显得有点荒芜。四周墙根种着些毛桃，成半野生状态，还有梅花、杏花、李花、紫薇、绣球、凌霄等，花木不少，只是有点杂乱。但每到春天百花盛开，倒也有些景观。中间是片草地，家里人开出一些地来种菜。七八岁时，吴征镒常到芜园里玩耍，春天在豌豆地把肥嫩而甜的豌豆生剥着吃，也是他的童趣，一旦给人发现，要被赶走。有时，他来到大草地上"摸、爬、滚"，尽情开心一番。

进芜园门右拐，有一片孟宗竹林，占地一亩多。春天雨后，吴征镒看到竹林里的春笋，从露尖头到拔节放箨簌簌有声，半天功夫，长得和他一般高，吴征镒越看越觉得惊奇。竹子的奇妙激起了他对植物的兴趣。乳母黄妈妈来挖笋，拿嫩笋煮笋豆，既可当茶食，吃不完可晒干，以备夏天吃西瓜后饱胀，吃几小根就消了。

夏天，芜园里金铃子、金钟、纺织娘、蛐蛐（蟋蟀）、知了、蝴蝶、蜻蜓很常见。有时吴征镒也逮住几个虫子，用各式各样的盒子养起来玩。

在芜园里玩长了，总会听到娘和黄妈妈的叫声："又溜到大院子里去了！"吴征镒只好乖乖地应着喊声回来，不然娘或黄妈妈就会追回来。

到了十一二岁，吴征镒来芜园主要是为"看图识物"，手里拿着父亲书房里的《植物名实图考》或《日本植物图鉴》，看图对植物，能对上一两种心里觉得特别舒畅，这时吴征镒心里的绿色底衬也就更加明朗起来了。

吴征镒回忆自己的童年说："如今绝大多数的青少年，大概独有一个'金色'的童年，天真活泼、无忧无虑地和小朋友们玩耍。然而我所处的那个年代，大多数人的童年却是灰色的，甚至是黑色的，我不免是其中一个，幸亏还有一个绿色的底衬。"[①]

[①] 吴征镒:《百兼杂感随忆》。科学出版社，2008年，第413页。

第二章
扬州中学

三位启蒙老师及标本展览

到了十三岁，吴征镒以同等学力考取江都县立中学。初一时，教植物的老师是唐寿（号叔眉），毕业于两江优级师范，是一位博物饱学的老教师。唐老师带领学生到郊外观察植物，看到紫堇紫红色小花外形像一串小鸟。唐老师让大家将紫堇花带回教室里做解剖，照样画图。唐老师发现吴征镒特别喜欢植物。周日，唐老师带一些喜欢植物的学生到扬州附近的平山堂、禅智寺、东乡、西乡、北乡采集标本。吴征镒每次都参加唐老师组织的活动，拿着一种豆科的米口袋植物刨根问底地向唐老师问个不停。吴征镒自感周日里和小朋友们一道交游采集是一大乐趣。在唐寿老师指教下，吴征镒学会了采集制作标本和解剖花果的植物学入门技术，唐寿是吴征镒在植物学上的启蒙老师。

在江都县立中学讲授博物学的还有一位吴锡龄（字遐伯）老师，他也是两江师范毕业的。遐伯老师精国画，善书法，还深晓动物学、生理卫生、矿物地学等知识。遐伯老师教授的"矿物硬度表"的口诀"滑石方，氟磷长，石黄刚金刚"，吴征镒还能背诵，记得最硬的是金刚石，最软的是滑石。吴征镒从他那里学到了动物、生理卫生和地学知识。遐伯先生还送过一把折扇给吴征镒，一面是李商隐的七律二首，另一面画的是倪云林一派的水墨山水小品。只可惜北平沦陷时，吴征镒的作业和书画被一扫而空，折扇也随之丢失。

1931年，吴征镒在江都县立中学读到初二，又以同等学力跳考扬州中学高中，在扬州中学二二普乙班就读（即民国二十二年，1933年毕业的班级）。高一时，讲授生物课的老师是唐燿（字曙东），采用的教本是陈桢所著的《高中（普通）生物学》。唐燿看到吴征镒在初中时期采集的标本，鼓励他多读一些课外书籍，如邹秉文、钱崇澍和胡先骕的《高等植物学》和彭世芳的《植物形态学》，还让吴征镒阅读商务版《自然界》杂志，以便从中体会"边采集，边思考"的优良习惯，初步对植物地理分布概念有所认识。吴征镒参考《植物名实图考》和《日本植物图鉴》，自己学习鉴定标本，写下中文名和学名，觉得不十分可靠，二哥吴征鉴特地请来金陵大学生物系教师焦启源先生帮助鉴定标本，大约有近二百份的标本。唐燿老师特在班上举行一次标本展览，展出吴征镒的植物标本，许多同学前来观看，有同班，也有其他班级的。一次不经意的标本展览，在吴征镒心灵里产生极大影响，坚定了吴征镒日后报考生物系的决心。

救 亡 歌

1931年，九一八事变爆发，这是日本帝国主义意欲占我东北而蓄意制造并发动的一场侵华战争，暴露日本帝国主义侵我中华的狼子野心。此时，全国抗日救亡运动风起云涌，扬州中学师生也义愤填膺。时在扬州中学读高一的吴征镒，与孙庆恺、胡光世等一批同学，毅然下乡宣传，反对打内战，一致抗日。少年吴征镒的爱国热情在下乡宣传活动中转化为热血沸腾的激情。面对日寇侵占东北的罪孽，吴征镒在九一八事变爆发的第五天，写下一首古风《救亡歌》，刊登在《扬中校刊》抗日专号上。

《救亡歌》共七百七十二字，一百三十三句，其中五言句有六十八句，七言句有五十四句，三言、四言、六言和九言句共十一句。

《救亡歌》，开头段是"九月十九日方明，天外忽来霹雳声，驻沈日军肆强暴，藉口攻我北大营。我军时方梦中醒，曳兵而走狼狈形。云是奉命不抵抗，即速推后不计程。全军方震怒，唯闻声隆隆。一炮空中来，迫击炮厂倾。一炮倏又至，血肉竟飞红。惟闻惨呼急，惟见惨雾浓。"道出日寇对我突发攻击，充分暴露侵我中华的狼子野心和强暴行径。吴征镒虽年仅十五，对九一八国难却是感应非常及时而敏锐。

紧接着，吴征镒写下四句七言"茅屋瓦屋比户烧，童幼男儿尽诛洗，奸淫掳掠诸兽行，发泄无遗谁可弭。"愤怒控诉日寇烧杀抢掠的滔天罪行。又用八句七言"缴械之兵与警察，炮声一到骈头死。我来杀汝不抵抗，只有强权无公理。尸堆成山血如水，不抵抗者亦如此！虽使杀人如蝼蚁，我护日侨不得已。"揭露日寇之暴虐，缴械的士兵和警察，也难免一死。面对"尸堆成山血如水"和"虽使杀人如蝼蚁"的惨景，我们还在护着"日侨"，真是"不得已"。此时，吴征镒的心境何等痛切而愤慨。

"噩耗传来自东北，闻者伤心皆一哭！彼为刀俎我鱼肉，焉能不加反抗听诛戮！"面对东北沦落日寇魔掌，人民备受日寇杀戮，吴征镒发出"焉能不加反抗听诛戮"的呼声，奋发出"揭竿一呼聚者百，共议抗日而救国"的呐喊，足显其抗日救国的激情和决心。有志不在年高，少年吴征镒初露爱国胸怀，令人钦佩而振奋。

"挫其齿，裂其目。彼能覆，我能复。斯我中华之土服，焉能令彼暴日作鹿逐！可忍此辱，国将不国！请求前线休退缩，一身犹当数矢簇。"即使日寇能颠覆我中华，我们也能光复我中华。焉能忍受日寇逐鹿，如果"可忍此辱，国将不国"，吴征镒怀有必胜的信心，请求前线将士切勿退缩，以一当十、以一当百之士气抗击日寇。这是吴征镒发自内心深处的企盼和请求。

然而，"剿共"不停，军阀混战，国家内战不止，"国人惟有内战长"。

吴征镒为此"我闻斯耗泪数行"。辛亥革命推翻了清政府,本来可以"廿年改革图自强,迫击炮之机关枪。"建设共和制新国家。但军阀内战,你争我夺,扩张势力范围。东北张作霖、张学良父子"一举曹吴胆俱丧",于1922年和1924年两次"直奉战争"打败直系军阀曹锟与吴佩孚,北洋政府开始了张作霖时代,而令曹吴"胆俱丧"。从此,张作霖和张学良实力达到"养兵数年精且强"程度。

"再举幽并归土疆"[①],张学良父亲张作霖受命中央政府直接管辖河北、山西北部和内蒙古、辽宁一部分地方的"幽并"二州,扩大了全国疆土的统制范围。

"三举石逆失猖狂"[②],1928年,日寇发动"皇姑屯"事件,张作霖被炸死,张学良成为"少帅",他断然拒绝日本"警告"而改旗易帜,矢志抗日;1929年,张学良下令将两位亲日派主将杨宇霆、常荫槐双双击毙。1931年,张学良所辖东北军又毅然处死日本间谍中村震太郎(史称"中村事件"),更是让日寇"失猖狂"之壮举。

"即如东北张学良,人莫不畏公之锋芒。倭寇虽猛如豺狼,公竟不作一坚墙。昔日之行亦何刚?今日之血亦何凉?"尽管张学良矢志抗日,做出一系列有让日寇"失猖狂"的义举,但"少帅"在民族危亡关头却屈从"赫赫中央"对日寇的"不抵抗"政策。十五岁的吴征镒斗胆质问张学良"昔日之行亦何刚?今日之血亦何凉?"是足够有正义感和胆量的言论了。

"赫赫中央"忙于内战,"征诛讨伐神威扬",忙着缴灭军阀李宗仁、白崇禧、冯玉祥、唐继尧等,又围剿红军,声势威名不可一世。然而现在面对外敌日寇的残暴侵略,却下令军队"不抵抗",其心其德,何其彷徨,

---

① 幽并,幽州和并州的并称。幽州是古"九州"之一,即今北京、河北和辽宁一带;并州也是故"九州"之一,约指今山西、河北一带。幽并二州大约包括今之河北、山西北部和内蒙古、辽宁一部分地方。

② "三举石逆失猖狂"中的"石逆"说的是清朝李元度招降太平天国石达开的事。李元度曾中举人,身历四朝,善用"仁义"玩弄招抚农民起义军,写下《招石逆降书四千言》对太平天国将领石达开展开诱降活动。被石达开"以大幅纸书一'难'字复之"予以拒绝(出自《金陵兵事汇略》)。李元度如意算盘完全落了空。吴征镒借此比喻张学良不受日寇诱降,反而处死亲日派和日本间谍而使日寇"失猖狂"。

少年吴征镒的批判锋芒，转而直指以蒋介石为首的国民党中央政府。

《救亡歌》最后一段，吴征镒用五言句连续提出"如何敌强邻"的六问，触及内战不止、科学落伍、经济凋敝、政府腐败和私欲横行等时弊。句句踏实，声声有力，年少的吴征镒提出如此老成的见解，读来令人尤其惊讶其胆识。

吴征镒用古风形式写下的《救亡歌》激情洋溢，变化有致，且一气呵成，读来有强劲感染力，耐人寻味。

图 2-1 刊登于《扬中校刊》抗日专号的《救亡歌》

树 人 堂

有百余年历史的扬州中学（1902—2002），办学立意高峻，校风优良，名师荟萃，人才辈出，是江南名校，全国知名。1932年建成的"树人堂"

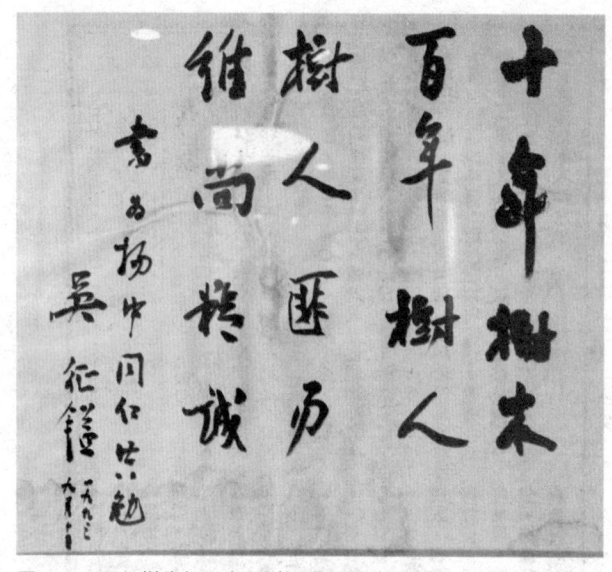

图 2-2　吴征镒为扬州中学树人堂所作的题词

是扬州中学的标志性建筑，它记录着扬州中学的历史轨迹，在吴征镒的记忆中留下许多难忘的烙印。

吴征镒的高中学业是在扬州中学完成的。吴征镒回忆："那时老师阵容非常强，比较偏重数理化……教数学的教师汪静斋（名桂荣），教书很认真，启发性强，深受学生的爱戴。三角、代数、解析几何、立体几何，全都是他教，讲课时边写边讲，他的音容笑貌至今我还记得清清楚楚……物理老师有薛天游（名元龙）、黄丹黁，化学老师邱子进。我们那时数理化课本采用的全部是外文原版的。"①

吴征镒讲道："扬州中学除数理化外，中文、英文、历史、地理、生物老师都很整齐。教我们外文的先是姓张的老师，后当训育主任，接着一位姓汤，汤悑卿，记得他给我们讲莎士比亚的有名悲剧《凯撒大帝》，讲得有声有色，我到现在还记得很清楚："凯撒爱我，我哭他，他有野心，我就杀了他（As Caesar loves me, I weep for him. As he is ambitious, I slaugh him）。"②

"高三国文老师是淮安人张煦侯，一口淮城话，内才很好，听了他的课，语言文字表达能力提高很快。他讲到王维的《山中与裴迪秀才书》，后来我考清华时，模仿其风格写了一篇游记，得到朱自清老师的赏识，结

---

① 吴征镒：《百兼杂感随忆》。科学出版社，2008 年，第 336 页。
② 吴征镒：《百兼杂感随忆》。第 337 页。

果得了比较高的分数,考取第十三名。"①

"扬州中学教生物的朱白吾老师②。那时扬州中学生物课是用陈桢编写的《高中(普通)生物学》,这本教材水平很高。《高中(普通)生物学》在讲述生物学史时,讲到孟德尔是遗传学的创始人。朱白吾老师不但讲课认真,生物学史讲得有声有色,学生们都很爱听。朱老师长得很像孟德尔,学生们都叫他孟德尔。这位被学生们称为孟德尔的朱老师,在抗战期间,带领一批师生在泰州一带新四军区域里办起了'流亡学校',从此朱老师参加了革命。"③

吴征镒感慨:"看来,扬州中学百年间,连同他的校长、教师职工和各班级校友都同处中国社会空前未有过的伟大转型期,这百年的时代飓风是极其强烈而深刻的。'糠和米本是相依倚,被簸飏作两处飞',大多数'飘茵',但也有'堕溷'。而今应在这百年之际,可以'度尽劫波兄弟在,相逢一笑泯恩仇'了。母校永远以'百年树人'为宗旨,提高人民素质,永远起着育人树人的大基地作用,使我们家乡和祖国跻身于世界之林。"④

2002年,为扬州中学百年校庆事,扬州中学专门派代表到昆明看望1933年届校友吴征镒。不巧,此时吴征镒因病住在医院,听说家乡母校来人,在医院会见母校的客人,吴征镒的夫人段金玉说:"家乡母校的人来了,就像一剂良药,他精神好了许多。"大家交谈了两个多小时,心情非常好。吴征镒问:"母校成立一百周年,我应该给母校送点什么?"当时有人提出来说:送一棵树吧,送广玉兰或者柏树?吴征镒说:"广玉兰是外来种,送金冠柏(*Cupressus macroglossus* Hartweg.cv.'Goldcrest')吧,是土生土长的,我希望把这棵树带到树人堂旁边,当年我是树人堂的一棵小苗,现在我成为一棵老树了,但是母校培养的学生已经成为一片森林。"

---

① 吴征镒:《百兼杂感随忆》。第337页。
② 朱白吾(1896—1980),字增璧、江苏宝应范水人。著名教育家。1921年毕业于国立北京高等师范学校,1927年起任扬州中学高中部生物教师。1949年至1952年任扬州师范学校校长。1957年加入九三学社,任扬州市分社主任。1980年病逝,享年八十三岁。
③ 吴征镒:《百兼杂感随忆》。第337页。
④ 吴征镒:《百兼杂感随忆》。第345页。

张泽民[①]老师是扬中代表之一，他回忆说："当时记得送的那棵有好几十厘米高，上飞机不让带，听我们说是昆明植物研究所所长吴征镒院士送给母校扬州中学的，才破例让带上飞机。经济舱人多行李多，树放不下，机长特意安排我们扬中老师坐到商务舱里，我们沾了这棵树的光，坐上商务舱，现在这棵金冠柏已经有两层楼那么高了。"

笔者三次造访扬州中学，参观树人堂，每次都怀着浓浓的兴致而来，带着多多的收获而归。感悟"昨日你以母校为荣，今日母校以你为荣"的传统。我赞扬中树人堂："扬州中学树人堂，群星璀璨桃李芳。育人大任百年计，真水无香尽忠良。"

图 2-3 吴征镒赠送母校扬州中学的金冠柏

[①] 张泽民，1935年生，江苏无锡人。曾任扬州师范学院中文系主任、江苏省作家协会名誉主席、江苏省写作学会顾问。著有散文、报告文学多种。

第三章
清华大学生物系

通 才 教 育

扬州中学的学生多数梦想当工程师，选择报考工科的比较多。吴征镒一直对植物怀有浓厚兴趣，立志报考生物系。

1933年，刚满十七岁的吴征镒考上了清华大学理学院生物系[①]。

吴征镒是1933年入学、1937年毕业的清华大学生物系九级学生。生物系九级人数最多时达十三人。[②] 老师十五人，其中教授三人，讲师四人（另有兼课讲师严楚江），普通教员二人，助教三人，共十五人。九级生物系学风纯正，师生关系融洽。在清华大学所受的通才教育为吴征镒打下了坚实的学科知识基础。

[①] 据1933年8月，扬州中学教务处通告第八十一号，扬州中学考入清华大学本科新生共二百八十五名，吴征镒名列第十三。《清华大学史料选编》二（下），第851页。

[②] 据吴征镒回忆，对照《清华大学史料选编》二（下）（第854页）1933年入学、1937年毕业的九级生物系学生有郑学经、齐颐、黄瑾、丁延祁和吴征镒，其他或是之前入学，或是中途插班的，总人数达十三人。九级生物系毕业五十周年时，刊载校友共十五人，多出简荣銮、徐兆骏二位，吴征镒回忆说全无同班上过课的印象。吴征镒：九级生物系、化学系师友小忆。《百兼·杂感随忆》，科学出版社，2008年，第302页。

吴征镒考取清华大学时，生物馆刚落成不久。楼建得很精细，环境也很优雅。北面广场上是高耸的气象台，更北是刚落成的化学馆，墙外便到圆明园。吴征镒第一次进馆是去找系主任陈桢先生为选课单签字。

陈桢个头不高，微胖，宽脸上戴副黑边眼镜，口音很有家乡味，给了第一次远离家乡求学刚十七岁的吴征镒一个十分亲切近人的印象。陈桢亲切地问吴征镒对植物是不是有兴趣，吴征镒说，很小时就有兴趣，喜欢跟中学老师去采标本，自己做标本，学着鉴定标本。陈桢很高兴，鼓励他努力学习。被陈桢亲切询问，吴征镒感到幸运。

二年级终于到生物馆大楼里上课和做实验了。生物馆的一楼是心理系，二、三楼是生物系。从一楼后门出去，在通向西院的大道边有一块地，是吴韫珍教授亲自培植的小型植物园。早春时节，白头翁、楼斗菜、探春、迎春以及榆叶梅、连翘等北方常见花卉先后开放，极大地吸引了像吴征镒这样刚刚步入植物学大门的学子。做实验时，沈同老师则总是探着宽宽的前额，用自制的各种切片辅导学生用投影绘图器绘形态解剖图。在吴征镒心中，沈老师是诲人不倦的好老师。

生物系一二年级不分组，动物、植物组都在一起学基础课，有些老师用英文授课。

大一时，朱自清教授国文，叶公超讲授英语，高崇望执教普通化学，包括定量分析和有机化学，萨本栋主讲普通物理。必修中国通史。大二要学生物学的所有课程，包括动物学、植物学和微生物等，尚有地质古生物、自然地理以及遗传学和生物史等，全面而广泛。名教授上基础公共课是清华的特色和传统。

在这些基础公共课老师中，吴征镒对大一讲授国文课的朱自清老师印象尤其深刻。

吴征镒在扬州中学就读过朱自清先生的《桨声灯影里的秦淮河》。这时，吴征镒终于真真实实见到了朱自清老师。在吴征镒看来，朱老师是一位十分严肃、一丝不苟的"君子"。原来他不单是文学大师，还是语言大师，分析语法常常细致入微。他的文章一字不废，也一字不苟。朱老师的文风对吴征镒影响很大，使其在以后写的科学论文中力求简洁，少说废话，少用废字。

联大时期，吴征镒和朱老师曾住在昆明北门街一间会馆的戏台楼上。朱老师与及门弟子王瑶、季镇淮，还有吴征镒、张澜庆、汪篯等，曾一起在私立五华中学任课。吴征镒留下一幅与朱老师合影的毕业照。

图 3-1　五华中学高中第二班毕业师生合影（1945 年 12 月 25 日。前排左四李希泌、左五朱自清、左六于乃文，二排右三季镇淮、右四王瑶、右五吴征镒、右六汪篯、右七张澜庆）

在编完《闻一多全集》之后不久，1948 年 8 月 12 日，朱老师心力交瘁，与世长辞。从西南联大到复员北平，吴征镒送走了吴韫珍（仅四十四岁）、闻一多（四十五岁）和朱自清（五十岁）三位老师。吴征镒满怀沉痛深哀心情写了两副对联"使贪夫廉，使懦夫立；求经师易，求人师难""十五年时沐和风，翘首夕阳无限好；两三载连摧大树，惊心昧旦有深哀"。

生物系九级植物组

到了大三，才分植物组和动物组。九级生物系执教的三位教授是陈桢（系主任）、李继侗、吴韫珍。陈桢是动物学家，主要管动物方面的教学。李继侗、吴韫珍二位教授主教植物。植物组必修课有植物形态学、植物分类学、植物生理学和植物生态学。植物形态学、植物分类学由吴韫珍教授授课，植物生理学和植物生态学由李继侗教授授课。1940年，吴征镒考上北大研究生，师从张景钺。时局变化，研究生未如期毕业，但张景钺对他学业的指导和帮助，使他得益匪浅。李、吴、张三位名师为吴征镒创造了施展植物学才华的机会，使他一步一步地向更高的科学山峰攀登。

李继侗[①]是清华大学生物系讲授植物生态和植物生理的教授。他善于因陋就简，用最简单的材料和实验设备做出极具创造精神的成果。植物生理和植物生态课讲得极有特色。

1935年，李继侗先生从荷兰归来，开课就讲当时刚露苗头的生长素（auxin）实验，陈耕陶当助教。他以白果为材料的许多有趣实验，富于启发性。植物生态用的是 J. E. B. Warming 和 Schimber 的经典名著，还参考 Habberandt，力图把生理和生态联系起来。至于 Raunkiaeh 的生活型学说、Goebel 的 Organogenesis（器官发育）等新学说也在他的教材之中，让吴征镒接触到当时前沿的植物生理学和植物生态学知识。可惜的是，吴征镒于七七事变前一天离开北平，参加西北科学考察团。8月23日，北平沦陷，再不能回校，所有讲义、学习笔记、实验报告都丢得一干

---

① 李继侗（1897—1961），字希哲，江苏省兴化县人。1916年考入圣约翰大学，后转金陵大学林科。1921年毕业，考取清华大学公费赴美留学，入耶鲁大学林学院做研究生，1923年获硕士学位，1925年获博士学位，是第一个在美国获得林学博士学位的中国学生。回国后，曾在金陵大学、南开大学、清华大学、北京大学任教。1934年至1935年，赴荷兰进修。后任清华大学生物系主任和西南联大生物系主任。1948年受聘中央研究院院士，1955年当选中国科学院学部委员（院士）。

二净。

在清华南迁的湘黔滇旅行中，吴征镒和郭海峰（1936级生物系）、王钟山（1936级地理系）、毛应斗（燕京大学胡经甫的弟子，学昆虫）四人跟着李继侗，形成辅导团生物系中的"五人伙"；闻一多先生带着高而壮的许骏斋和细而瘦的李嘉言（1930级）自成国文系"三人伙"。有时两伙一起在路旁席地休息，行军时则绝对分开。吴征镒用相机记录了行军的情境。

图 3-2　湘黔滇旅行团途经桃源渡口（1938年。立者右起李继侗、闻一多、吴征镒）

闻一多、李继侗二师在到昆明的前一天，经过大板桥，在一石灰岩陷穴的石头上，闻一多"长髯飘拂"，李继侗"短须一撮"，二位曾明志抗战不胜利不剃须。吴征镒为二师摄下了一幅弥足珍贵的照片。一路上，吴征镒从他们身上感悟到学者、诗人和斗士的气质。

到达昆明后，李继侗任西南联大生物系主任，公务繁忙，他办公室小而简陋，生物系标本室也很简陋。他很少在办公室，要上大一的课，管先修班，还任多个委员会的领导或骨干，办事时都带小跑，可称联大第一忙人。

图 3-3　李继侗、闻一多到昆明前在大板桥石灰岩石旁留影（1938年4月27日）

第三章　清华大学生物系

1938年岁末，李继侗率领由赈济委员会组织的滇西调查队赴德宏考察，联大生物系、地质系教师参加，吴征镒得以参加考察，另有李景汉（社会系）、郭文明（从法国留学归来在云大农学院任教），江应梁（民族学家）、陆鼎恒（北平研究院动物所所长）等也在其中，约二三十人。那时滇缅公路才通车，他们乘坐由南洋归侨开的大卡车。

滇西调查队来到猛卯（今瑞丽），猛卯土司刀京板在衙内宴请调查队，李继侗心中不满国民政府消极抗战，酒醉后大骂蒋介石。大家都为他捏着一把汗，幸好地方势力与蒋介石有矛盾，消息没有外传，吴征镒和王嘉荫（北大地质系助教）赶紧扶他上床。李继侗耿直、率真的性格让大家印象深刻。

这次滇西调查归来，吴征镒整理考察收获，完成《瑞丽地区植被的初步研究》（附植物名录）。1946年发表于《华西边疆学会汇报》，时局变故，复员北平，仅登载一半。① 原稿全文存于昆明植物研究所。

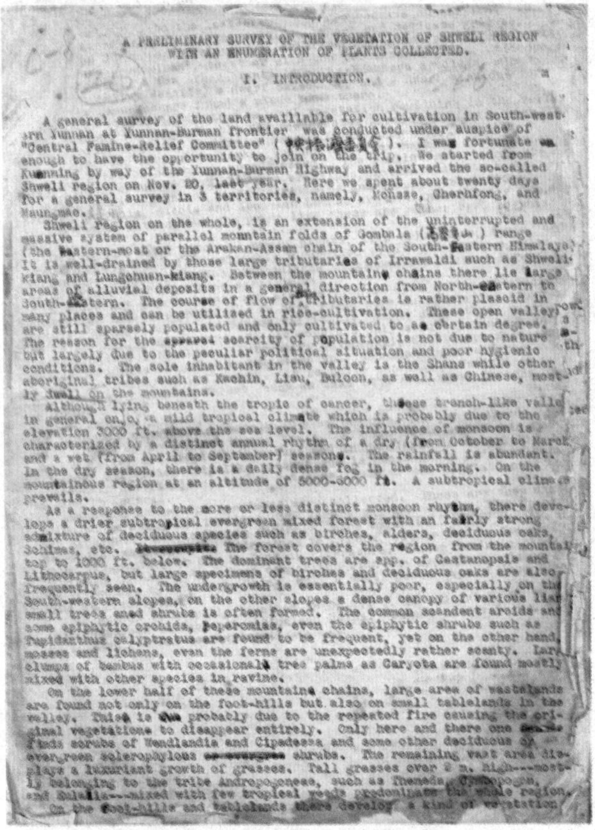
A PRELIMINARY SURVEY OF THE VEGETATION OF SHWELI REGION WITH AN ENUMERATION OF PLANTS COLLECTED.

I. INTRODUCTION.

A general survey of the land available for cultivation in South-western Yunnan at Yunnan-Burman frontier was conducted under auspice of "Central Famine-Relief Committee" ( ). I was fortunate enough to have the opportunity to join on the trip. We started from Kunming by way of the Yunnan-Burman Highway and arrived the so-called Shweli region on Nov. 20, last year. Here we spent about twenty days for a general survey in 3 territories, namely, Mohsze, Cherhfong, and Maungmao.

Shweli region on the whole, is an extension of the uninterrupted and massive system of parallel mountain folds of Gombala ( ) range (the Western-most or the Arakan-Assam chain of the South-Eastern Himalaya). It is well-drained by those large tributaries of Irrawaldi such as Shweli-kiang and Lungchuan-kiang. Between the mountains chains there lie large areas of alluvial deposits in a general direction from North-eastern to South-western. The course of flow of tributaries is rather plascid in many places and can be utilized in rice-cultivation. These open valleys are still sparsely populated and only cultivated to a certain degree. The reason for the apparent scarcity of population is not due to nature but largely due to the peculiar political situation and poor hygienic conditions. The sole inhabitant in the valley is the Shans while other aboriginal tribes such as Kachin, Lisu, Buloon, as well as Chinese, mostly dwell on the mountains.

Although lying beneath the tropic of cancer, these trench-like valleys in general enjoy a mild tropical climate which is probably due to the elevation 3000 ft. above the sea level. The influence of monsoon is characterized by a distinct annual rhythm of a dry (from October to March) and a wet (from April to September) seasons. The rainfall is abundant. In the dry season, there is a daily dense fog in the morning. On the mountainous region at an altitude of 5000-6000 ft. A subtropical climate prevails.

As a response to the more or less distinct monsoon rhythm, there develops a drier subtropical evergreen mixed forest with an fairly strong admixture of deciduous species such as birches, alders, deciduous oaks, Schimas, etc. The forest covers the region from the mountain top to 1000 ft. below. The dominant trees are spp. of Castanopsis and Lithocarpus, but large specimens of birches and deciduous oaks are also frequently seen. The undergrowth is essentially poor, especially on the South-western slopes, on the other slopes a dense canopy of various lianas, small trees and shrubs is often formed. The common scandent aroids and some epiphytic orchids, Peperomias, even the epiphytic shrubs such as Tupidanthus calyptratus are found to be frequent, yet on the other hand, mosses and lichens, even the ferns are unexpectedly rather scanty. Large clumps of bambus with occasional tree palms as Caryota are found mostly mixed with other species in ravine.

On the lower half of these mountains chains, large area of wastelands are found not only on the foot-hills but also on small tablelands in the valley. This is probably due to the repeated fire causing the original vegetations to disappear entirely. Only here and there one finds scrubs of Wendlandia and Cipadessa and some other deciduous or evergreen sclerophylous shrubs. The remaining vast area displays a luxuriant growth of grasses. Tall grasses over 2 m. high---mostly belonging to the tribe Andropogoneae, such as Themeda, Cymbopogon, and Eulalia---mixed with few tropical weeds predominate the whole region.

On the foot-hills and tablelands there develop a kind of vegetation

图3-4 《瑞丽地区植被的初步研究》（附植物名录）首页

联大复员前夕，李继侗恐吴征镒在当时的国内环境下不能继续深造，曾为吴征镒觅得赴美国哈佛大学进修机会。但吴征镒历经闻一多、李公朴

① 全文共五十七页，在《华西边疆学会汇报》（15：149–175）刊载全文的一半。全文原稿藏于昆明植物研究所。

二师被国民党反动派枪杀事件,又亲睹一二·一惨案中四烈士的鲜血,思想有了新的飞跃,当时吴征镒已加入中国共产党,不想脱离火热的斗争,加之当时的吴征镒是一个穷教师,无力出国深造,故决定"善自为谋",放弃了这次机会。后来,他总觉得自己辜负了业师李继侗的厚爱。

联大复员后,吴征镒留清华生物系任讲师,做李继侗的助手,继而承担吴韫珍老师教授植物分类学的任务。

1954年1月至4月,中共科学院党组数次讨论学部委员的条件、人数和名单问题。两次研定的学部委员名单中都没有吴征镒[①],后来讨论研定的名单中才有吴征镒[②]。据说李继侗力推吴征镒,曾言道:"吴征镒历时十年编制了三万多张植物卡片,当两个学部委员都够了。"他所说的三万多张卡片[③],指的是吴征镒从1942年开始历时十年,依据吴韫珍先生从奥地利研究中国植物的权威韩马迪(H. Handel.-Mazzetii)处抄录来的中国植物名录和秦仁昌先生从Kew、Wien、Uppsola 的

图3-5 吴征镒花十年功夫制作的三万余张植物卡片

Thunberg 标本室的 Thunberg 模式标本照片制作卡片,意在编写《中国植物名汇》,在卡片上逐一对植物的采集人和采集地、地理分布、主要研究文献、生境条件等做了详尽记录,几乎囊括全中国的植物,特别是其中的模式植物标本,可视为一部未成文的《中国植物志》的雏本。这批卡片,

---

① 指的是1954年7月17日中科院第二十七次院务常务会议和8月7日中科院第三十一次院务常务会议研究的学部委员名单。

② 指的是1954年11月11日中科院第三十九次院务常务会议第一次讨论学部委员的名单和11月18日中科院第四十次院务常务会议通过的学部委员名单草案。

③ 吴征镒用十年功夫制作的植物卡片计三万零二百零四张,含二百八十八科植物。已列入采集工作资料库。

分存于北京植物研究所和昆明植物研究所。在后来编纂《中国高等植物图鉴》《中国经济植物志》，乃至《中国植物志》都发挥了大作用，从吴征镒在植物分类学方面所下的功夫看，其基础不能说不坚实。

周恩来总理签署国务院命令："中国科学院学部委员名单共二百三十三人，已由1955年5月31日国务院全体会议第十次会议批准，现在予以公布。"名单中有生物学、医学、农林科学的委员六十人，吴征镒也在其中，时年三十九岁，在植物学的十三名委员中吴征镒算是年轻的委员之一了，钱崇澍、陈焕镛、陈桢以及张景钺、林镕、李继侗、秦仁昌等有的是吴征镒太老师辈和老师辈的长者，对吴征镒来说当选为学部委员既是鼓励又有压力。

1957年，李继侗调任内蒙古大学任副校长，为建校和培养人才，奉上毕生精力。1961年12月12日，李继侗在呼和浩特辞世，享年六十四岁，安葬于内蒙古大学校内。

吴韫珍[①]是清华大学生物系讲授植物分类和植物形态学的教授。在九级生物系讲授植物形态学时，沈同任其助教。每逢课前半点钟，吴韫珍就把黑板写满，有文有图。他授课认真，学生们都爱听，但考评也很严格，要获得高学分也不是件容易的事。

吴韫珍先生从二年级起教植物形态学，以当时国际著名的杂志（如 *Ann. Bot.*，*Plant Archieves*，*Bot Review* 等）有关文章为教材，图画得很精确，字写得很秀气。教科书用美国大学经典教科书（张景钺先生的老师 Chanberlain 和 Coulter 合著），还参考欧洲传统植物学教科书，包括从微生物到高等植物当时已知的形态、组织、器官、胚胎、生活史等知识，尤其对生活史和世代交替特别强调，这正是当时世界研究的热门。

三年级时，吴韫珍用协和医大刘汝强编的英文版《华北植物》为教材，可能是植物分类学最早的乡土教材。吴韫珍还另有一整套随着标本陈于学生面前的华北植物教材，是根据野外采集或校园内的新鲜材料编写

---

① 吴韫珍（1899—1942），号振声，上海青浦朱家镇人。1918年，考入金陵大学农科，深受钱崇澍先生熏陶，尤对植物分类感兴趣。1923年，考取清华公费留学生，赴美国康奈尔大学深造。1927年获得博士学位后归国，任清华大学植物学教授。

的，有详细解剖，亲自绘作插图，有时直接绘在标本台纸上。吴韫珍给学生的参考书很多，其中有当时最先进的哈钦松（Hutchinson）系统和贝西（Bessey）系统。到了昆明，吴韫珍调查昆明附近植物，还考据《植物名实图考》中收录的云南乡土植物，作为鲜活教材，向学生讲述。他这套结合实际、图文并茂的教具和教法一直延续到抗战胜利以后。这套积累了数百幅有花植物图文的教材和他在维也纳手录的三大本中国植物带文献的名录，一直保存在北京大学。

1933年，吴韫珍赴维也纳，与研究中国植物的专家韩马迪（H. Handel.-Mazzetii）商讨有关中国植物分类学研究的问题，立志要彻底整理外国人在中国采集的植物，解决中国植物分类研究的一些疑难问题。

南迁时，吴韫珍从上海乘船南下，船到越南海防转到云南河口，再入滇至昆明。长途劳累，抵达昆明后常患胃病，加之生活日渐艰苦，身体不支。尽管如此，他仍废寝忘食地工作，特别是结合民间草药和民俗，考证《植物名实图考》和《滇南本草》中的植物学名，确定了石竹科植物金铁锁（*Psammosilene tunicoides* W. C. Wu et C. Y. Wu）这一新属、新种。

2015年冬，我们特地访问收藏吴韫珍先生遗著和教学资料的北京大学生命科学院植物标本馆，得以亲睹吴韫珍先生遗著五册《中国植物属志》和五册教学资料。吴征镒生前曾跟我们讲述过吴韫珍先生这些宝贵的学术资料，他还曾三次到北京大学标本馆查阅这些资料，每次看后都十分钦佩老师的工作。吴征镒说："是吴韫珍'嚼饭哺人'，诱启后人，实尽师道之责，可永昭后世。"

1936年至1937年，吴韫珍师在清华生物馆和西院大道之间的三角地块上建了一个小型的植物园，植物来自西灵山、小五台和东陵雾灵山，按《华北植物》系统定植，都由他率杨承元亲自动手。他还到玉泉山、香山、八大处、大觉寺、黑龙潭、门头沟、妙峰山采集植物，在植物生长季节，几乎每星期都去。两年中，收集来的植物种满了小植物园，其中灌木有华北的几种丁香（*Syringa* L.），草本有唐松草（*Thalictrum* L.）和大叶铁线莲（*Clematis heracleifolia* DC.）等。

1936年夏，吴韫珍由杨承元、周家炽二位助教陪同，带领九级生物

图 3-6 吴蕴珍教学资料笔记本（保存于北京大学生命科学学院植物标本馆）

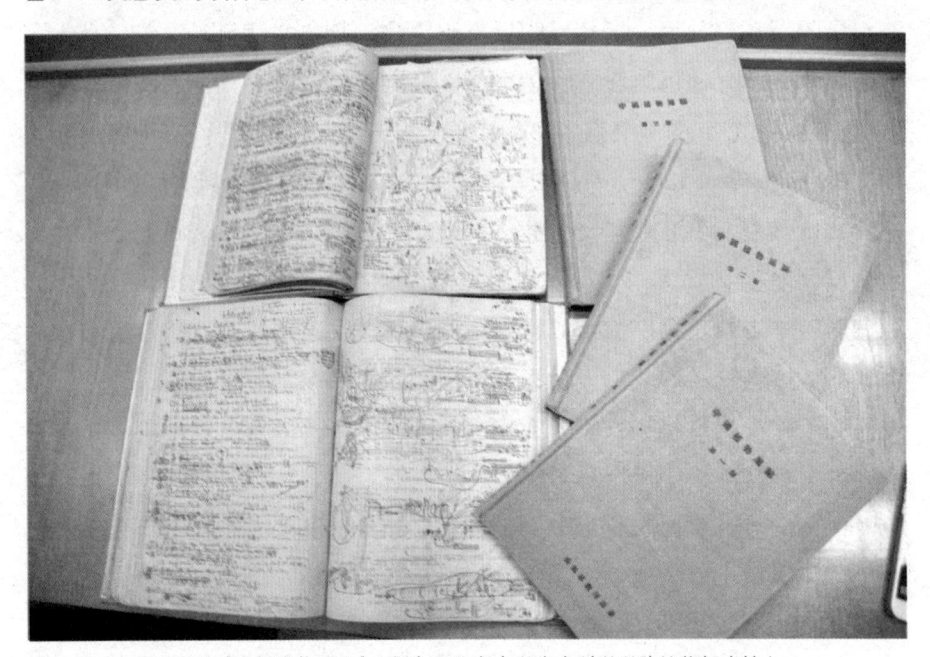

图 3-7 吴蕴珍所著《中国植物属志》（保存于北京大学生命科学学院植物标本馆）

系植物专业学生李有术、郑学经、齐颐、马文魁和吴征镒赴察哈尔（现归河北）的小五台山采集考察，经宣化、蔚县，由桃花堡上小五台山。在北台顶上的破庙里露宿两夜，在汤池寺山谷中搭帐篷住了两周。在南台看到五彩缤纷的高山草甸（alpine meadow），在东台看到高山石灰岩的喜钙植物（calcium plants）。通过登山顶，吴韫珍让学生真实感受小五台植物的垂直分布；在山谷草地，他让学生仔细观察不同种报春花（Primula spp.）植物花柱和雄蕊长短的不同比例，观察丹参（*Salvia miltiorrhiza* Bunge）受粉过程，以了解其受粉机制。现场示范教育，让学生学到许多鲜活知识。吴韫珍有较严重的胃病，但还是带队完成调查任务，更让学生感动。

吴韫珍把莎草科苔草属分类研究交给吴征镒来做，作为吴征镒的毕业论文。莎草科苔草属植物，世界约在两千种以上，分布广，北温带种类尤多，素来是植物分类研究中的"拦路虎"。在吴韫珍指导和帮助下，用了一年的课余时间，完成了河北和察哈尔两省莎草科苔草亚科植物的初步整理，从两千种中找清了两省五十余种苔草植物，完成了 Cyperaceae-Caricoideae of Hopei and Chahar Provinces 论文。

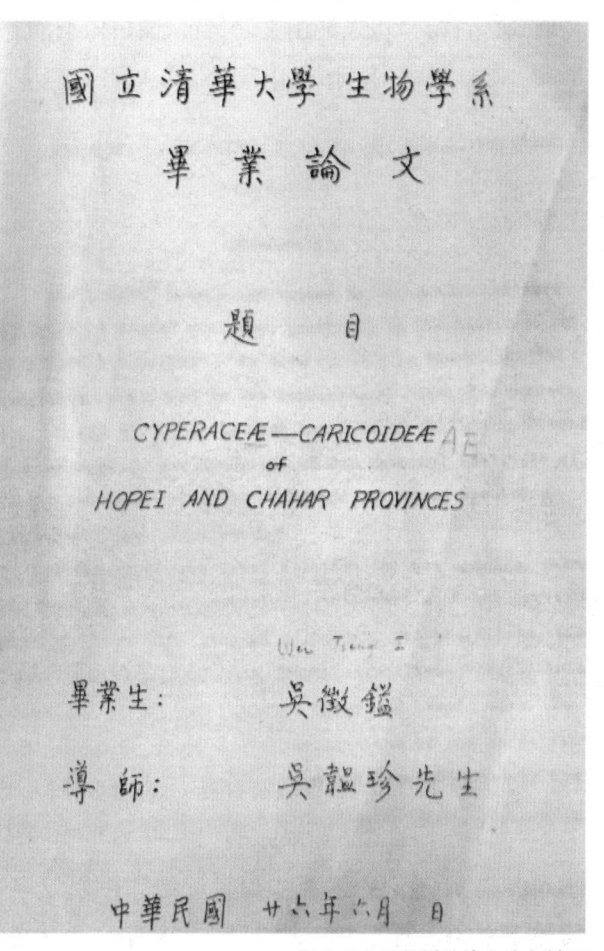

图 3-8 吴征镒的毕业论文封面

撰写论文时，吴征镒秉承老师的指导思想，按老师的"三严学风"要求，对苔草植物种级分类的主要依据囊果和颖的形态作了全面解剖记录，按比例尺格子画成图。吴韫珍作的植物解剖图精细准确，吴征镒可谓得其真传!

1941年至1942年，昆明物价飞涨，吴韫珍孤身在滇，又患严重胃病，仍工作不辍。在云大附属医院手术后，拆线前一直打嗝不止，内外伤口实未愈合，拆线后数日，伤口重行崩裂，受感染转成腹膜炎。抗战期间消炎药短缺，青霉素也未能用上。吴征镒在床前侍奉十余日。1942年6月7日午间，吴韫珍老师心脏停止跳动，年仅四十三岁。

图3-9　西南联大生物系员工为吴蕴珍先生送葬

吴韫珍病逝，吴征镒悲痛不已，毅然接下恩师教授植物分类学的任务，并坚持下来。恩师未完的另一件事是整理《滇南本草》，编纂《滇南本草图集》。这项任务是吴韫珍受经利彬[①]之聘，筹建中国医药研究所而接受下来的。但不久他病倒了。吴征镒、蔡德惠、匡可任、钟补勤和简焯坡把恩师的任务接了下来，花了三年功夫，用石印自画自写自印，完成

---

① 经利彬（1895—1958），字燧初，上虞驿亭人。早年留学法国里昂大学，获理学及医学博士学位，任助教。归国后任北平大学农学院教授兼生物系主任，1934年任北平研究院生物部部长。1937年北平沦陷，前往昆明，任该院动物研究所所长兼中国医药研究所所长及云南大学生物系教授。1946年去台任台湾省卫生局局长，1958年在台逝世。著述有《脊椎动物之脑量》《金鱼鳍及鳞之复生》《槐实之生理作用》《滇南本草图谱》（合著）等。

二十六种二十六幅图的图谱，整编纂出《滇南本草图集》（第一集）。

吴征镒的中国植物学植物分类学、形态学和植物地理等研究，后来发展成"八纲系统"及其"多系—多期—多域"假说实源于吴韫珍的学术思想，可惜他英年早逝，未能"笔之于书"而已。

吴韫珍是吴征镒在清华大学的三位老师中命运最苦的一位，也是和吴征镒相依为命并最先送终的一位。吴韫珍百岁诞辰纪念时，吴征镒失却纪念的良机，他写下"深切怀念业师吴韫珍先生"一文（见吴征镒《百兼杂感随忆》第295—296，科学出版社2008），以此心香一瓣敬仰恩师！

张景钺[①]是北京大学生物系主任，吴征镒在清华大学的四年，无缘与张老师谋面。吴征镒在参加段绳武的西北考察团时，与张景钺及门弟子孙兆年巧遇于包头，攀谈之际，对张景钺赞不绝口，让吴征镒对张老师留下一个好印象。1935年，吴征镒到北师大听植物解剖学课程，执教老师是严楚江，课讲得很好，严老师性格刚直不阿，具"好使酒骂座的魏晋式狂士"风格，唯独谈到张景钺时却要夸奖一番。1938年初，吴征镒和徐仁、梁其瑾同屋。徐仁是北大生物系教员，三人昆明相聚，每当月夜未眠，自然不免在相互抵足的斗室中议论一番。从徐仁口中得知，张景钺老师是当时世界知名植物形态学家Chamberlain教授的得意弟子，而Clamberlain和Coulter合写的植物形态学，正是吴韫珍老师所用的教科书。虽与张景钺老师未谋面，但对张景钺老师已然十分崇敬。直到西南联大时才算列入张景钺门下。

1938年夏，张景钺带领一个小考察队到点苍山、鸡足山考察，考察队里有吴韫珍、杨承元、吴征镒、周家炽、姚荷生，共六人。吴征镒终于得以亲炙张景钺的教诲。

他平常寡言少语，喜怒不形于色，到指导学生时又总是和颜悦色、孜孜不倦。吴征镒亲身领会了张景钺老师的治学精神和为人风度，终生难忘。

[①] 张景钺（1895—1975），字砚侪，湖北光化人，原籍江苏武进。1920年，张景钺毕业于清华学校（即清华大学前身），1926年获美国芝加哥大学科学博士学位。回国后任东南大学教授、生物系主任。1933年转北京大学大任教授、生物系主任。

考察归来两个月后，李继侗、张景钺承接赈济委员会的滇西南考察任务，吴征镒又得以参加，赴漾濞、永平、芒市、遮放、瑞丽等地进行植物采集和考察。吴征镒从湘黔入滇一路走来，对华北、华中至西南的植物分布、植被类型有了深刻印象，大理、宾川考察亲睹高山云冷杉林、山地云南松林，芒市、瑞丽考察对亚热带常绿阔叶林、热带季雨林，乃至各式各样的次生植被（河岸林、稀树灌丛和有刺灌丛等）印象新鲜而深刻，植物多样性和植物类型丰富性，让吴征镒大开眼界，阅历大增。此时的吴征镒，心中立下宏图大愿，一定要立足云南，放眼中国和世界，弄清植物时空发展规律，弄清中国植物区系发生发展变化规律。

吴征镒三年助教期满，李继侗劝吴投考北大研究院深造。1940年6月，吴征镒考入北大研究生院，成为张景钺的研究生。张景钺给吴征镒的研究题目是杜鹃花的维管束构造（vascular structure）。当时，昆明遭到日寇飞机大轰炸，联大南区的土基墙洋铁顶的实验室被炸蹋两幢，论文实验无法进行。于是吴征镒被疏散到西北郊大普吉清华农研所，张景钺老师全家则疏散到北郊的岗头村，与西北侧的大普吉距离颇远。有事请教张老师只能约在联大南区，短时会面。因吴韫珍老师英年早逝，吴征镒承担其全部教学和研究任务，回到植物分类和区系地理方面继承其遗愿，未完成研究生论文和学业。

复员北平后，张景钺在北京大学任生物系主任，1955年被选为中国科学院生物学部学部委员（即院士）。

生物系九级同学1937年毕业时，仅有郑学经、齐颐、丁延玠、黄瑾和吴征镒五人。

郑学经，四川新都人，毕业后长期在四川大学生物系任教。吴征镒每次到成都，均承他招待吃龙抄手等川味。1956年，吴征镒陪同苏联植物学家在峨眉山考察，在洗象池路上巧遇，他正在采蕨类，攀登舍身岩找稀有蕨类。他过八十大寿时，邀吴征镒到家叙旧，说在重温《四书》，以充实晚年生活。临行见吴征镒腿脚不便，一定要赠一枝剑（阁手）杖，让数学家的长女扶下楼，友情可见一斑。郑学经跨世纪后安然逝世。

齐颐为吴征镒小同乡、扬中同学，长两岁。平日少言寡语，不喜交游。毕业返家，在扬州震旦中学教书，不久即传已逝世。

丁延玠和吴征镒同级同班不同组，因喜旧诗词而交契，湘黔滇旅行团又同行。新中国成立后，任北医刘思职院士得力助手，于生物化学颇有研究，但不幸中风卧病。

黄瑾长吴征镒一岁。新中国成立后，她一度在中科院编译局管科学名词审定，接触稍多。知她与八级物理系陈明仑结婚，去过她家。吴征镒全家转昆明后，仅在级友五十周年后几次校庆相聚，后亦过八十病逝。

吴征镒对清华生物系"级友"时常感念。四年清华，同学之情相濡以沫，毕业后虽南北东西，但都时常问音，直至离别。

第四章
西南联大的艰难岁月

《滇南本草图谱》第一集

抗战时期，陈立夫主管教育部，下令在昆明成立中国医药研究所，经利彬任所长，聘请吴韫珍来所创办药用植物组，药用植物组的第一任务就是编纂《滇南本草图谱》。刚搭起架子，1942年6月，吴韫珍便因病去世，吴征镒接下药用植物组的工作。

1941年，吴征镒、匡可任[①]、蔡德惠[②]、钟补勤、简焯波，在吴韫珍指导下，以明代兰茂的《滇南本草》为底本，编纂《滇南本草图谱》（以下简称《图谱》）。匡可任、钟补勤负责植物调查采集工作。蔡德惠做《图

[①] 匡可任（1914—1977），江苏宜兴人。1934年毕业于宜兴高等农林学校，1935年赴日本北海道帝国大学攻读林学。1941年至1949年就职于云南农林植物研究所，其间与吴征镒一道完成《滇南本草图谱》第一集。1949年以后在中科院植物研究所工作。著有多部植物形态学专著。1941年发现产于云南东南部的核桃科新属，1958年与陈焕镛发现银杉属（*Cathaya*），为我国一级珍稀濒危植物。承担《中国植物志》茄科等编志任务。

[②] 蔡德惠（1923—1945），江苏上海人，西南联合大学生物系高才生。汪曾祺曾撰写"蔡德惠"一文在《大公报》发表。毕业后参加编撰《滇南本草图谱》第一集工作。后因患病，英年早逝。

谱》研究制作，大约有十幅图以及植物形态描述及图版说明是蔡德惠完成的。工作地点选在昆明大普吉陈家营东边小河旁一座破烂不堪的土主庙里，在庙中大殿的土主神像下，用一台石印机和一张大方桌，自写、自画、自印书。

这个工作班子，群策群力，用了三年时间，完成二十六种《滇南本草》所载草药的调查、采集、描述形态、绘图、考订中名、学名等工作。除了仅有的一台石印机外，所需的图书、放大镜、打字机都是东拼西凑借来的。

匡可任设计《图谱》的框架，即以图和形态描述为主体。图和形态描述都力求全、细、准，图包括根、茎、叶、花、果实、种子（直到胚和胚乳），形态描述要求规范准确。

《图谱》求得陈立夫题签"滇南本草图谱"和序，请云南省主席龙云题辞"金壁之光"。序言由吴征镒撰写，经利彬阅过署名。《图谱》的中名、学名考订和文字说明由吴征镒撰稿，与匡可任、蔡德惠讨论后定稿。《图谱》距今已八十年，已成"古董"，撰文用字多有"古"味。

因中国医药研究所全无图书，外文参考多出于西南联大生物系、云南农林植物研究所和清华农业科学研究所仅存的图书，中文典籍则参考设在大普吉的"清华中文善本书库"以及云南图书馆所藏籍，就当时的历史条件来说，考据研究是尽其所能了。

《图谱》刊印后，中国医药研究所即解散，吴征镒留得五本书，其余都上缴教育部。书中吴征镒代吴韫珍发表石竹科、剪秋罗亚科、石竹族新属金铁锁属和新种金铁锁（Psammosilene W.C.Wu et C.Y.Wu, genus novum Caryophyllaceae-Silenoideae-Diantheae, *Psammosilene tunicoides* W.C.Wu et C.Y.Wu），匡可任绘制植物图，该属是滇黔至藏东南的中国特有单型属，又是云南白药的主要药物之一。大家实现了吴韫珍的遗愿。

编纂《中国高等植物图鉴》时初次引用《图谱》文献，但国外尚不知其出处。吴征镒在英国邱园（Kew）标本馆见到 *Silene cryptantha* 等模式标本（type）和同号模式（isotype）后，为了争取国际上的合格发表，曾从仅存的五本《图谱》提出一本赠送邱园图书馆，后又赠送一本给中科院植物研究所图书馆，尚有三本原刊留在昆明植物研究所。中国科协主持"科学家学术成长采集工程"项目，在编撰"吴征镒院士学术成长采集"课题时，于2016年12月，捐赠科学家学术成长采集工程档案馆一册。

《图谱》内容虽有许多过时或不恰当之处，但仍有科学史价值，或许可供后人作考据研究的参考。2007年12月，由云南科技出版社按原本影印，新版问世，也只有在太平盛世才得如此。九十岁高龄的吴征镒，特为《滇南本草图谱》新版撰写跋，详细记述了《滇南本草图谱》第一集成书的全过程，披露了参加《滇南本草图谱》第一集撰写中的轶事。此乃一份难得的真实史料，不愧为中国植物考据学研究的滥觞之作。

大普吉和黑龙潭

在抗战后方的昆明，大普吉和黑龙潭是两个重要而有名气的生物学学术活动中心。

大普吉的在昆明西郊的乡下，那里曾集中了清华大学的好几个研究所，不少清华名家都曾在此工作和生活过。清华大学设在大普吉的各研究所都归物理学家叶企孙[1]领导。设在大普吉的各研究所常举行学术活动，氛围活跃。吴征镒的老友姜广正[2]著有《在大普吉的日子》，亦师亦友的汤佩松[3]著有《为迎朝霞顾夕阳》，回忆在大普吉工作、生活的难忘情景。英

---

[1] 叶企孙（1898—1977）上海人，物理学家、教育家，我国近代物理学奠基人之一。1918年清华学校高等科毕业，1920年美国芝加哥大学物理系获学士学位，1923年美国哈佛大学研究院获哲学博士学位。1933年起连任中央研究院第一、二届评议员。1938年任西南联合大学物理系教授，1941年任中央研究院总干事。1948年当选中央研究院院士。1955年当选中国科学院学部委员。创办清华大学物理系、北京大学磁学专门组。为我国高等教育事业和科学事业做出了卓越贡献，培养出了一大批著名科学家。

[2] 姜广正（1919—2002），字胤直。山东青岛市人，真菌学家，植物病理学家。1945年毕业于金陵大学，在昆明大普吉清华农科所任助教，师从戴芳澜、俞大绂、汤佩松研究真菌。长期从事高等农业教育工作，专长于真菌分类学研究。曾在清华大学、北京农业大学、中国科学院微生物研究所、内蒙古农牧学院和山东农业大学任教。

[3] 汤佩松（1903—2001），湖北浠水人。植物生理学家、生物化学家、教育家，中国科学院院士，中国植物生理学的奠基人之一。著回忆录《为接朝霞顾夕阳》（科学出版社，1986年）。

国驻重庆使馆文化参赞李约瑟（中国科学史学家），到大普吉参观访问后赏誉备至。

当年在大普吉清华农业科学研究所植物病理组做研究助教的姜广正写道："烽火连天哀鸿遍地，国土大片沦陷。在艰苦抗战的岁月中，凡是注意到学术动态的人，无不知道'大普吉'。这是学术中心的同意语，用今天的话说是'院士中心'。"生物学方面，后来成为中科院院士的有戴芳澜、汤佩松、殷宏章、娄成后、俞大绂、裘维蕃、吴征镒、沈善炯、王伏雄、刘崇乐。

日寇飞机对昆明进行第一次轰炸后，西南联大生物系把在读研究生吴征镒和王伏雄从昆明城里疏散到大普吉戴芳澜先生处。清华农科所的植物生理组由汤佩松领导，殷宏章、娄成后是其左右手。汤佩松夫妇、殷宏章夫妇分别住在植物生理组小院南边和北边的简陋小屋里。住在大普吉的还有娄成后夫妇、王伏雄夫妇。

吴征镒在大普吉的三年里，汤佩松和殷宏章给他留下了深刻的印象。

1944年至1946年，清华农科所病理和真菌组的真菌学和植物病理学课，还参加植物生理组定期举办的学术研讨会。受益良多。尤其是植物生理组研讨会，是大普吉学术活动中心的亮点，受到李约瑟赞誉，名声远播国际。

吴征镒和汤老缘分不浅。最早是在昆明大普吉的三年相处；解放战争期间吴征镒请汤老签名支持历次"反饥饿，反迫害，反内战"运动；北平解放后，接收清华农学院，吴征镒与汤老还有过深谈；再是1952年，已在中科院的吴征镒受高等教育部临时借调带队到北农大调查乐天宇事件，校长乐天宇和原清华农学院汤佩

图4-1 吴征镒在大普吉

第四章 西南联大的艰难岁月

松、戴芳澜先生等的孟德尔、摩根和米丘林（李森科）学派之争，调查没有结束，吴征镒就到印度考察去了，其间与汤老深谈了一些问题。

改革开放后，1979年，汤老任中国植物学会代表团团长访问美国，吴征镒是代表团副团长。1981年，汤老又任中国代表团团长率团参加在澳大利亚悉尼举行的第十三届世界植物学会，吴征镒仍是副团长。汤老两次在会上直接用英语做中国植物学成就的长篇报告，都受到了全场连续鼓掌。后来汤老调植物所主持所务，吴征镒调往云南主持植物研究所昆明分所，又成为汤老的直接部下。三次给汤老当助手，吴征镒感到荣幸且有缘分。汤老任中国植物学会理事长，吴征镒是副理事长。汤老和吴征镒又都是美国植物学会遴选的外籍终身会员。吴征镒与汤老确实缘分不浅。

抗日战争时期，殷宏章[①]和吴征镒同是"大普吉"人。吴征镒说："我们同是'大普吉人'。"[②]那时，殷宏章一家住在大普吉清华农科所生理研究组的小院里，同院里还住着娄成后一家，与清华图书馆、无线电研究所、金属研究所院落及戴方澜领导的真菌和病理研究组院落相邻。日寇第一次轰炸昆明后，西南联大生物系让吴征镒、王伏雄疏散到戴方澜先生处。由于戴先生夫妇无子女，每到星期六就置酒菜邀请殷、娄两二家以及吴征镒等单身孤客到戴家度假，吴征镒和殷、娄两家更加熟悉起来。植物生理组每周一次的学术报告会经常由殷宏章设计和领导，成为大普吉学术活动的亮点。

1982年，殷宏章、娄成后、沈善炯、薛应龙四位曾在大普吉工作和生活过的老友约吴征镒一道重游大普吉。五位老友故地重游，感慨万千，在大普吉铁路旁留下满怀大普吉情缘的合影。在大普吉工作、生活的往事鲜活地留在吴征镒的脑海里。

---

① 殷宏章（1908—1992），原籍贵州贵阳，生于山东兖州。植物生理学家。1929年毕业于南开大学，1938年获美国加州理工学院博士学位。1948年选聘为中央研究院院士。1955年选聘为中国科学院学部委员（院士）。任中国科学院上海植物生理研究所所长、研究员、名誉所长。发现并验证光合作用有两个光化学反应系统，创建了我国第一个光合作用实验室。

② 吴征镒：《百兼·杂感随忆》。科学出版社，2008年，第331页。

图 4-2　吴征镒与老友在昆明大普吉附近铁路旁留影
（1982 年。左起：娄成后、殷宏章、吴征镒、沈善炯、薛应龙）

图 4-3　吴征镒重返西南联大大普吉驻地（2008 年）

第四章　西南联大的艰难岁月

另一个让吴征镒难忘的地方是昆明北郊的黑龙潭。黑龙潭聚集着一支植物学科研队伍，进行经济植物、园林植物等研究，开启研究云南植物的先河。那里有北平静生生物调查所与云南省教育厅"公私合营"办的云南省农林植物研究所，胡先骕、郑万钧、汪发缵、俞德浚、蔡希陶先后主持所务。蔡希陶、俞德浚、王启无等连续数年在云南调查植物，足迹遍及全省，采集标本达数万号，建有标本室和植物园。

图 4-4　俞德浚赴独龙江采集（1936 年。左二俞德浚，左五邱炳云）

西南联大生物系老师常带学生到黑龙潭的农林植物研究所实习。吴征镒回忆："每当联大老师带生物系学生野外实习时，黑龙潭农林所便是必到之处，有时又是天然歇脚地和归宿。最长的一次要算我陪同吴韫珍老师寄居在黑龙宫内坐南向北的小楼上的那一次。那时，查阅标本之余，我们常是希陶同志家的座上客，因此不但对希陶、向仲夫妇有了更深的了解，当然也包括农林所的各项工作和业绩。在那时的植物学'最高学府'里，除去蔡（希陶）、俞（德浚）、王（启无）外，还先后有郑万钧、汪发缵、陈封怀、秦仁昌、胡先骕等老师前辈活动过。更年轻一些的匡可任、冯国楣，我和简焯坡、蔡德惠等常在那里盘桓。因此黑龙潭倒也是旧中国的一

图 4-5　设于昆明黑龙潭公园的云南农林植物研究所（1938 年。右三为王启无）

个植物分类学活动中心。所里有一个几十平方米的展览室，那对实习学生有多么的方便！图书馆尽管藏书很少，标本室尽管只有几万号标本，而且都夹在土纸里，但毕竟是蔡、王、俞诸位出生入死的辛勤收集，也就足够我们学习和钻研的了。"[①]

抗战时期的大普吉和黑龙潭是吴征镒魂牵梦萦的地方，在那里他向师友学到了许多知识，感悟到师友们科学报国、潜心研究的高尚品德，也初步尝试到人生的酸甜苦辣。

图 4-6　吴征镒带领西南联大生物系学生到黑龙潭实习（最后排右一为吴征镒）

---

① 吴征镒：《百兼·杂感随忆》。科学出版社，2008 年，第 250-251 页。

第四章　西南联大的艰难岁月　　*49*

西南联大侧忆

云南植物考察

1938年,是吴征镒野外活动最忙的一年,时联大生物系还算有一点经费。6月初,吴征镒和原清华八级同学现在云南矿冶厅(也称地质厅)工作的熊秉信一起,雇一头驴,驮着行军床和工作用具,绕昆明郊区各村镇做了一个多月的调查。熊考察地质矿产,吴采集植物标本,实践着"科学救国"。熊秉信是云大校长熊庆来(迪之)先生长子,在清华时两人并不熟,能工作在一起,全是李继侗老师的撮合。在这一个多月中,吴征镒初步认识到两千多种昆明植物,可窥见云南高原植物区系的繁复多样性。1941年,吴征镒撰写"昆明植物初步检索表"(Preliminary Key to Kunming Flora)。

吴韫珍老师住昆明城内民生街宽巷五号,每天到近日楼花市上买些野花,边解剖,边绘图,准备着植物分类学的本地教材。吴征镒在老师指导

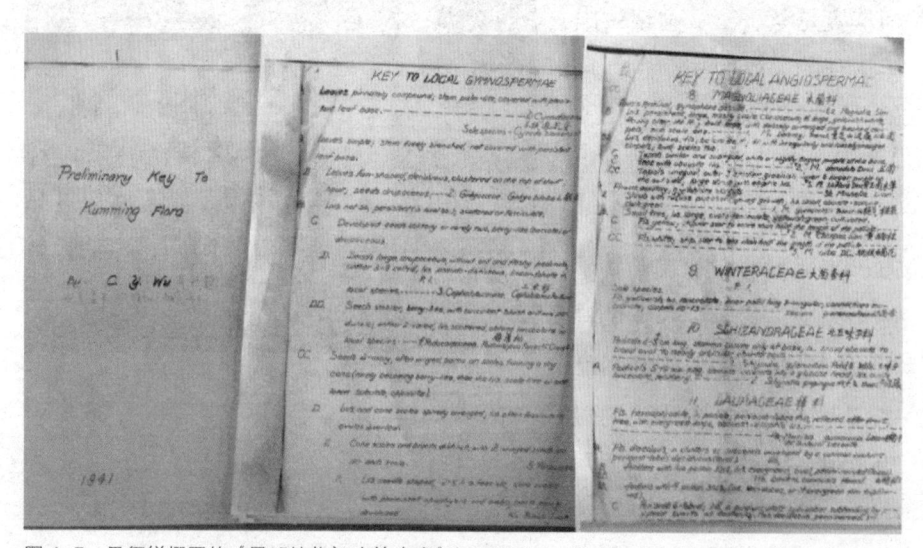

图 4-7 吴征镒撰写的《昆明植物初步检索表》(Preliminary Key to Kunming Flora)

下，每有新的认识或鉴别，深感欣喜。师徒二人还醉心于《植物名实图考》和《滇南本草》的鉴定考证，对吴其濬所做扼要钩玄的记载和相应形态的绘图，十分感慨。

8月间，张景钺、吴韫珍带领周家炽、杨承元、姚荷生和吴征镒，赴大理苍山和宾川鸡足山进行植物考察。苍山顶上的洗马塘冰川湖，寒澈见底。山间杜鹃灌丛繁花似锦，冷杉林苍翠欲滴，使人心旷神怡。在山顶大石窝棚度夜，看到采高河菜（*Megcarpeaea delavayi* Franch）或背木方下山的人，大家感叹民生多艰。在鸡足山祝圣寺和金顶的几星期中，吴蕴珍老师观察并绘制了不少植物图。周家炽采蘑菇和病菌，杨承元、吴征镒采高等植物，杨承元兼采苔藓。张景钺老师则忙于浸制形态解剖用的标本，也算一个小小的综合考察。那年吴征镒刚满二十一岁，跟张、吴二位老师和学友学习到很多植物科学的活知识。

图4-8 吴征镒（右）与姚荷生在大理苍山考察（1938年9月）

10月初，李继侗老师欣然接受国民政府赈济委员会的一项任务，组织了一个二十多人组成的"综考"团，到芒市、遮放、畹町、勐卯（瑞丽）考察荒地和植被。吴征镒作为李师助手参加考察，见到了以前未曾见过的许多南亚热带植物和植被类型。

1939年，西南联大的经费紧张了。这年，白孟愚[①]邀吴征镒跟着他的回族马帮下"夷方"（指今西双版纳一带），到车（里）、佛（海）、南（桥勐）的南糯山考察，终于因生物系无钱而成泡影。

[①] 白耀明（1893—1965），字孟愚、莲父、亮诚，回族，个旧市沙甸人。云南省法政学校毕业。笃信伊斯兰教，曾两次到麦加朝觐。创办鱼峰学校、养正学校。创办云南第一座现代化茶厂南糯山茶厂，开建普洱茶种植实验场，是云南茶业奠基人。

第四章 西南联大的艰难岁月

图 4-9　吴征镒在原西南联大旧址前留影（2004 年）

地下火在运行

在大普吉的清华农科所等各个研究所内，有几位地下党员或民先队员①，王天眷、胡光世（镜波）、周国铨、田方增等也在这里"积蓄力量"，邀约周家炽、陈芳允、彭慧云、须骥宝、汪瑾和吴征镒等组成读书会，以每星期天郊游形式进行，多在"丁佶塘"②附近，除田方增、彭慧云从城里步行来此，其他人都住在大普吉附近。胡光世是吴征镒同乡和中学同班、大学同级的同学，又是拜把子的好友，早在北平的一二·九学生运动中就对吴征镒进行启蒙，此时从化学兵部队回来，在清华的金属研究所工作，

---

　①　民先指中国共产党于1936年2月份领导成立的宣传抗日救亡运动的"中华民族解放先锋队"。
　②　"丁佶塘"是大普吉北面山边的一个大水塘，联大商学系主任丁佶教授在此水塘游泳淹死，因而得名。

和余瑞璜、向仁生同事。在他离开该所以前，曾带吴征镒进城，在青云街附近的家里，介绍吴征镒认识了章宏道（文晋）、李之瀚和周文燕，但以后不久他们都离开了昆明。以后杨捷、徐大德正是由这条线联系上党组织。王天眷与须骊宝、周国铨与彭慧云、胡光世与汪瑾后均配偶成婚，除胡光世、汪瑾继续搞化工工作，彭慧云读数学系研究生外，其他人和陈芳允在任之恭教授领导的无线电研究所工作。从延安归来的周家炽常给吴征镒一些禁书和《新华日报》《群众》等进步报刊看，实也是吴征镒的启蒙人之一。和吴征镒同屋的还有金光祖（后改名康迪），并未参加读书会，吴征镒也全然不知他的政治态度，直到金祖光北去延安，大家还蒙在鼓里。周家炽给吴征镒看的书，有时就放在床头边，邻屋方中达、沈善炯有时也翻看一下。有一次，周家炽接待过一个神龙见首不见尾的客人，未通真姓名，显得相当疲惫，吴征镒等曾陪其去大普吉镇上，过几天就到滇南去了。吴征镒也从未问过周家炽，但可肯定此人也是地下工作者。

图 4-10　利用周日在大普吉组织读书会活动（1940年。后排右一吴征镒，左为丁佶塘）

1943年，吴征镒刚从大普吉回昆，黄新民夫人关韵华就介绍他与吴晗相识，吴晗和闻一多介绍吴征镒加入了"十一"学会。这个学会是吴晗、闻一多、潘光旦、曾昭抡共同倡议成立的。"十一"是"士"字拆写，其意是士大夫坐而论政，各抒己见。绝大部分参会者是文学院各系的人，有王瑶、季镇淮、何炳棣、翁同文、丁则良、王乃梁、王佐良等。学会中，大家各抒已见，相与争论。这一学会实应运而生，最能反映当时知识分子的政治分化。这一松散而又继续分化的团体也就随吴晗《论士大夫》一文的发表和会员的各奔东西而烟消云散。而后，闻一多、吴晗介绍有教员身份的吴征镒加入民主同盟，与闻一多、吴晗、潘光旦、楚图南、尚钺、冯素陶、费孝通、罗隆基、潘大逵等在唐家花园开过好多次小组会，吴征镒最年轻、辈分最晚。有时华岗、周新民、李文宜等也参加，共同学习文件，分析政局。华岗以云南大学教授身份出现，闻一多向吴征镒透露过华岗代表中共南方局联系龙云的信息。一二·一运动后，闻一多、吴晗让杨明、徐大德和吴征镒负责过民盟昆明市委工作，联系进步的或中立的教、讲、助人士，例如联系李广田等。期间，吴征镒与"民主青年联盟"负责人尚家齐、洪季凯有过接触。

在一·二一四烈士出殡那一天，在国民党云南省党部门口摆下了路祭，张澜庆、陈光远、董申保、李建武、简焯坡、陈德明等从不抛头露面的"老夫子"都来上祭，吴征镒用新诗体裁做了一篇祭文，弄得国民党老爷们毫无准备，民众出了一口气，助了一次威。李公仆、闻一多惨案后，随着西南联大最后一批复员到北平，吴征镒加入在清华西院成立的北平民盟支部。

图4-11 为一二·一惨案四烈士举行路祭（前排左四之身后者为吴征镒）

参加中国民主同盟，加入中国共产党

民主斗士的启迪

在湘黔滇旅行团 68 天的行程中，吴征镒与闻一多相识甚稔。刚满二十一岁的吴征镒虽是辅导团的一员，而闻一多是清华大学国文系教授，自然属老师辈。途中在荆榛蔓草丛生的公路边围坐小憩，聆听闻师议论时局；见闻师"长髯飘洒"，用画笔记日记。到达昆明后，联大惨遭日寇飞机轰炸，闻师家住小西门，大轰炸中遭弹片打中头部挂了花，后移居大普吉附近村庄中。吴征镒和陶光拿着编著好的《去火集》《爝火集》去向闻师征询意见，受益良多。吴征镒对闻师，从相识到相知，敬重有加，成为忘年之交的挚友。闻先生还为吴征镒篆刻一枚个人印章，只可惜 1958 年，吴征镒从北京调往云南的途中，丢失了一部分行李，宝贵的图章随之遗失。

1945 年，抗日战

图 4-12 吴征镒为闻一多与闻立鹤、闻铭在晋宁老街口所拍合影（1939 年）

第四章 西南联大的艰难岁月

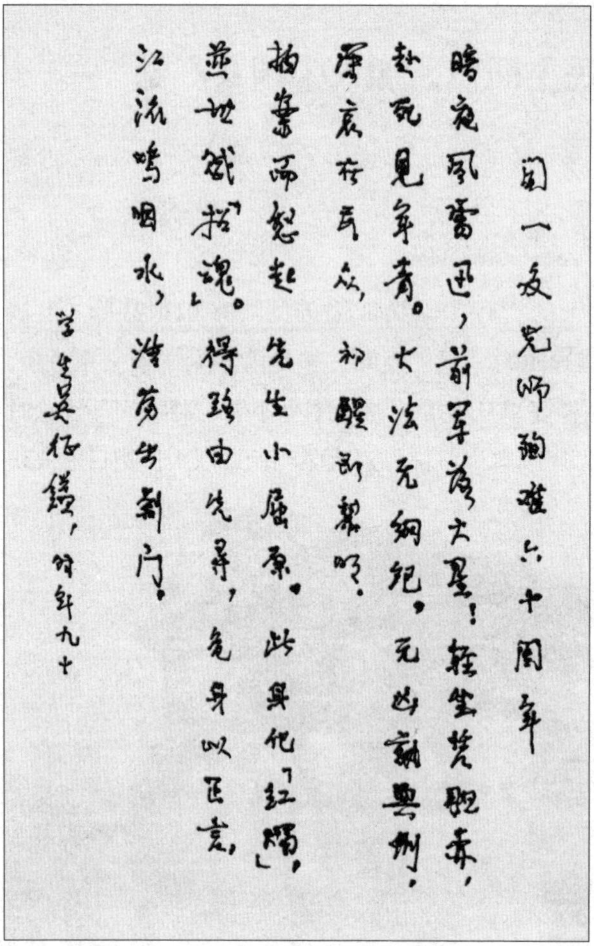

图 4-13 吴征镒为《闻一多拍案颂》书写题词

争胜利在望。这年的五四青年节，学生社团组织纪念演讲活动，吴征镒出面请来闻一多和曾昭抡二位教授演讲五四运动的意义和影响，在联大讲师、教员、助教阶层中，开展民主运动。

1946年7月11日、15日李公仆、闻一多遇刺。

7月底，清华大学最后一批师生离昆前，为悼念闻一多老师，举行了一场小型追悼会。愤情之下，吴征镒写下二百字的五首五律《哭浠水闻一多师五章》[①]。1999年11月24日，时逢闻一多先生诞辰百年，吴征镒撰写《深切怀念浠水闻一多师》一文[②]。闻一多"前脚跨出门，后脚就不准备跨进大门"的以身殉志的伟大革命精神，一直鼓舞着吴征镒前进。

---

① 吴征镒：《百兼杂感随忆》。科学出版社，2008年，第233-235页。
② 吴征镒：《百兼杂感随忆》。科学出版社，2008年，第293-294页。

革命的引路人吴晗

在西南联大时,吴征镒与同级好友黄新民的关系密切。黄新民的夫人关蕴华又熟识吴晗夫人袁震,关和袁都有延安的关系,通过他们,吴征镒认识了吴晗。

1945 年,经闻一多、吴晗的介绍,吴征镒正式加入民主同盟。也因此,吴征镒视吴晗为其加入革命行列的引路人。1946 年 5 月,西南联大解散,三校复员。此时吴晗离开昆明到上海,后转北京。吴征镒和杨明、徐大德三人组成民盟昆明市委。8 月,吴征镒到了北平,参与发起组织"讲教助(即讲师、教员、助教)和职员联合会",和陈鼎文、关世雄任民盟北平市委成员,经常到吴晗家中。1947 年 10 月 27 日,国民党宣布民盟为非法团体,从此民盟转入地下。当天,吴晗派吴征镒到辟才胡同民盟机关取一台收音机,这是军调部撤离时,徐冰留给民盟的。收音机取出后,交给南系党员,也是民盟成员的袁泰、初原夫妇使用,他们秘密记录邯郸新华社电台广播,复写后分送教职员和学生支部传阅,起了很好的宣传教育群众作用。此间,吴晗做了很多掩护和撤退师生的工作。1948 年,八一九大搜捕前,吴晗去了解放区。稍后,组织上让吴征镒也转入解放区。

加入中国共产党

1945 年,云南大学生物系助教殷汝棠[①]常动员吴征镒写墙报文章。1946 年,殷汝棠找吴征镒谈话,说及入党问题。随后,吴征镒提交了一份详细自传。经党组织研究后,不久殷汝棠通知吴征镒:上级已经批准他加

---

① 殷汝棠(1917—2003)山东省黄县人。1938 年参加革命工作,1939 年加入中国共产党。1945 年在云南大学生物系任助教,是吴征镒入党介绍人。抗战胜利后,在北京大学工作。任北京大学党总支副书记兼组织部部长。1979 年在北京市人大常委会任副秘书长,2003 年 6 月 19 日在北京逝世,享年 85 岁。

入中国共产党，成为预备党员。

1946年2月，由吴征镒的入党介绍人殷汝棠主持，在当时云南大学标本馆里举行了入党宣誓。

1946年2月至7月间，吴征镒与殷汝棠联系过好几次。当时党的组织除去单线联系殷汝棠之外，其他的同志吴征镒并不知道。在北平解放前夕，吴征镒调入北平军管会工作，入城后在军管会文教委高教处任副处长，参与接受高校、科研机构及文化单位接管事宜，1949年12月，吴征镒奉调前往刚刚成立的中国科学院。

第五章
在新中国的科学院

奉调中国科学院

1947年9月,吴征镒通过民盟关系经天津转冀中解放区泊头镇,向刘仁汇报北平教授的思想动向。10月,经河间、霸县、保定、遂县到房山,在房山听叶剑英、彭真的报告。北平和平解放前夕,在荣高棠率领下,经门头沟到北平外围的青龙桥。他们的任务是入城参加接管北平高校、科研院所和文物单位。

北平和平解放后,吴征镒在中国人民解放军北平市军事管制委员会文化教育委员会工作,与王岳、杨民华、石泉、韩放、孙富等参加接管北京大专院校、各系统研究院所、文物单位的工作。后来军管会文化教育委员会分立出高等教育委员会,下设高教处,张宗麟任处长,吴征镒任副处长,此时吴征镒曾用别名白坚(百兼)。

此间,吴征镒参加了全国青年联合会第一次代表大会,受到毛泽东、刘少奇、朱德、周恩来等党和解放军领导人的亲切接见,还聆听了刘少奇做的关于天津经验的报告。随后又参加了第一次全国自然科学工作者会议筹备工作。吴征镒和汪志华、曹日昌、黄宗甄等为大会主席梁希教授起草闭幕词，吴征镒执笔。

1949年6月，吴征镒不幸雨后触电跌伤腰椎，在清华校医院疗伤半年。10月1日，毛主席在天安门宣布中华人民共和国成立的消息是躺在病床上听到的。伤愈后离开军管会回到清华大学。

1949年10月19日，中央人民政府委员会第三次会议通过决议，任命历史学家、考古学家、文学家郭沫若为首任中国科学院院长，副院长有陈伯达、李四光、陶孟和、竺可桢。

1949年11月1日，中国科学院正式成立。中科院早期的接管和调整等大事均由竺可桢副院长出面主持，竺副院长和计划局局长钱三强在建院初期做了许多工作。

1949年12月，汪志华奉中科院党组书记恽子强，副书记丁瓒之命，到清华大学生物系商调吴征镒到中科院工作。关于他的调动，中科院事前曾征得军管会负责文化教育委员会的胡乔木同意和支持，调动手续办得很顺利，吴征镒很快就到时驻东厂胡同的中科院报到了。

在郭沫若院长和竺可桢副院长领导下工作

在郭沫若院长和竺可桢副院长领导下，吴征镒参与过一些初期的建院工作。那时，吴征镒任院党组成员兼机关党支部书记，汪志华任副书记，全院有八名党员（恽子强、丁瓒、吴征镒、汪志华、黄宗甄、赵龙奎、艾提、严希纯）。恽子强来自老解放区，负责政策掌舵。院内调整合并大事多由丁瓒、汪志华运筹掌握，吴征镒和黄宗甄负责联络疏通等外务，赵奎龙管人事，艾提管共青团，严希纯管办公厅和统战工作。计划局钱三强任局长，汪志华任副局长。吴征镒对植物学界历史比较熟悉，有关植物学各所以至生物口各所的调整、布局等事项，都会参与研究讨论。

吴征镒与郭沫若院长也有了直接交往。吴征镒与段金玉结婚时，郭院长还当了他们的证婚人，一院之长到场见证他们的婚礼，让他们感到十分荣幸。郭院长拉着吴段二人合影时，吴征镒顿生与郭院长亲密无间之感。

成立之初的中科院，面临着如何将中央研究院和北平研究院两个原本各自独立的研究所及其研究人员按新中国发展的需要进行合并、改组，发挥科技人员的积极性这一亟须谨慎解决的大事。党组正副书记恽子强、丁瓒召集党组成员进行深入分析和研究，提出依靠党外专家，破除门户之见，按学科的实际组织起来的基本意见。那时吴征镒是党组成员，与恽子强、丁瓒、汪志华、赵龙奎、艾缇、黄宗甄一同到西四大雁胡同郭院长家汇报设想，向郭院长请示。在郭院长家，吴征镒见到郭院长夫人于立群，并观赏了她的书法作品。

后来，昆明植物所成立，郭沫若院长还多次前往视察。1961年1月22日，郭院长访问古巴归来，在中科院云南分院副院长刘希玲陪同下，视察了昆明植物所。吴征镒陪同郭院长视察昆明植物所植物资源开发利用的研究工作和昆明植物园，观看绽放的云南山茶花。郭院长还即兴题诗："奇花异卉，有色有香。怡神悦目，作衣代粮。调和气候，美化风光。要从地上，建立天堂。"这是郭院长给昆明植物所的鼓励和祝福。如今，郭院长的题诗被雕刻在昆明植物园茶花园大门前的巨石上，成了植物园的一景。

图 5-1　郭沫若院长为昆明植物所题诗（1961年1月22日）

郭院长喜爱植物，咏诗甚多。1963年春，郭院长再到昆明植物园，写下咏茶花诗："已报山茶岁占先，千枝万树竞婵娟。含杯我向梅花问，何故沉酣尚睡眠。艳说茶花是省花，今来始见满城霞。人人都道牡丹好，我道牡丹不如茶。"

中国是山茶属（Camellia）的起源和分布中心，而华中、华南和西南的亚热带地区又是该属的现代分布中心。滇山茶（*Camellia reticulate*）最大花形，选育出上百重瓣的茶花品种，花色艳丽。云南山茶花誉满天下。郭院长把茶花夸得比牡丹还好。

在竺可桢副院长领导下，吴征镒参与了几件比较重要的工作。

北平静生生物调查所的改组与合并是中科院建院初期的一件要事，由竺副院长直接领导。吴征镒向竺副院长推荐钱崇澍任北平静生生物调查所整理委员会主任。1950年3月20日，中科院正式任命钱崇澍为静生生物调查所整理委员会主任和植物分类研究所所长，吴征镒为静生生物调查所整理委员会副主任和植物分类研究所副所长。

竺副院长计划筹建海洋生物及水生生物研究机构，曾派吴征镒等前往。4日，吴征镒前往青岛，与山东大学商议，比较顺利地完成竺副院长的重托。

1950年5月，竺副院长率中科院考察团赴东北考察，为建立东北分院探路，到沈阳、哈尔滨、长春等地，考察各研究机构和自然资源情况，团员有庄长恭、周仁、朱弘复和吴征镒等。在沈阳受到时任东北人民政府副主席李富春等的迎接，得到了东北人民政府大力支持，吴征镒和朱弘复又赴伊春小兴安岭考察原始红松林、落叶阔叶林，在大兴安岭首次见到大片落叶松林。此行吴征镒对东北地区自然环境、生物资源和植被分布有了较多的实际感触，增加了阅历，印象深刻。考察持续到8月。

遵照陈云副总理指示，为了发展我国天然橡胶事业，1950年8月24日竺副院长约见简焯坡、张肇骞和吴征镒谈召开橡胶会议问题。竺副院长亲自到植物所，向俞德浚、张肇骞、林镕、唐进和吴征镒等征询关于橡胶草（*Taraxacum kok-saghyz*）、印度橡胶（*Ficus elasticus*）和巴西橡胶（*Hevea brasiliensis*）有关情况和引种可行性问题。最后国家决定在华南、海南及云南南部种植巴西橡胶（巴西橡胶属热带植物，每亩约种三十株；而印度橡胶产胶只有巴西橡胶的70%，每亩种六—七株，产胶量及质量不及巴西橡胶）。大规模种植巴西橡胶上马后，出现毁林植胶带来水土流失和胶苗成活率低下等问题。受农垦部邀约，吴征镒和马溶之、李庆逵、罗宗洛赴琼、粤实地考察，经过对植被、土壤和橡胶营养生理条件的调查研究后，建议放弃粤西、桂东沿海、海南西南干旱沙地及龙州一带石灰岩土建立橡胶种植场的计划，改用大苗壮苗定植和营造防护林、选好地被植物作覆盖物等措施，使得橡胶种植得以平稳发展。此举得到竺副院长的首肯。

竺副院长是全国大区综合考察的组织者和领导者。柴达木及祁连山河西走廊、新疆、内蒙古及东北、西藏、华南五个区域是首批考察的重点。吴征镒参加华南地区考察。

1956年10月25日，竺副院长主持召开华南热带资源小组讨论会，吴征镒、张肇骞、李庆逵、刘崇乐、吕炯、郑作新，和华南农垦局李嘉人局长、热带作物研究所所长彭光钦、农垦部张维之等参加。1957年3月11日，华南热带资源开发科学讨论会在广州召开，竺副院长到会主持，有九十一家单位、正式代表二百二十三位、列席代表四十八位，中科院吕炯、侯学煜、李庆逵、江爱良、钱人元、钱保功和吴征镒参加。会议结束时，吴征镒做总结发言。华南地区综合考察为华南地区热带生物资源的持续利用提供了科学依据，也为其他地区提供借鉴经验。

还有两件与竺副院长有关的事，吴征镒印象深刻。

第一件是关于胡先骕先生。1955年11月5日，竺副院长、张稼夫副院长和张肇骞、过兴先约晤胡先骕先生，谈及《植物分类学简编》。胡先骕先生认为，苏联以政治势力来推行学说不妥，同意写一篇有关米丘林学说的文章。张稼夫很满意。吴征镒和林镕在植物所受竺副院长的委托也与胡先骕先生交换意见，对胡先骕不作公开点名批评。

1956年7月1日，胡先骕先生向竺副院长直言己见，说："钱老（即钱崇澍）年迈体弱。吴征镒努力而无高瞻远瞩，陈老（陈焕镛）全面事事大处着手。我也反对综考。"竺副院长说："（对您）批评过火，邀请您参加青岛遗传学会议（1956年8月10日至25日）。"在北京植物所与胡先骕共事时，胡先骕也曾对吴征镒直言："你掌握大船转舵慢！"吴征镒深感胡先骕的善意是在鼓励和鞭策自己。竺副院长耐心倾听胡先骕的直言意见，同时善意批评，又关爱有加，让吴征镒深感竺老对人真诚之心。

第二件是"文化大革命"中的1972年2月16日，金鉴明自滇回京告诉竺副院长："吴征镒已解放，昆明植物所在配合云南省工作。"竺副院长感到很欣慰。12月21日，吴征镒和侯学煜一道在京看望竺副院长，吴征镒说即将前往广州参加"三志"（植物志、动物志、孢子植物志）会议，并借机汇报昆明植物所情况："'文化大革命'中昆明植物所还算受冲击较少，损失不大。唐燿先生已获解放，在做森林木材解剖研究，周光焯先生已故逝，蔡希陶分管西双版纳热带植物园，云南所重点搞药及香料。"竺副院长认为要有植物资源分布图和森林分布图。竺副院长一贯关心云南工作，而且细致深入。

农业考察

1952年春夏间，吴征镒受农业部借调，陪同苏联捷米里亚吉夫农科院伊万诺夫院士赴东北、华北、华东、华中、华南考察中国农业及其研究机构，中国农业科学院董玉琛、黄玉珉参加考察。陪同苏联专家伊万诺夫院士考察中国农业，实际上也是中国科学家们深入各省区实地考察中国农业现状的机会。对吴征镒而言，此行是他自己了解中国农业的好时机。每到一个省区，上至省委领导，下至农村合作社和农户，多有交谈。吴征镒此间的笔记本达六本之多。他记录下各省区的主要粮食作物种类、播种面积和产量，包括每年常用的土肥状况和病虫害发生都有记载，甚至还了解各地农业科技人才（干部）的情况，征询农业科技人才使用和培养的意见，讨论培养农业科技人才的措施等。如今阅读吴征镒"蝇头小楷"式的六本笔记，让人由衷感受到他学习自己不熟悉的专业知识的高度热情和严谨态度。考察中，伊万诺夫院士结合苏联的经验也提出一些发展中国农业的有益建议，主要针对东北地区农业而提出。到了南方的稻作区，情况与苏联大不相同，特别在人多地少的江苏、浙江地区。在浙江看到萧山农民的集约化农业，他们在有限的土地上投入较多的人力和物力，收获丰硕。他们在生产实践中积累的耕作经验，和长期使用有机农肥保持土壤肥力的经验，也得到科学家们的赞许。

图 5-2　吴征镒参加考察中国农业的笔记本（1952 年）

到了珠江三角洲，看到广东顺德的"桑基鱼塘"式循环农业经济，苏联是没有的，也让伊万诺夫院士开了眼界。珠江三角洲地区是水资源丰富的水网地区，顺德农民在池塘埂上种植桑树，形成池埂种桑，桑叶养蚕，蚕蛹喂鱼，塘泥肥桑的生产链条，是一种种桑养蚕、池塘养鱼相结合的生产经营模式，达到鱼蚕兼收的效果，其优点一是经济效益高，二是生态效益好。这更是中国农民的原创成就。

此行遍及从东北到广东的农业地区，与各地农学专家广泛接触、深入交谈，使吴征镒得到很大启发，加深了对大农业的认识。

反对美军发动细菌战

图 5-3 美军飞机在中国东北辽宁省海龙县投掷的山胡椒（Lindera glauca Bl.）叶片

图 5-4 中科院植物所收藏日本东京帝国大学赠送的朝鲜红柄青冈栎（Quercus aliena Bl. var. rubripes Nakai）标本（有×标记者为投掷的叶片片段。标本采集者是内氏 Uchiyama，采集时间为 1900 年 8 月 30 日）

1952 年，美国在朝鲜发动细菌战，中国科学家积极投身于反对细菌战的斗争中，在东北林学院工作的刘慎谔先生从东北地区带来美军撒下带有细菌的两种树叶，吴征镒与钱崇澍、胡先骕、林镕等七位植物分类学家一道研究鉴定了这两种树叶，即确定这是分布于朝鲜南部的特产植物，有力地证明美军散布细菌的罪行，由吴征镒执笔写成报告《美军飞机在朝鲜北部和中国东北散布两种朝鲜南部特产树叶的报告》，在《科学通报》上发表[①]，表明中国科学家的严正立场。

报告展示出美军在朝鲜北部和中国东北境内原产朝鲜三八线以南的两种带有致病细菌的植物叶片照片。经鉴定两种植物中的一种是山胡椒（*Lindera glauca* Bl.），特产于朝鲜三八线以南地区，在中国东北全境从未发现过。另一种是朝鲜红柄青冈栎（*Quercus aliena* Bl.var.*rubripes* Nakai）。1952 年 5 月 3 日，中国东北辽宁省海龙县第六区连山村居民目睹美军飞机自北向南

---

① 见《科学通报》（反细菌战特刊），1952：132-133。

飞行，投掷大量树叶。报告有力揭露美军散布带有致病细菌叶片制造细菌战的罪行。植物鉴定者有中国科学院植物研究所钱崇澍所长、胡先骕研究员、林镕研究员、俞德浚研究员、吴征镒副所长（研究员）、王发缵研究员、唐进研究员、匡可任副研究员和东北林学院植物调查研究所所长刘慎谔。这些人都是中国植物分类学界名望很高的专家。

难忘的亡友——汪志华

中科院建院初期，吴征镒和汪志华[①]是中科院机关党支部正副书记，一起共事。

吴征镒认识汪志华始于昆明西南联大时期，汪志华在西南联大数学系，常与物理系周孝谦、数学系江泽坚、化学系唐敖庆、哲学系徐孝通在一起，江泽坚、徐孝通跟吴征镒比较熟悉。一二·一学生运动后，吴征镒和汪志华熟悉起来。西南联大复员北平，吴征镒跟张澜庆、郑尧、陆慈、陆祖荫、屠守锷等最后一批搭乘黄鱼车、登陆艇辗转到了上海，遂与汪志华夫妇同乘海轮经天津回到北平清华园。

回到清华后，汪志华夫妇住新南院教职员宿舍，吴征镒是单身，住北院二号，相隔较远。因大家一起在重组党的外围组织——读书会，同声相应、同气相求，过从愈来愈密切。数学系有汪志华、徐利治、关肇直，物理系有何成钧、洪川诚，化学系、生物系吴征镒、李建武，地质地理系有张澜庆，文学院历史系有汪篯，国文系有王瑶、季镇淮，工学院有杨捷、许京骐，约有十几个人，吴征镒和李建武是共产党员。

1947年，吴征镒、李建武、许京骐、何东昌等组成清华"南系"教职员党支部，约有十几人。1948年11月，清华"南系"和"北系"两个党支部合并，建立清华燕京区委会，张澜庆、汪志华等相继入党。

[①] 汪志华（1917—1967），安徽休宁人。高中毕业后考入南京金陵大学数学系，后转上海圣约翰大学数学系，1939年考入西南联大数学系，1943年毕业，在云南大学和昆华高级工业学校讲授数学，参加进步集体会和学生运动。1946年在清华大学任教，1948年加入中国共产党，1949年调入中国科学院，任中共中国科学院党组成员兼机关支部副书记，后任中科院计划局局长、调查研究室主任等职。是新中国第一代优秀科技管理专家，为创建中国科学院奉献毕生精力。

1949年12月初，汪志华奉恽子强、丁瓒之命，到清华生物系商调吴征镒到中国科学院工作，很快办完调动手续，12月中旬即到东厂胡同的中国科学院报到。从此，与汪志华的接触更多了。接管静生生物调查所的事，汪和吴都参与其间。

建院初期，院党组常有议事碰头会，定期举行组织生活会，吴、汪主持院机关党支部和党小组的会议多在党组议事后举行。党内组织生活会批评与自我批评成为惯例。那时，也多少有些"宁左勿右"，以致1954年黄宗甄被劝退党，丁瓒因历史问题被开除出党籍，此后均作了平反。

汪志华负责联系数理化方面各所，曾与邓稼先、陆祖荫、黄有莘、李寿楠等讨论北平研究院理化研究所的思想情况和遇到的问题。吴征镒联系西区，即动物园内各所，发展党组织和民盟组织，联系群众都比较广泛。1950年第一个五一节，吴征镒、汪志华带领中科院以中年为主的近百人队伍，在天安门东侧等候游行检阅，适逢倾盆大雨，个个淋成落汤鸡，依着"团结就是力量"的雄壮旋律，扭起大秧歌来，情绪昂扬，活动身体，驱逐寒气，没有一人感冒生病。那年春节举行联欢会，吴征镒、汪志华带头和群众一起联欢，汪志华推举吴征镒唱昆曲，在没有笛子伴奏的情况下，吴征镒放开嗓子唱林冲夜奔中"按龙泉血泪洒征袍，恨天涯一身流落，专心水浒……"这一折"驻马听"，很适合吴征镒"年近三十五，衣破无人补"的现状。大家见老支书敢唱封建时老戏曲，打消顾虑，各尽所能，各尽其技，尽欢而散。既团结了群众，也打破了中科院一向老气横秋的老夫子气，对老知识分子的统战工作有所发展。

1953年，中科院组成访苏代表团，吴征镒、汪志华都是代表团成员，从出发到归来差不多四个月，是他们共同工作最久的一次。汪志华是代表团领导的助手，苏联党和政府领导科学院经验的报告，由他整理，访苏总结报告整理和出版也由他完成。

后来，汪志华曾任院政策研究室副主任和计划局副局长，那时中科院下发的政策、法令、计划、总结等，字里行间都凝聚着他的心血和汗水，不愧是院里的笔杆子。汪还负责联系数理化和技术科学方面的研究所，诸如半导体所、高能物理所、高分子化学所、应用数学所等，这些研究所成为中科院服务于"两弹一星"任务的坚强力量。他工作起来简直到忘我的程度。吴征镒每次到北京开会办事,院计划局是必去之地,借以从汪志华那里了解院部发展情况,有时在汪志华家里因深谈已晚,借宿他的书房中,等吴征镒睡了一大觉醒来,看见他还在灯下伏案。

"文化大革命"一起,院级领导是"保护过关",任院秘书长的杜润生和笔杆子汪志华自然成为"众矢之的"。汪志华成了"杜家班子"的"黑笔杆""黑干将"。汪因久在机关,未经政治风雨,也没有在基层或工农群众中磨炼过,不免手足无措,四处躲避。造反派来揪斗他时,他惊慌失措,后来躲进了中关村公路旁水泥地下管道里。当造反派发现他时,他已离开人世。他像温室里的花朵,刚遇严霜,就萎去了。"文化大革命"中,吴征镒失去了"二汪一李"三位老朋友。二汪中另一位是汪籛。他奉党组织之命去广州动员他的老师陈寅恪到北京任中国古代史所所长,被陈"割席"而返。那时扣给他的帽子是迷信反动学术权威,还不是反动学术权威。他因此想不通,服安眠药自杀。一李是李璞,时在贵阳地球化学研究所,受批判时总想不通,趁着守者不备,用剃刀片割断咽喉而惨死。

汪志华自1949年参加筹建中国科学院到1967年逝世,在中科院一直身处枢纽、参与机要、承上取下,是把握全局的重要人物,在建院初期的历史上了留下浓墨重彩的功绩。汪志华是院党组的好参谋,中科院的几件重大事件他都参与,例如十四条、七十二条和三十六条[①]文件的起草,字里行间都有他不眠之夜的辛劳和汗水。

改革开放后,吴征镒在忙碌中度过前二十年,每逢在京西宾馆开大小会,都要到京西宾馆后新华社宿舍去探望汪志华夫人张碧华。她是新华社的英文记者,曾依据吴征镒提供的资料写过一篇宣传云南茶花的英文通讯。她变得比汪志华在世时更加沉默寡言,偶尔说话,也缓慢而低沉。吴征镒心里感到不是滋味。九十年代末,吴征镒和郭沂曾同赴她家探望,一

[①] 十四条是1961年6月国家科学技术委员会党组和中国科学院党组提出,同年七月中共中央批准试行的《关于自然科学研究机构当前工作的十四条意见(草案)》;七十二条是指中国科学院为贯彻"十四条"而制定的《中国科学院自然科学研究所暂行条例》,1961年9月15日制定并颁布实行;三十六条是《中国科学院工作条例》(自然科学部分),1963年制定。

番情谊致深的倾诉后,张碧华送吴、郭二位到京西宾馆西门口分手,就此也成永别。吴征镒满腔悲惜之情缅怀亡友汪志华和张碧华。

1992年,中科院院史研究室组织"回忆汪志华"的座谈会,缅怀汪志华为创建中国科学院建立的功绩。汪志华是新中国第一代优秀的科学组织管理工作者,是一位生前未以专家见称但却是名副其实的科技管理专家。

随中科院代表团访问苏联

1953年2月至5月,吴征镒参加中科院代表团赴苏联访问,钱三强任团长,张稼夫任副团长,成员有二十六人,包括华罗庚、冯德培、贝时璋、宋应、武衡等。代表团分数理、医学、生物、地质与化学、技术科学、历史六个组。生物组组长贝时璋,吴征镒任副组长。

代表团访问了莫斯科、列宁格勒、基辅、塔什干等地,先后访问九十八个研究机构、十一所大学,还参观了许多工厂、矿山、集体农庄、展览会和博物馆。钱三强作了"中国近代科学概况"的报告。生物学方面,贝时璋作"中国动物学的过去和现在"、冯德培作"中国生理学"、吴征镒作"中国植物学历史发展的过程和现况"、马溶之作"中国土壤科学工作概况"的报告。

那时,中苏关系亲密无间,中国又是"一边倒"的方针,故代表团所到之处对中国几乎是全开放。苏联是中国的"老大哥",是学习的榜样。访苏期间,苏方的接待也是热情洋溢。代表团全穿上苏联民族服装与苏联同行合影,是中苏友谊亲密无间的表现。吴征镒回忆,中国代表团向莫斯科博物馆赠送了四幅中国古代科学家的肖像,其中有一幅是李时珍的肖像,请著名画家蒋兆和画的。

访问中,吴征镒到与新疆毗邻的一些加盟共和国,即今之哈萨克斯坦和土库曼斯坦,到了伊犁河下游地区。看到了中亚地区的植物区系、植被分布和河岸滩涂植物,大增阅历。1982年,笔者以秘书身份陪同吴征镒首次入疆考察,来到伊犁,站在伊犁河上游,他感慨地说:"现在我可以把伊犁河上下游的植物区系和植被连成一线来考虑了。"

图 5-5　中国科学院代表团访问苏联全体代表合影（1953 年，第二排右五为吴征镒）

访问中，每到一处，吴征镒手不离笔，华罗庚说他"每闻必录"，其实这是吴征镒长期野外考察形成的习惯。他非但在野外步行中要记录，在颠簸的汽车上也要记录，他认为详细的记录是作总结依据的资料。代表团回国后，在长春进行总结，历时一个月。生物组的总结由贝时璋主持，吴征镒依据记录，撰写植物学方面的"苏联植物学研究工作概况""苏联植物学家在改造自然和利用自然资源方面的工作""苏联植物学研究与农业生产的结合"三份报告和一份访苏代表团的植物学专科报告。[1] 至今，这些仍是了解苏联科学发展历史的宝贵资料。

这次吴征镒与贝老同室共事，印象亲切而深刻。吴征镒调昆明后，1962 年，有幸请得贝老携助手来昆明植物研究所指导工作和讲学，那时昆明植物所刚起步，植物生理研究室刚组建，生物物理研究尚无基础。贝老对昆明植物所建成综合性研究所很是赞许，对植物生理研究提出了指导意见和建议，向科技人员作了生物物理研究现状及进展的学术报告，让大家

---

[1]　吴征镒访苏代表团的植物学专题报告，即苏联植物学研究工作情况，载于《植物分类学报》，1953，2（4）：476-523。

增添了新的科学知识，了解许多新情况。

  2003年，贝老百岁大寿。远在昆明的吴征镒，不胜欢忭，欣然恭贺，特书贺函一件，贺贝老百岁大寿："镒有幸于五十年前当中国科学院组成团体访问苏联时，得始一亲謦欬，在长春某宾馆同一室中分头作总结，旦夕相处达一月之久。时衣绛帐，如坐春风。但觉先生治学严谨，待人谦和恬退，从不自傲、骄人，以刚毅寓于木讷之中，诚并世科学道德的典范，科学思维的精英，而未来人类的楷模也。敬集古语一联：淡泊明志，宁静致远。似兰斯馨，如松之盛。"①

  之后，赴京参加学部或院士大会时，吴征镒多有拜会贝老之机。相见时总是问候请安在前，而后是交谈不停。1991年，吴征镒和贝老同出席生物学部委员大会学科组会议，有热心人为他们摄下一幅亲切交谈的照片，弥足珍贵。

图5-6 贝时璋（左）与吴征镒（右）（1991年，在中国科学院生物学部学部委员生物学科组会议上，后为张香桐委员）

---

① 《吴征镒自传》，科学出版社，2014，第181-182页。

2009年10月29日，突接北京发来贝老辞世的讣告，吴征镒在悲伤之中致函哀悼：

北京　中国科学院生物物理研究所
贝时璋先生治丧委员会：

　　惊闻贝时璋院士不幸仙逝，国家失去一位科学巨匠，科学院失去一位科学泰斗，伤悼悲思，为之惨然。

　　五十六年前，我和贝老同往苏联作科学访问，相处一月许，仍觉贝老待人谦和恬退，以刚毅寓于木讷之中的形象如昨日一般烙印于脑海，对镒所受益教，终生不忘。贝老一生"淡泊明志，宁静致远。似兰斯馨，如松之盛。"乃科学道德的典范，科学思维的精英。今盛世科学，唯以秉承贝老科学精神，致力创新，愿生物物理之伟业，攀科学之巅峰，以告慰先生天灵。

　　深望贝老家人节哀顺变，善自珍摄。

中国科学院昆明植物研究所　吴征镒
2009年11月2日于昆明

结婚

1949年末，吴征镒调离北平军管会，回到清华大学生物系，李继侗任系主任，段金玉时在李继侗处任助教，吴征镒初识段金玉[①]。高校院系调整，段金玉转到北京大学生物系任教。吴、段经过一段交往，加上又是同行，关系日渐密切。李继侗得知吴征镒与段金玉将要结婚，说："段金玉就在身边工作，我怎么没有想到这桩好事，他们的结合很是合

---

① 段金玉（1926—　），北京人，1944年，考入辅仁大学，就读生物系，1948年毕业，任清华大学生物系任助教。1952年，全国高校院系调整，清华大学生物系并入北京大学，转入北大任教。1956年，加入九三学社。1959年8月，随吴征镒调昆明植物研究所，创建植物生理研究室并任主任。1977年至1993年，任云南省政协第四届委员、第五、第六、第七届云南省政协常委。

适。"吴征镒自清华大学南迁至联大八年期间，李继侗一直是吴征镒的导师，吴征镒和段金玉的结合，让吴征镒和李继侗的师生关系添上"亲上加亲"的韵味。

1951年4月22日，吴征镒与段金玉在文津街三号的中科院礼堂举行婚礼，郭沫若院长作证婚人，北京市副市长吴晗当主婚人，祝贺他们新婚之喜。段金玉的父母和吴征镒的二哥吴征鉴作为长辈临莅婚礼。那天，郭院长很高兴，站在吴征镒和段金玉二人中间，留下一幅珍贵的合影。每每再看这幅照片时，他们常涌现对郭院长关怀的感恩之情。吴征镒的级友和"大哥"张澜庆也发表热烈的贺词。

图5-7 证婚人郭沫若（左一）和主婚人吴晗（右一）在吴征镒、段金玉结婚仪式上

参加过他们婚礼，原在北京植物研究所后调到昆明植物研究所的王今维先生[①]回忆起当年吴征镒与段金玉的婚礼时，对吴征镒说："那时条件不好，但你们婚礼办得很热闹，大家都真诚祝福你们。"事虽过了几十年，王今维的话确是当年结婚情况的如实反映。

---

① 王今维（1926—2008），湖南衡阳人，昆明植物研究所高级工程师。原在北京植物研究所从事植物园园林规划工作，1961年与夫人李恒一道调入昆明植物研究所工作，对昆明植物研究所和昆明植物园规划与建设作出重要贡献。

组建植物分类研究所

中华教育文化基金会是利用美国第二次退回的庚子赔款为发展中国教育文化事业而成立的基金会，基金会成立于1924年9月18日，首任中基会干事长是时任教育部副部长的范源廉（字静生）。

1927年9月，时在南京的生物学家邹树文、胡先骕、秉志联名致函范源廉，建议成立生物调查所。经范源廉主持中基会与尚志学会[①]商议达成共识，同意成立生物调查所。不料，范源廉于1927年12月23日在天津逝世，享年53岁。中基会和尚志学会决定以"静生"命名生物调查所。1928年10月1日，静生生物调查所诞生。首任所长秉志，继任所长胡先骕。静生生物调查所经历二十一年的历史，在推进中国生物科学的发展和培养人才方面做出了贡献。

1949年6月，胡先骕致函北平军管会文化接管委员会称"静生生物调查所愿归政府接受"。9月22日，乐天宇致函高等教育委员会称"当时将该所（即静生生物调查研究所）交华北大学农学院领导"。经过与胡先骕和华北农大进一步沟通商量，在11月26日的第十六次院务会议上，丁瓒报告"静生生物调查所决定由科学院接收。"[②]

12月1日，第二十二次院务会议决定成立静生生物调查所整理委员会，钱崇澍任主任，吴征镒任副主任，委员有丁瓒、黄宗甄、朱弘复、林镕、唐进、乐天宇、张肇骞。钱崇澍时在上海，由吴征镒代为主持工作。12月14日，在王府井大街九号中国科学院办公厅举行，由吴征镒主持静生生物调查所整理委员会第一次会议，丁瓒、何成湘、汪志华（院办公厅秘书）等出席会议，丁瓒、何成湘分别代表科学院和文委讲话。胡先骕发言表示

[①] 尚志学会成立于1919年，由范源廉发启，主要成员是早年留学日本的学者梁启超、江庸、王家驹、王文豹、马麟冀等，以谋求中国学术及社会事业的改进为宗旨。

[②] 薛攀皋、季楚卿、宋振能：《中国科学院生物学发展史事要览》(1949—1956)。中国科学院院史文物资料征集委员会办公室，1993年。

中科院接管静生所的方针，令他很为欣慰。会议研究了有关房屋、人员、图书、标本、器材等具体问题，做出相应安排。

吴征镒在静生生物调查所作了一个月的摸底调查，弄清了情况，说服了各方，基本化解了各方的"门户之见"。特别是征得胡先骕先生的配合和支持，达成了静生生物调查所与北平研究院植物学研究所合并组建植物分类研究所的共识，解决了将文津街三号原静生生物调查所所址作为科学院办公地的问题。这是中国科学院建院后的第一项接收合并的成功举措。静生生物调查所从文津街三号迁往三贝子花园。

1950年1月11日，静生生物调查所整理委员会举行第二次会议，吴征镒报告："上月14日在此地召开会议，会议通过静生所处理原则。一个月中，我们根据此原则执行，大部工作已初步完成。"会议讨论下一步工作是与北研院植物学所合并改组，成立新的植物学研究机构，名为"植物分类研究所"，建议中科院筹备成立"植物分类研究所委员会"。①

1月21日，吴征镒向院报送《中国科学院静生生物调查所整理委员会工作报告》，提出"静生生物调查所与前北平研究院植物学研究所已正式合并，拟改称植物分类研究所。此后工作为成立新所。故静生生物调查所整理委员会至此可告结束。"10月18日，院行政工作会议通过撤销静生生物调查所整理委员会。

在调整静生生物调查所和组建植物分类研究所的过程中，吴征镒作为钱崇澍的助手，协助其工作。钱崇澍是吴征镒的太老师辈学者，自1916年起，中国的植物分类、植物

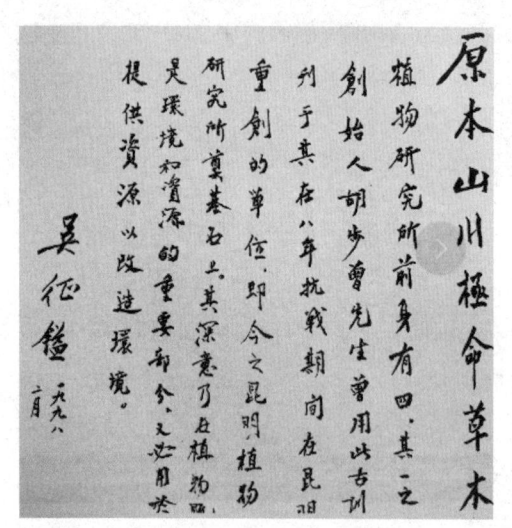

图5-8 吴征镒为中科院植物研究所成立七十周年题词（1998年）

---

① 《中国科学院生物学发展史事要览（1949—1956）》，第20页。

生理和植物生态的研究论文都从钱崇澍开始的,他是现代植物学在中国兴起的开拓者之一。

1950年5月19日,经政务院第三十三次政务会议通过批准任命钱崇澍为所长,吴征镒为副所长。次年增任林镕、张肇骞为副所长,吴征镒任第三副所长。

1998年,吴征镒为中国科学院植物研究所成立七十周年纪念题词:"原本山川,极命草木。"

在植物研究所建所八十周年时,吴征镒欣然为和昆明植物研究所本同根而生的北京植物所新编《所志》作序。[①]

前辈恩师钱崇澍

在筹建植物分类研究所过程中,吴征镒是钱崇澍的助手。

钱崇澍(1883-1965),字雨农,浙江省海宁县人。1904年,在清朝最后一次科举考试中考中秀才。1909年被保送到唐山路矿学堂。1910年,考取清华留美公费生,赴美国留学。先后在伊利诺斯大学自然科学院、芝加哥大学、哈佛大学学习,攻读植物生理学、植物生态学、植物分类学,获硕士学位。1916年钱崇澍留学归来,受聘于江苏甲种农业学校。他1916年、1917年和1927年分别发表的植物分类学、植物生理学、植物生态学和地植物学论文,均属我国在这些领域的第一篇科学文献,是这些分支学科的开山鼻祖。1922年,钱崇澍领导创建中国科学社生物研究所植物部,那时吴征镒还在襁褓之中,钱老分明是吴征镒的太老师辈。1926年,钱崇澍担任清华大学生物系第一任系主任,并开始宜昌和黄山植物的调查,吴征镒在清华大学标本室还查阅过钱老在宜昌采的标本。

1928年,钱崇澍任中国科学社植物部主任。在全面抗战期间,钱崇澍随中国科学社生物研究所迁往重庆北碚。抗战胜利后,任复旦大学农学院院长,1948年当选中央研究院院士。

[①]《中国科学院植物研究所志》。高等教育出版社,2008年。

解放初期，在接收调整旧中国研究机构中，吴征镒与钱老有共事之幸。中科院成立"静生生物调查所整理委员会"，钱老任主任，吴征镒为副主任。新建的植物分类学家研究所，钱老任所长，吴征镒为副所长。给钱老当副手吴征镒深感荣幸，且受益良多。1955年，钱崇澍任中科院学部委员。

1958年以前，吴征镒一直在钱老领导下工作，钱老对他这个孙辈后学总是关怀备至、提携有加。吴征镒办事也总是请示、请教钱老在先，秉承钱老意见行事在后。然钱老总以同事相待，让吴征镒由衷崇敬。

1958年，吴征镒调往云南，仍兼任植物所副所长。云南建新研究所虽任务繁多，但每进京办事、开会，总找机会拜会钱老。昆明植物所是北京植物所的分所，向钱老汇报工作也是分内之责。

1959年，《中国植物志》启动，钱崇澍和陈焕镛任主编。吴征镒任编委，开启对唇形科的分类研究，尽力支持全国志编纂，同时协助组织全国植物分类学工作者合力编撰植物科属检索表，以应急需。

新建的植物分类研究所两位副所长林镕[①]和张肇骞[②]是吴征镒的师长兼同事，吴征镒十分敬重二位副所长，共事中受益良多。

深明大义胡先骕

吴征镒调科学院工作，首桩任务就是整合中研院植物所和北平静生生物调查所，与胡先骕有较多接触，这位与钱崇澍、陈焕镛齐名的中国近代植物分类学的创建者和奠基人。于吴征镒来说，步曾先生是太老师辈人物。

胡先骕（1894-1968），字步曾，号忏庵。江西建新人。1912年赴美国

[①] 林镕（1903—1981），字君范，江苏丹阳人。植物分类学家。1920年赴法国留学，先后在多所大学学习，1930年获巴黎大学理学院博士学位。1955年任中国科学院学部委员，任植物分类研究所副所长。专长菊科植物分类，任《中国植物志》主编（1973—1976）。

[②] 张肇骞（1900—1972），字冠超，浙江永兴（温州）人，1926年南京东南大学生物系毕业，1933年赴英国皇家植物园和爱丁堡植物园研修植物分类学和植物区系地理学。1950年任植物分类研究所副所长，1955年任中科院学部委员，1956年任中科院华南植物研究所副所长。

留学，获博士学位。1916年回国。吴征镒因静生生物调查所接收、调整、合并诸事与胡先骕先生面商，接触自然多一些，增进相互了解。胡先骕先生给予全力支持和配合，工作进展顺利。更可贵的是，胡先骕先生愿意将静生生物调查所所址文津街三号作为中国科学院的办公用房，解决了院部急需办公用房的问题，足显其顾全大局、深明大义的品格。

吴征镒与胡先骕先生有两次记忆深刻的合作。一次是1952年，抗美援朝中，美国军用飞机在东北撒下两种带有细菌的树叶，刘慎谔从东北带来树叶标本，钱老（钱崇澍）、胡老（胡先骕）、林老（林镕）等用丰富的植物分类学知识准确地鉴定了植物标本，确定是原产于朝鲜三八线以南的三胡椒（*Lindera glauca* Bl.）和朝鲜红柄青冈栎（*Quercus akiena var.rubripes* Nakai）（胡先骕先生与日本 Nakai 同是留学美国哈佛大学的同学），公开见报的报告由吴征镒整理成文发表（见《科学通报》，1952，2（5）：517-520）。诸老毅然参与签名，共同发表文章，抗议美国侵略者的罪行，难能可贵。另一次是1954年，中科院成立科学名词审定委员会，吴征镒与钱崇澍先生、胡先骕先生等共同讨论，选编了《中国种子植物名称》。胡先骕先生还惠赠吴征镒一部他的诗集，其中有熟知的"水杉歌"，为吴征镒所珍藏。

由于种种原因，胡先骕一直没有成为学部委员。胡先骕在植物分类学研究所任研究员时，也受全所员工敬重。1955年，在遴选中国科学院学部委员时，吴征镒是副所长。他回忆道：在上报推荐学部委员的名单中每次（包括1957年的推荐名单）都有胡先骕的名字。这位原中央研究院院士、被毛泽东称为"生物学界是老祖宗"的前辈，未被遴选学部委员，对其原因已有不少研究文章。[①]2001年夏，一位对此事饶有兴趣者来拜会吴征镒。问者以先入为主的姿态，质问胡先骕当年落选学部委员的缘由。尽管吴征镒对来者的态度感到诧异，还是简而明地回答："名单是报上去了，但连他的学生都不投他的票，他的选票不够。"后来，吴征镒对笔者说："植物所

---

① 胡宗刚：《胡先骕没有选上学部委员》。见：《中国生物学史暨农学史学术讨论会论文集》，2003年。《胡先骕落选学部委员考》。《自然辩证法通讯》，2005年5期。郭金海：《院士制度在中国的创立与重建》。上海交通大学出版社，2014年。

两次都推荐了胡先骕。原因不在基层。"

尽管胡先骕未能被遴选为学部委员原因有多种,但当年毛主席说过,胡先骕的学部委员"恐怕还是要给,他是中国生物学界的老祖宗"。[①] 可惜的是,步曾先生未能走到接受学部委员头衔的日子,留下了永远的遗憾。

组建生物学口的研究所

新中国成立初期,中国的科学家认识到自己的主人翁地位,英雄已有用武之地,怀着振兴科学、振兴国家的热情,衷心地跟着党走,新中国的科学事业迅速发展。

水生生物研究所和海洋生物研究室

中国科学院尚未成立,竺老(可桢)已经在自然科学工作者协会成立之前和童第周、曾呈奎探讨过在青岛建立海洋研究所的问题。

1950年4月15日,正值春末夏初,槐花盛开时节,受中科院委托,作为院部工作人员的吴征镒与原北平研究院动物研究所所长张玺、原中研院动物研究所所长王家楫赴山东青岛拜望童第周、曾呈奎,调查、筹建青岛海洋生物研究室和水生生物研究所,完成最后一两步。

童第周和曾呈奎属山东大学,童第周任动物系主任,曾呈奎任植物系主任。由于之前竺可桢副院长已与童、曾二位商讨过有关事宜,故而比较顺利。山东大学方面,吴征镒等请童第周、曾呈奎二位就筹建青岛海洋生物研究室的事征得了华岗[②]校长的理解和支持。

[①] 胡宗刚:《不该遗忘的胡先骕》。长江文艺出版社,2005年,第167页。

[②] 华岗(1903—1972),浙江衢州人。1925年加入中国共产党。1943年任中共中央南方局宣传部部长,派赴云南做统战工作,化名林少侯,曾做云南省主席龙云联络员兼云南大学教授,与李公朴、闻一多、费孝通、吴晗等著名人士开展爱国民主运动,新中国成立后,任山东大学校长。

在山东大学动物系，围着一张长实验桌，大家开始讨论有关建立海洋生物研究室和水生生物研究所问题，对水生生物研究所和海洋生物研究室的研究方向、学科发展、机构框架等很快就取得共识。商调童、曾两位任中科院青岛海洋生物研究室的正、副主任事也得到山东大学的同意。商谈中，童老性情爽朗，坦率真诚，作风民主，欣于与"小字辈"亲近，既能做到思想交锋，又能冷静分析，实事求是地解决问题，考虑问题也很周到，让吴征镒由衷敬仰。这件协调中央科研部门和高教部门之间合作的大事得以顺利完成，体现出中科院与高教部之间互相倚依、通力合作的精神。

　　最后，吴征镒、张玺、王家楫会同童、曾二位先生商定了海洋生物研究室和水生生物研究所的方案，向科学院汇报。6月20日，竺可桢宣布水生生物研究所正式成立，所址在上海市岳阳路320号（后迁往武汉），任命王家楫为所长，伍献文为副所长。8月1日，青岛海洋生物研究室成立，隶属于水生生物研究所。

　　2001年，吴征镒撰文《我与童第周先生的一次接触》[1]，回忆1950年赴青岛拜见童第周先生的经过。

　　在青岛，吴征镒还会见时在山东大学生物系的刘德仪[2]、黄浙[3]二位校友，在崂山，巧遇刚从美国回来的吴中伦[4]。

---

[1]　中国科学院海洋研究所、宁波市鄞州区人民政府：《克隆先驱童第周：童第周先生诞辰一百周年纪念册》，2001年（内部出版）。

[2]　刘德仪（1916—1981），西南联大生物系毕业后任云南大学生物系助教。1942年随吴征镒到大理编辑《大理县志》，后赴大理、剑川、丽江采集植物。新中国成立后在天津工作，1984年编著《中药成药学》。

[3]　黄浙（？），上海市人。1939年毕业于清华大学生物系。曾任山东大学讲师。1948年赴比利时布鲁塞尔大学进修。新建中国成立后，任山东大学教授、生物系副主任，山东省动物学会理事长。中国民主同盟盟员。专于鸟类胚胎学、发育生物学、淋巴细胞的来源与分化研究。著有《动物胚胎学》《发育生物学》。

[4]　吴中伦（1913—1995），浙江诸暨人，林学家、森林地理学家。1940年毕业于金陵大学林学系。1946年至1950年赴美国留学，获耶鲁大学硕士学位和杜克大学林学博士学位。曾任中国林业科学研究院院长、中国林学会理事长等职，1980年当选中国科学院学部委员。著有《中国森林》《国外树种引种概论》《杉木》等。领导全国林业规划，对国土绿化、园林化、保护水源林、发展薪炭林等提出重要建议。

南京中山植物园

据南京植物研究所佘孟兰回忆:"1952年10月18日至19日,苏联专家柯维佳参观农业科学院时,问起南京有没有植物园,我们就带柯维佳参观了1929年为纪念孙中山先生而建立的陵园植物园。他看后说:'在世界上都很难找得到各方面条件这么优越的植物园。'第二天又去看了周围的环境,赞叹不绝。他说:'这个植物园应该做科学研究,建议由科学院来管理。'柯维加的谈话纪要送往北京院部后,引起了院部和北京植物所的重视,决定把这个任务交给吴征镒吴老,派吴老和杨森来南京协助建园工作。吴老就跟我们说:'建园的事情是大事,以后全国都要建立植物园。'"

图5-9 佘孟兰讲述参加筹建南京中山植物园的情况(2015年11月20日)

1953年,吴征镒和杨森一道到上海、南京做建所调整组织工作。杨森(1917—2011,山东荣成人)于1952年从部队转业到中科院植物研究所,做党支部工作。那时植物研究所还只有吴征镒一个党员,他的到来让吴征镒感到十分亲切。调整方案是把原中央研究院植物研究所罗宗洛先生管理的植物生理部分独立出来，留在上海，组成上海植物生理研究所；做植物分类研究的裴鉴、单人骅等人，到南京中山陵园植物园，组建中国科学院植物研究所华东工作站，后改称南京中山植物园。在江苏省各级领导的大力支持下，后又扩建成江苏植物研究所，裴鉴、单人骅、周太炎、盛诚桂、黄胜白等一批专家主持科研工作。

1953年春天，吴征镒去庐山请陈封怀参加建设南京植物园的工作，并协助规划全国植物园建设工作。11月，陈封怀带领十余人来南京，传达中科院植物所建设南京中山植物园的意见，要求建成正规植物园，五年内达到目标。俞德浚、吴征镒、杨森开始着手准备建设资料。12月，南京分院办事处请南京地理所帮助勘查园址。

1954年1月5日，佘孟兰陪同裴老（裴鉴）、俞老前往江苏省人民政府，请示有关与南京中山陵园植物园交接的问题。吴征镒、俞德浚代表中科院指导和协助办理接管事宜。8月26日，南京市政府与中科院签订"中山陵园"正式改名为"南京中山植物园"，由北京植物所领导。南京中山植物园占地2810亩。1955年3月15—19日，吴老牵头在南京分院召开第一次会议"中科院南京中山植物园设计委员会"。决定裴鉴任主任，高艺林（南京市原园林局局长）任副主任，陈封怀、俞德浚、金善宝、吴敬立（原植物园）、杨迁宝（建筑专家）、叶培忠、郑万钧等二十人为委员。会议讨论了"中山植物园基本任务"和"总体设计"并写成纪要。接着招收大、中、专毕业生，增加技工和普工。汪家希、袁昌启、贺善安等一批大学生入园工作。基础设施方面，引水开渠，建成灌溉系统，建成温室。同时聘请耿以礼、汤彦承、郭本兆、徐国钧、郑万钧、郑勉、陈邦杰等专家来园指导科研。1959年2月3日，国家科委批准中山植物园独立，脱离北京植物所。

中科院建院初期就十分重视植物园建设，南京中山植物园是新中国成立后由中科院创建的第一个植物园，建设运行中取得不少建园、管园的经验。南京中山植物园后扩建为南京植物研究所，保留南京植物园建制。

担任过南京植物研究所所长兼南京植物园主任十五年的贺善安对吴征镒关心植物园事业发展更有深切体会。贺善安说："吴老对南京中山植物园是非常关心，代表科学院亲自参与南京中山植物园的建设，任植物园第一届学术委员会委员。吴老是南京中山植物园的重要组织者，他把陈封怀、胡启明等一批骨干从庐山请到南京来建植物园。其中有不少植物分类研究的人才。"贺善安认为，吴征镒实际上是把植物园作为人类与自然界和谐共存、彼此依存的缩影来看待。

1990年，在北京遇见贺善安，吴征镒语重心长地对贺善安说："现在植物园的技术人员青黄不接。技术人员很重要，国外植物园搞得那么好，就是因为他们的园艺技术水平高，繁殖植物、收集植物的本领很高，有专门的技术人员。植物园是干实事的，要真正把植物园建立好，必须有技术好的人员。"贺善安觉得吴征镒看问题很实在，说到了问题的要害。

1991年，在日本召开"国际植物园协会亚洲分会成立大会"，中国有十八个植物园的二十三个代表队参加会议，贺善安当选亚洲分会首任主席，K. Iwatsuli 为秘书长。中国的植物园真正展现在国际面前了。

贺善安现任国际植物园协会主席、中国科学院植物园工作委员会名誉主任。是国内外知名的植物学家和园艺学家，也是植物园建设方面的后起之秀。

华南植物研究所

1953年，受中科院委派，吴征镒赴广州办理接管中山大学农林植物研究所事宜，中山大学农林植物研究所转建为中科院华南植物研究所。植物研究所下设植物园，初选园址在龙眼洞。陈焕镛调入中科院，任华南植物研究所所长，吴印禅任副所长[①]。

吴征镒对陈焕镛慕名已久，只是滇港暌隔，无缘识荆。钱崇澍、胡先骕、陈焕镛三位我国植物学的主要奠基人，均是吴征镒的太老师辈。从植物分类学的历史继承属性和学术源流师承看，吴征镒可算陈老的弟子。但直到1951年同赴印度参会时，二人才初次见面。

---

① 1953年12月3日，中科院院务常务会议决议成立华南植物研究所，陈焕镛任所长，吴印禅任副所长。经过协商，中山大学农林植物研究所和广西大学经济植物研究所合并，改名为华南植物研究所，并成立广西分所，隶属中国科学院，陈焕镛兼分所所长。

印度之行中，陈老开朗了许多，加上各位成员对他的敬重，回国后，他决意离开中山大学，入中国科学院，也因此成为华南植物研究所的创办人和第一任所长。

有一次吴征镒看望陈老，只有师母在旁，陈老忽然老泪欲出，他说：华南植物研究所位于南国，需要强大的科研阵容，需要一流的植物园。他构想和规划植物所的未来，但尚缺得力助手和人才。他希望吴征镒向竺可桢副院长反映。回京后，吴征镒向竺副院长作了汇报。竺副院长十分赞同陈焕镛的计划，也理解他的困难。结果有了张肇骞调任华南植物所副所长的举措，他们合作得很好。接着从美国归来的生理学家郭俊彦、分类学家刘玉壶夫妇和形态花粉学家喻诚鸿夫妇等相继进入华南植物所。1954年前后，华南植物所成为全国第二大型综合研究所，包括植物分类、植物生理、地植物学、形态解剖、植物资源和一个大植物园。陈焕镛的构想逐步得以实现。

陈焕镛系粤海世家，虽有西班牙血统，却是一位地道广东人，美食家。他每次带标本采集队从海南或十万大山等边远地区归来，必设宴犒劳同行者，多在李仲洛酒家。吴征镒有一次海南考察返穗，陈焕镛邀请他"饮茶粤海"。陈焕镛还在一次春节赠吴征镒以家制各种芋头粉炸成的"芋角"。就是那年，吴征镒结识了陈德昭。

陈焕镛对滇南烤烟业有先驱性贡献。据蔡希陶生前告诉吴征镒，云南现行烤烟优良品种大金元，原来是 *Virginia leaf* 种子。抗战末期，蔡希陶托陈焕镛从美国朋友处弄到一些种子，转寄到昆明。1946年8月，吴征镒离昆明北返时，曾为蔡希陶、冯国楣所种烟田作一写真。

赴印度参加南亚栽培植物之起源及分布学术讨论会

1951年1至3月，受中科院委派，吴征镒与陈焕镛、侯学煜组成代表团赴印度参加在新德里召开的南亚栽培植物之起源及分布学术讨论会。二战结束后，印度想展示自己具有独立举行国际学术活动能力。中科院决议派代表团参加，也有展示新中国科学家愿与世界各国科学家交往的目的。

吴征镒与陈焕镛首次接触是在这次出访印度过程中。吴征镒请陈焕镛担任团长。成员还有侯学煜（时从美国留学归来）、殷宏章、徐仁（殷、徐已在印度）。时间紧迫，陈焕镛来不及赴京。吴征镒、侯学煜聆听了周总理的指示和李四光副院长的特别关照。周总理交代三件事：一是多交朋友，多了解情况；二是到香港时，争取因"乐天宇事件"而出走香港的北农大遗传学家李景钧教授回国；三是争取陈焕镛、殷宏章、徐仁到中科院工作。吴、侯迅即飞穗，住爱群大厦。在珠江边一老牌酒家，陈焕镛为吴、侯接风。虽是第一次见面，陈焕镛幽默风趣，平易近人，谈笑风生。吴陈二人一见如故。席间传达了周总理和李四光副院长指示。

会议讨论的中心问题农作物栽培。中国代表团中无农作物栽培的专家，事先也未准备报告和发言。美国、瑞典等国专家急于要摸到新中国的科研底牌，提出请中国代表作一次正式演讲。陈焕镛思索一番，略事准备，作了即席演讲。演讲内容是印度农业。由于宗教束缚，印度农民对热带易淋溶流尽肥力的土壤长期不施有机肥，导致板结成砖红壤。中国农民利用粪肥，长期维持和发展地力。他用高标准的英国式英语讲述了中国发展农业的经验和思想，与会各国专家学者报以热烈的掌声。陈焕镛为中国代表团争得了荣誉，也充分显示了他的雄才和博学。

当年，殷宏章在联合国教科文组织供职，徐仁在印度勒克脑（Lucknow）古生物研究所任所长。他们都是代表团成员，给代表团在印度的考察访问提供了支持和便利。在殷宏章组织安排下，代表团访问了五印度多个农林研究机构，包括甘蔗、黄麻、芒果等热带、亚热带作物种植基地；参观了综合农林业的娑罗树（*Shorea robusta*）更新研究、室内大规模的檀香真菌发酵生香研究和Mussourie的雪松林及Siwalik的娑罗林等；结识了知名地植物学家Puri教授，受到他在家中的盛情款待；还参观了根据佛教思想研究植物感觉的 Bose Institute。

在南印度科因巴托（Coimbatore）还有一件奇遇。代表团一下飞机就被一位当地大资本家兼地主奈都（Naidu）接到他家里。奈都是尼赫鲁的政治反对派，家中有颇为像样的工具车间。他制造了能倒咖啡待客的机器人。但他自奉却是芭蕉叶包木豆汁饭，很俭朴。此人颇难应付，他之所以款待中国代表团是想捞政治资本。陈焕镛英语实在太好，政治认识和修养也很高。席间，他巧妙避开政治斗争，只宣扬我国的统一战线政策和在印度参观访问的观感，让奈都无机可乘。

图 5-10　陈焕镛、吴征镒在印度著名地植物学家 Puri 教授家中做客（1951 年）

图 5-11　与地植物学家 Puri 夫妇合影（右起侯学煜、吴征镒、陈焕镛、Puri 夫妇）

此行不仅收获甚丰，也开阔了研究思路。会议结束后不久，殷宏章回国，在上海植物生理研究所任所长。徐仁辞去勒克脑（Lucknow）古生物研究所所长职务归国，任北京植物所古植物研究室主任。陈焕镛到中科院华南植物研究所任所长。中科院的任务，基本完成，只是未能劝说原北农大遗传学家李景钧教授回国，成为遗憾。

大区综合考察

中国科学院组织云南生物考察队出于三个原因：一是 1954 年苏联科学院提出合作进行紫胶虫考察的要求，重点在云南；二是国家开始实施第一个五年计划，各部门提出综合性的科学考察要求，例如黄河水土保持、华南热带资源等考察，云南也在其中；三是国家"十二年（1956—1967）科学技术发展远景规划"中有"热带地区特种生物资源的综合利用和开发"任务。

紫胶及其寄主植物资源考察

1955 年 3 月，苏联科学院为了解决紫胶虫北移至苏联的问题，提出要与我国合作。为此中科院组成紫胶工作队，刘崇乐任队长，蔡希陶和赵星三（昆虫所副所长）任副队长，后增派吴征镒为副队长。中科院还派简焯坡前往参加，苏联科学院派波波夫及其女弟子和费德洛夫来华考察。

紫胶虫（*Laccifer lacca* Kerr.）能分泌紫胶树脂，其主要成分是光桐酸和紫胶酸及其酯类的混合物。紫胶树脂溶于乙醇和碱性溶液，微溶于酯类和烃类，可用于制虫胶清漆、绝缘材料和印刷油墨等。

云南哀牢山脉以西的滇西南地区和以东的滇东南地区是紫胶分布的区域，由中苏专家组成的中科院紫胶考察队在上述地区进行考察，主要调查紫胶生长状况及其寄主植物种类。至 1958 年，发现云南紫胶寄主植物 130 余种，分属 27 科 61 属。同时调查寄主植物的分布和生态适应特点，发现紫胶寄主植物一般具有喜光、喜温、耐旱及种子繁殖力强的特性。调查把紫胶寄主植物分为六大类，即番荔枝植物类、豆类植物类、柔荑花序植物类、锦葵植物类、有盘花植物类和羽状复叶植物类，其中豆类植物类、柔荑花序植物类和锦葵植物类是产胶性能好的寄主植物[①]。

---

① 中国科学院综合考察委员会紫胶考察队编：《紫胶虫的寄主植物》。农业出版社，1972 年。

考察持续了三年，先后赴云南的保山地区、德宏州（芒市、瑞丽）、红河州（屏边、金平）、思茅地区（普文、景东）、西双版纳州（景洪、勐腊、勐海）。对所到地区的紫胶虫寄主植物、相关的动植物区系和生态环境等进行了调查。云南借机在适宜地区扩大紫胶寄主植物栽培，人工放养紫胶虫，颇有成效。后昆明植物研究所的黎兴江等更深入地研究了紫胶虫的越冬寄主提灯藓植物，为紫胶虫安全越冬提供良好的条件，提高紫胶虫越冬成活率，有效地促进紫胶产业发展。

考察队的任务不仅是紫胶，还增加动植物区系、分布规律和环境条件的调查以及橡胶、咖啡的考察，故后改为中苏云南热带森林生物资源综合考察队。

橡胶宜林地考察

1951年，政务院副总理陈云主持橡胶工作，开始的计划包括橡胶草（*Taraxacum kok-saghyz* Rodin）、印度橡胶（*Ficus elasticus*）和巴西橡胶[*Hevea brasiliensis*（Willd.ex Juss）Muell. Arg.]。中科院副院长竺可桢很关注橡胶问题，阅读过农垦部的有关报告后，曾约谈多位专家学者[1]，调查现状，征询意见，讨论我国种植橡胶的可行性。

吴征镒是发展橡胶种植的直接参加者，也因此认识了在农垦部任司长的何康。

当时，以解放军为主体，橡胶种植场遍地开花。由于使用拖拉机开垦，挖出热带杂木和草类植物，遇暴雨则发生严重水土流失，以致橡胶幼树毁灭或生长不良。农垦部领导[2]向中科院求助。中科院委派吴征镒和马溶之、李庆逵、罗宗洛[3]赴琼、粤、桂考察，农垦部派许成文、郑学勤参加，广

---

[1] 召集和约见的有张蕴珍（院调研室）、吴印禅（中山大学）、孙祥钟（武汉大学）、罗士苇、吴征镒、简焯坡、张肇骞、钱崇澍、俞德浚、冯午、吴相钰等。见《竺可桢日记Ⅲ（1950—1956）》，科学出版社，1989年第192-195页和199-204页。

[2] 王震时任农垦部部长，何康任司长。

[3] 马溶之为中科院土壤研究所所长，李庆逵为土壤研究所研究员，罗宗洛为中科院上海植物生理研究所所长。

东省农垦局局长李嘉人也赶赴现场。首先到海南西部考察老橡胶树的生态和土壤环境，随后到海南东西部和雷州半岛新建的橡胶种植场考察。吴征镒和马溶之、李庆奎着重植被、土壤，罗宗洛着重橡胶营养生理条件。经过大家相互讨论和研究后，建议放弃粤西、桂东沿海以及海南西南干旱沙地、龙州一带石灰岩土上种植橡胶的计划；放弃拖拉机农耕措施，改用马来西亚一带的"斩岜烧岜"（即刀耕火种，但不游耕）；实施"大苗壮苗定植"，并以本地树种营造防护林。在选好林下覆盖植物之前，先尽量利用林下次生植被作防护，从而稳定了华南的橡胶种植业。这次考察，吴征镒向马、李、罗三位学习了土壤、植物生理生态方面的知识，亲身体验到热带林业和橡胶种植的艰苦实践。在他的脑海里形成自然生态系统的粗浅轮廓，实际感到植物、土壤、气候之间的相互依存、相互制约的关系，从而为日后致力于热带生物地理群落和热带森林生态系统的研究打下思想基础。

1954年，复旦大学生物系高等植物分类专业的七位女生陈灵芝、胡嘉琪、杨澄（辰）、孙鸿良、吴玉树、屠骊珠、顾其敏提前毕业，在焦启源教授带领下参加海南岛橡胶考察。当焦启源给吴征镒介绍复旦大学七位女生参加考察时，吴征镒见到清一色的复旦女生，随口就给她们定了一个植物学名"*Fudan multiflora*"。从此，考察队里"复旦七姐妹"就传开了。当年"复旦七姐妹"之一的胡嘉琪说："我们对这位'老专家'的诙谐和幽默印象深刻，后来才知道他原来是队里著名教授、专家中最年轻的植物分类学家吴征镒"。

吴征镒是分队领队又是大队领导，既有繁杂的考察工作又要关心队员安全。当年参加橡胶考

图5-12 在海南岛热带雨林考察（1957年）

察海南分队的胡嘉琪说:"六十年前的海南岛,没有现在繁华,全岛从东到西只有一条柏油国防公路,其他道路都是碎石泥路。海南的土壤大多是红壤,考察地点转移时,所用的交通工具是敞篷吉普车,车一开动,红尘飞扬。经过几小时的路程,灰尘满头,我们三个女生都成了金发女郎。当时的工作,简单地说就是采集标本、拉样方(即划定一定面积,对其中所有植物进行记名、计数,描述和记载植物生长情况,生态环境,地形地貌、土壤特征等)。我们这些大学生虽然已修过植物分类学,认识不少华东地区常见植物,但对华南热带植物很多都不认识,采标本问题不大,做样方却困难重重。晚上回来整理材料时,就拿着白天所采集的标本,和样方中遇到的标本去问吴征镒。不论是有花果的,还是没花果的,植株枝叶或幼苗,绝大多数都能告知其科、属、种,经常是完整地写出它的学名。对植物的幼苗,较难辨认,我们一时分辨不清,问了又问,而他不厌其烦地告诉我们,并说我们已经采过了。我们对他学识无比钦佩。跟随他一起工作,我们能认识了大量的南方植物,提高了识别植物的水平。"她又说:"我们野外工作住宿条件更差,大多住草屋、临时搭建的简陋竹草棚。海南地处热带台风多发区。有一天,电闪雷鸣,大雨瓢泼。吴先生得知女生住的草屋被大雨淋垮塌了,竟冒着大雨前来查看探望。幸好我们那时已早早起来去烤标本草纸,没在住处。这下,晚上住处成了问题,好在没人受伤,真是不幸中的万幸。吴先生那时是大队和分队的业务负责人,工作极其繁忙,还如此关心队员,我们十分感激。"按当年流行话讲,胡嘉琪认为吴征镒是又红又专的年轻老专家。

因橡胶宜林地考察,胡嘉琪与吴老结下师生缘分。吴老在为胡嘉琪新著《黄山植物》所作序中,称胡为女弟。胡嘉琪说:"称我女弟,吴老很客气了。"

胡嘉琪承担《中国植物志》爵床科任务。本来爵床科是她与崔鸿宾合作做的,但崔鸿宾不幸逝世,任务就落在她一个人身上了。复旦大学标本有限,需要到北京、云南、广州等地查阅标本,一来二去经费就显得拮据了。到昆明查阅标本,借住于吴老办公室书房里。当吴征镒了解到胡嘉琪编志经费拮据,要用自己的稿费给予支持时,胡嘉琪婉言谢绝。她说:"那时我十分激动。多好的老师呀！他自己全身心奉献给科学，还无私地帮助我们晚辈。也反映出他崇高的人格魅力。"胡嘉琪与吴老相识半个多世纪，如今胡嘉琪已成耄耋之人了。她感慨地说："吴老这样一位大科学家，不遗余力地提携年轻人，帮助年轻人成长，又不保守，实在难能可贵。"

1982年，"橡胶树在北纬18—24度大面积种植技术"获国家技术发明奖一等奖，吴征镒是受奖人之一。

中苏云南热带森林生物资源综合考察

新中国成立初期，中苏关系密切，向苏联老大哥学习成为一种风向。在此背景下的中苏云南热带森林生物资源综合考察队应运而生。在中科院竺可桢副院长主持下，中苏联合考察队有昆虫学家、植物学家参加。昆虫学家刘崇乐任队长，赵星三、吴征镒和蔡希陶任副队长。考察主要在云南和四川的热带、亚热带地区，苏联方面参加考察的专家有昆虫学家 Т. Н. 布什克、О. Л. 科雷热诺夫斯基、В. В. 波波夫，植物学家 М. Э. 基尔比奇尼科夫、И. А. 林契夫斯基、А. А. 费多洛夫、Н. И. 沙拉波夫。国内有复旦大学、中山大学、云南大学等高校生物系师生、中科院植物研究所、昆明植物研究所、南京土壤研究所、华南植物研究所，以及有关省市农林部门等研究所的科研人员参加，考察队规模百余人，行程八千余公里，考察点近百个。考察还得到了当地政府和社会团体帮助。

苏联地处高纬度温带地区，并无热带，克里米亚半岛南部地区是苏联仅有的

图 5-13　吴征镒在西双版纳勐仑沟谷雨林中野餐（1959年）

亚热带北缘区域。所以苏联专家们对云南、四川的热带、亚热带区域既感兴趣又很陌生。苏联专家们常向中国专家询问和了解热带、亚热带的动植物区系成分。吴征镒熟悉云南、四川植物区系，所见植物都能说出其学名，让苏联专家们十分惊讶而敬佩，誉为"植物活字典"。波波夫在1956年《科学通报》第七期上发表一篇"中苏生物学家的联合考察队"文章，说："我们与中国的亚热带和热带的接触时间虽然很短暂，但是对任何一个生物学家也不能不留下深刻的印象，在这里能真实地感觉到热带性，并且能真实地了解到，按起源在任何程度上是属于热带的以及今天古北区的动植物区系在任何程度上还是第三纪的。"又说："我们怀着很大的兴趣与现代的中国——她的科学、工业、农业、文化，特别是中国人民——相认识了。中国人民，包括中国科学家，具有非常谦虚的心情，无限热爱劳动的热情和出色完成自己工作的愿望。中国虽具有千年的文化，但在过去是艰难困苦的，中国还是一个年轻的国家。我在中国的时候，在考察队中共同工作的时候，对这个年轻的国家和人民产生的深刻良好的印象，无论何时也不能使我们忘怀。"波波夫给我们留下六十三年前中苏科学家之间合作的美好印象。

基尔比奇尼科夫和林契夫斯基来自列宁格勒科马罗夫植物研究所。

图 5-14　吴征镒与基尔比奇尼科夫相聚圣彼得堡科马罗夫植物研究所（1995年4月）

图 5-15　吴征镒和苏联专家苏卡乔洛夫在海南岛考察（1957年）

1995年4月，吴征镒为解决编纂《中国植物志》的一些疑难问题特赴圣彼得堡（列宁格勒后改称圣彼得堡）科马罗夫植物研究所查阅标本，同行者有陈心启、戴伦凯等，与基尔比奇尼科夫和林契夫斯基相晤，一起回顾在云南进行热带植物考察的许多往事。

大勐龙小街——热带森林生物地理群落定位研究站

中苏云南热带森林生物资源综合考察中，双方决定合作建立热带森林生物地理群落定位研究站（简称群落站）。经考察，决定将群落站建于西双版纳州景洪县大勐龙小街的曼养贯龙山附近。1958年群落站成立，吴征镒、李庆逵、曲仲湘等参加奠基典礼。随后，昆明植物研究所派吴又优、向应海、高梁、汪汇海、张克映、陆钟林等到站工作。吴又优、向应海毕业于云南大学生物系，高梁、汪汇海毕业于北京农大土壤农化系，张克映、陆钟林毕业于南京大学气象系。北京植物研究所派来刚从苏联留学归来的赵世祥主持群落站工作。云南大学林学系毕业的赵锡璿调往群落站。[①] 这批刚毕业的大学生是建站的骨干力量。建站伊始,全是一帮年轻人,朝气十足,充满青春活力。

1960年,苏联派森林土壤学家左恩(Zonn)和森林生态学家德里斯(Delis)到站协助调查和设计实验项目。此时,群落站建成三个研究组,即植物组,由赵世祥负责;土壤组,由高梁负责;气象组,由张克映负责。吴征镒和曲仲湘每年都到站指导工作,周光倬先生也来站给气象组做参谋。

群落站植物组主要对森林植物进行样方调查,以查实各群落结构(植物物种)成分,观测森林植物各层林象变化以及统计林内凋落物数量等。气象组主要负责林间小气候观察,包括温度(林内和土壤)、湿度、光照、风速等,林冠温度和日照等观测因无高支架设备而无法进行。土壤组主要做土壤剖面观察(包括土壤根系分布、土壤径流以及土壤温度变化等)。通过三个组长期观测和数据综合,了解了森林群落的物质与能量交换、储存过程以及光能利用和水分循环等情况,掌握了森林生物群落的生产潜力,为合理利用热带森林生物资源提供了科学依据。由于人才有限,动物和土壤微生物研究没有开展。

赵世祥从苏联留学归来负责群落站的工作。不幸的是,1959年7月14日,赵世祥和赵锡璿在一次涉水过大勐龙河采集植物标本时,时值雨季河水上涨,行至河中间水至腰身,行立不稳,二赵又不会游泳,同行的向应海(云南大学生物系刚毕业)水性较好,入水救人,水势太急,未能抓住他们。在河下游,终于找到赵世祥和赵锡璿的遗体。二赵被水冲走而罹难,群落站的主将"出师未捷身先死",给群落站带来巨大损失。事件发生,吴征镒等所领导立即派人到群落站调查处理,慰问遇难者亲人,作抚恤安排。研究所发出通报,要求从此次事件吸取教训,科研人员作野外调查和考察时,要高度重视安全,做好行前的安全准备和检查,管理部门和研究室的负责人应做好监督检查。后群落站由吴又优负责。

[①] 赵世祥(1927—1958),男,北京人,1952年毕业于南京大学生物系,1955年赴苏联留学,1958年回国,调西双版纳大勐龙热带森林生物地理群落站工作,任负责人。赵锡璿(1937—1958),女,四川人,1958年云南大学林学系毕业,分配到西双版纳大勐龙热带森林生物地理群落站工作。1958年夏,赵世祥、赵锡璿等外出考察,过河时遇难。

图 5-16　在景洪召开群落站总结会（1963 年。右起朱彦承、黄秉维、曲仲湘、汤佩溥、竺可桢、李庆逵、周光倬、吴征镒、屠梦照）

1963 年，昆明植物研究所决定在西双版纳景洪召开群落站工作总结会，吴征镒邀请竺可桢副院长、北京植物所汤佩松副所长和王献溥、地理所所长黄秉维、南京土壤所副所长李庆逵、云南大学曲仲湘和朱彦丞、华南植物所屠梦照、中国林科院蒋有绪、云南农林学院薛纪如等参加总结会，阵容可谓"高端强势"，足显各位大师对群落站工作的重视。

吴征镒回忆群落站总结会时说，汤佩松"对我主持的'热带森林生物地理群落定位试验'研究颇感兴趣，在群落站四年工作总结时，竺可桢副院长、汤老来参加。汤老一边听报告一边设计公式，思索着和他所设想的数理化的综合联系起来。虽然群落站坚持了五年就夭折了，但是后来人工群落和那个站本身还是保护下来。这是我和汤老的一段因缘。"群落站开了在热带森林内研究森林生态系统的先例。群落的终止让吴征镒深感惋惜。他在"九十自述"中说："大勐龙的生物地理群落定位观察实验站，由于林中小气候梯度观察一直未能进行，待到 1964 年而终于夭折甚为可惜。……当所内决议将此站并入勐仑植物园时，我不禁下泪。"

1973 年 10 月，在吴征镒、朱彦承、曲仲湘指导下，原群落站的科研人员吴又优、向应海、张克映、汪汇海等撰写了"热带森林生物地理群落定位研究工作总结",并发表研究论文[①],也算是对群落站工作的一个历史交代。

西双版纳热带森林生物地理群落站虽然没有坚持下来,但关于云南植物生态系统的研究从未止步。

20世纪80年代,吴征镒组织云南常绿阔叶林生态观测站的选点,选定景东哀牢山徐家坝建立生态站,搭起对云南常绿阔叶林进行生态系统监测的平台。景东哀牢山生态站建站30周年时,吴征镒题词:"坚持中发展,发展中创新"。生态观测是一项需要持之以恒的科学事业,必须要有"坐冷板凳"的科学精神,坚持下去必将对构建良好生态环境做出更大贡献,相信会被越来越多的人所认识。

建立云南自然保护区

1956年10月25日,竺副院长主持在北京召开中科院华南热带资源小组讨论会,拟订1957年工作计划,吴征镒和李庆逵、张肇骞、罗宗洛、刘崇乐、吕炯、郑作新以及华南农垦局局长李嘉人、华南热带作物所所长彭光钦和农垦部张维之等参加会议。吴征镒在会上发言,总结1956年的考察工作,同时提出"建议国家建立自然保护区"的意见。

1958年,吴征镒与寿振黄[②]向云南省委、省政府提出在云南建立24个自然保护区的规划和方案。建议旨在保护云南省经济价值高和富有研究

---

① 吴邦兴(吴又优):云南西双版纳季雨林垂直结构的研究。《植物学报》,1991,33(3):232-239。吴邦兴(吴又优):西双版纳热带雨林植物区系组成初步研究。《云南植物研究》,1985,7(1):25-47。吴邦兴(吴又优)、向应海:西双版纳季雨林更新的研究。《植物生态学与地植物学学报》,1993,17(4):378-385。吴邦兴(吴又优):西双版纳季雨林的外貌与结构特点。《云南植物研究》,1998,10(1):1-10。

② 寿振黄(1899—1964),浙江诸暨人。兽类学家。中国脊椎动物学研究的开拓者之一。1925年毕业于东南大学生物系。1925年先后在美国加利福尼亚大学(伯克利分校)、霍普金斯海滨生物研究所学习,获硕士学位。历任静生生物调查所动物部技师、清华大学生物系教授等。新中国成立后曾任中国科学院动物研究所研究员、副所长。1936年发表的《河北省鸟类志》是中国第一部鸟类志和地区鸟类志。

价值的动植物，进一步合理利用动植物资源，进而把自然保护区建成为天然大实验室和博物馆。建议得到中共云南省委、省政府及时批复和大力支持。10月18日，云南省人民委员会发出（59）会科第2号《关于建立我省自然保护区的通知》，要求各有关专署、自治州和县人民委员会，按"建议"要求，进行筹建工作。10月26日，中共云南省委以（58）字第490号文批复，同意吴征镒和寿振黄的建议，决定在西双版纳小勐养、大勐龙开始建立热带季雨林自然保护区。

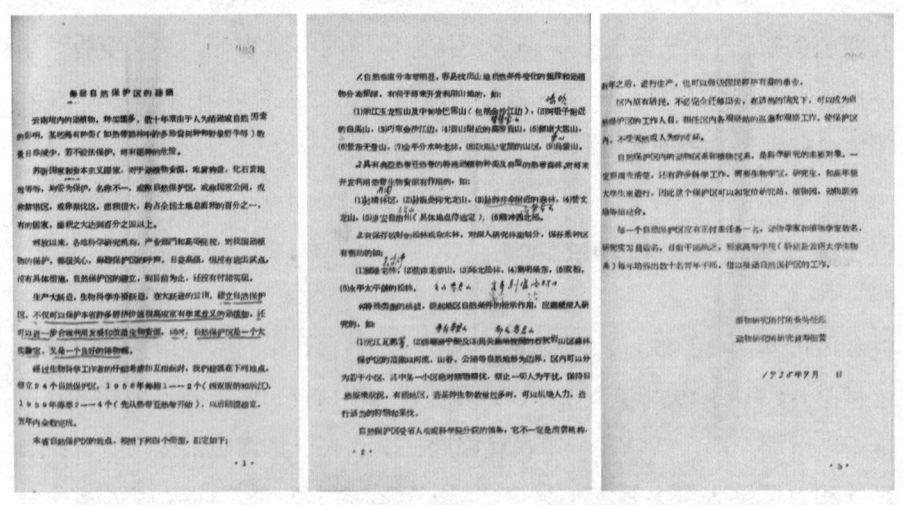

图5-17　吴征镒和寿振黄联合向云南省提出建立二十四个自然保护区的建议书（1958年9月）

曲仲湘教授率队进行保护区本底调查，昆明植物研究所参与了云南省自然保护区本底调查的工作，例如西双版纳小勐养、金平分水岭、屏边大围山、绿春黄连山、高黎贡山、德钦白马雪山、永德大雪山、景东无量山、巧家药山等。这也是吴征镒涉及保护生物学研究的开始。

第六章
南迁昆明，立业云南

野生植物资源考察和开发利用

1959年，国务院发出《关于利用和收集我国野生植物原料的指示》，中科院和商业部联合组织开展野生经济植物普查，中科院的北京植物所、昆明植物所、南京植物所、华南植物所、武汉植物所都参加了普查。各所（园）在调查实践中锻炼了科研人员，收获了标本和分析样品，带动了相关学科的进步和发展，得益不少。

全国野生植物资源考察和利用得从周总理赴广东新会考察植物资源利用说起。

1958年7月，周总理要到广东新会县考察由党向明[①]县长领导的"废物利用"和植物资源综合利用的群众运动，让吴征镒作科学助

[①] 党向明（1922—2009），陕西合阳人，后调云南工作，曾任中共云南省委常委、农林党委书记。吴征镒与他在昆明相会时，一起回忆周总理考察新会的往事，感动之情久久不能平静。

手。周总理办公室的罗青长来到吴征镒在中关村的宿舍，告诉他："总理要到广东新会视察野生经济植物利用和废物利用，要你作随身工作人员同行。"接着通知吴征镒到总理办公室，由童小鹏主任作详细交代和安排。

7月1日，乘中航公司专机出发，机上仅周总理、罗青长和吴征镒三人。南飞至武汉，王任重来见，并共进午餐。下午到广州，陶铸接待，宿在珠江西南的一幢别墅里，总理招集几位工业部门领导来汇报。总理听得很仔细，总是等汇报者讲完后才提问题。总理的民主作风和倾听下情的精神让吴征镒印象深刻。陶铸在"十三行"的一个老广东馆子给总理接风。席间边吃边饮，总理谈笑风生。

次日，总理来到新会。新会县县长党向明陪同考察，参观新会野生植物资源综合利用展览会。新会有"蒲葵工业"，蒲葵[*Livistona chinensis* (Jacq.) R. Br.]是南方有名的观赏和绿化植物，叶可做蒲扇，果实、根、叶均可入药。利用制蒲葵扇时抽下的叶筋做牙签就是周总理在参观时的建议。新会对蒲葵的综合利用很有成绩，总理给予充分肯定。新会有一个农村青年叫周汉华，利用米丘林学术原理，搞水稻高产品种的杂交试验，有些成效，总理听了汇报后，特地到他家中参观。其时已经向晚，总理对周汉华的试验做了详细的询问。

最让吴征镒难忘的是在江门。当时，一行人乘坐专用内河小轮返回广州，途经江门已近黄昏，总理突然让停船，要上岸视察由波兰政府援建的江门甘蔗化工厂。江门离当时尚未回归的港澳很近，繁华中藏着复杂，只有吴和罗二人如何保卫总理！上岸后，总理健步如飞，他们二人只好一边一个护卫着。到了甘蔗化工厂，总理向援建的波兰人员询问情况细致而周全。当他们返回时，附近的群众已闻讯赶来，有上百人跟随总理，争先恐后地要看一看总理。吴、罗二人既不便阻拦，又怕出危险，担心极了，直到大家平安地回到船上并开始起航，吴和罗悬在心里的大石头才落下来。

随同总理考察约行一月，吴征镒执笔起草考察报告，送总理办公室审定。吴征镒近距离亲睹总理的言行举动，亲身感受总理深入、认真和仔细的工作作风，感悟总理对人的谦和、关怀和厚道，领略总理生活的简朴节俭：真是人民的好总理！

吴征镒随后参加与商业部土产局联合组织、部署全国野生植物资源调查等事宜，和姜纪五一道与商业部土产局史立德局长和吴建华副局长等领导商谈全国各省野生植物资源调查情况，讨论编纂《中国经济植物志》的意义、提纲、内容和规范等问题。吴征镒参与全国野生植物资源调查和编纂《中国经济植物志》工作，可谓是起于源头，行于其中。

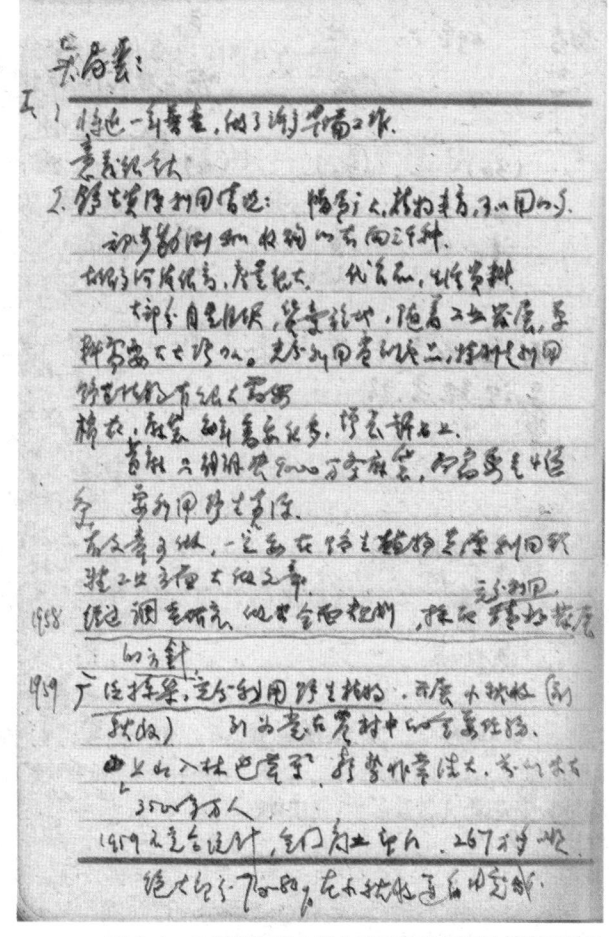

《中国经济植物志》是在总结全国普查数据的基础上，按植物原料类别分组，全国大协作，集体编写而成的。前后有一百多人参加，用了三个月时间完成。吴征镒主持编纂工作。这也是他首次主持编著全国性专类植物志书的具体实践，在植物的鉴定上下了不少功夫，保证了物种鉴定的准确性。

图 6-1　吴征镒与商业部土产局吴建华副局长谈话记录（1960年2月）

1961年，《中国经济植物志》分上下册由科学出版社出版（内部发行），对全国开展野生植物资源利用有着指导意义。

第六章　南迁昆明，立业云南　　*101*

"四人帮"被粉碎以后，罗青长曾到昆明拜访吴征镒，此时罗青长已是退休的老干部，一只眼睛在"文化大革命"中被打伤了，也不再是1958年的翩翩少年了。总理逝世后，周总理办公室的警卫人员还专门送了吴征镒一本总理逝世后的纪念画册。

建立昆明植物研究所

1949年12月，云南和平解放，解放军军管会接收云南农林植物研究所，归属于中国科学院植物分类研究所昆明工作站，蔡希陶任主任。1950年，工作站职工21人，其中研究人员2人，土地30亩，工作用房237平方米。

1951年，曾积极参加云南起义的孙东明[①]、刘幼堂[②]二位，正义开明，又都爱好园艺植物，在瓦窑村拥有相当数量的茶花、杜鹃及果树苗木。鉴于二人都爱好园艺，蔡希陶动议孙、刘二位将其苗木捐献昆明工作站，得到二人的积极回应之后，蔡即亲赴北京向吴征镒副所长汇报，得到吴征镒的赞同和支持。在植物分类研究所和云南省农业厅关怀支持下，昆明工作

[①] 孙东明（1897—1974），云南宣威人，1918年考入国立武昌高等师范学校，专业为博物学。曾任云南省政府主任秘书。1949年参加云南和平起义，受卢汉委托起草"云南和平起义"通电，任临时军政委员会副秘书长，为云南和平解放做出重要贡献。1950年任云南省人民政府顾问、参事。孙东明一生钟爱花木，家中种有茶花、杜鹃、玉兰、桂花、牡丹等名贵花木，亲自浇水、嫁接和管护，堪称花木养殖专家。1951年毅然将所有花木种苗全部捐献给昆明工作站，共捐花木41类3791株（盆），其中茶花1895株（包括水缸大苗281株，中盆1139株，小盆477株，地苗28株），家居用品65类，农具11类，土地及房屋20间，水田5亩2分9厘5毫，珍藏图书4500余册，捐献给云南省图书馆。

[②] 刘幼堂（1897—1972），云南昆明人，1920年毕业于北平高等师范。历任云南省财政厅秘书长，云南人民企业股份公司副经理，云南省造币处处长等职。1949年参加云南和平起义，1950年聘为昆明工作站技正。1955年任云南省政协委员。1951年将瓦窑村的房地产、花木、器物图书等无偿捐赠给昆明工作站，有大小苗木、果树91类11297株（盆），其中云南山茶花品种44个，华东山茶品种16个，茶梅品种一个，十里香茶品种一个，茶花6126株（盆），为昆明植物园增添了宝贵茶花及其他苗木品种种苗。

站接受孙、刘二位在瓦窑村的房地产及花木等财产和刘幼堂的房地产、花木、药品、器物和图书的捐赠[①]。得到昆明市人民政府支持，征用蒜村以北山地和原北平研究院在黑龙潭的旧址。至此，为筹建昆明植物园奠定土地、房屋和种苗（茶花、杜鹃、果木等）基础。

1955年4月，周恩来总理、陈毅副总理参加万隆会议回国途经昆明，视察昆明工作站。周总理指示："云南是植物王国，连个像样的王宫都没有。应将工作站建成一个高水平的植物研究所。"接着在云南省、昆明市和中科院关怀下，征地1146亩，建成品字形大楼三幢，包括两幢科研楼，一幢行政楼，基本解决昆明工作站工作用房。

在蔡希陶主理下，至1957年，昆明工作站设有植物分类室、资源化学室、昆明植物园、标本室，开始筹建西双版纳热带植物园、大勐龙热带森林生物地理群落定位站、丽江高山植物园和元江引种站。

1958年是吴征镒一生最大的转折点。此时的吴征镒年逾不惑，亟思寻一安身立命的场所以期有所创树，才对得起"学部委员"这个头衔。在中科院各生物研究所的组建基本完成，大局初定，北京植物所由太老师钱崇澍主政，有林镕、张肇骞等辅佐，有胡先骕、秦仁昌等老专家相助，吴征镒尽了应尽的职责。他怀着对植物王国云南的向往，怀着对植物学不断钻研的渴望，毅然报请中科院领导，提出调入云南建立昆明植物研究所的请求，得到院领导的首肯，从北京举家迁入云南。在新建的中国科学院昆明植物研究所任所长，同时兼任中国科学院植物研究所副所长。

到昆明后，吴征镒与蔡希陶一道肩负起建设昆明植物研究所的任务。1958年迎来周俊、张敖罗、吴又优、向应海、刘伦辉、武全安等一批大学毕业生和高中生，工作站人员超百人。园区面积达二千四百余亩，其中植物园面积一千二百亩，引种植物一千余种，馆藏标本二十余万份。

吴征镒夫人段金玉，原在北京大学生物系教植物生理学，来到昆明，开始组建植物生理研究室。

1959年4月23日，国家科委批准成立昆明植物研究所，任命吴征镒

---

① 见云南省档案馆《中国科学院植物分类研究所接受刘幼堂先生捐赠房地、花木、器物、药品、书籍清册》和《中国科学院植物分类研究所接受孙东明捐献清册》。

第六章　南迁昆明，立业云南

为所长（仍兼任中科院植物研究所副所长），蔡希陶、浦代英为副所长。设有植物分类研究室、资源化学研究室、植物生理研究室、昆明植物园、西双版纳热带植物园、大勐龙热带森林生物地理群落定位研究站、丽江高山植物园和元江引种站。1958年，蔡希陶领衔始建西双版纳热带植物园于大勐龙小街。1959年，正式选定园址于勐腊县勐仑镇。昆明植物所派调多名科研人员支援建园，原在大勐龙小街建园的部分人员调往勐仑新园。

1962年，昆明植物所更名为中国科学院植物研究所昆明分所。

1963年，吴征镒、蔡希陶主持召开中国科学院植物研究所昆明分所所务扩大会议，各研究室负责人、昆明、西双版纳、丽江三个植物园负责人以及科研骨干参加。吴征镒作"三个战场，八个兵种，建设综合研究所"报告，蔡希陶作"发掘利用野生植物资源"报告。提出昆明分所战略发展方向和目标是"花开三带，果结八方，群芳争艳，万紫千红"。据此，调整昆明分所的研究室组和植物园的机构设置[①]。

图6-2 昆明分所所务扩大会议合影（1963年。前排坐者左起周凤翔、蔡宪元、段金玉、浦代英、蔡希陶、晋绍武、吴征镒、唐燿、周光倬、李楠、冯国楣，后排立者左起张月英、苏蓉生、杨崇仁、周俊、高梁、卢仁道、周铉、张克映、武全安、张敖罗、汤朝兴、李锡文、吴又优、刘伦辉、杨向坤、俞绍文）

[①] 1963年所务扩大会议决定设置的研究机构有：植物分类研究室、植物资源化学研究室、植物生理研究室、地植物组、土壤组、群落站、昆明植物园、西双版纳热带植物园、丽江高山植物园。

吴征镒的报告主要阐述昆明分所长期战略目标，提出的"两条战线"指科研针对植物种水平和群落水平两方面的工作；"三个战场"指在云南的热带地区、亚热带地区和亚热带高山地区开展工作；"八个兵种"指昆明分所当时的学科手段，即植物分类和区系地理、植物资源化学、植物生理、植物栽培、植物形态、植物群落学（广义）、植物土壤和植物小气候。

吴征镒从云南植物种类和资源的丰富性和特殊性出发，提出"'两条战线'上的工作不可偏废，都是'作战的对象'，但'战线的重点先是征服种的问题'。'三个战场'是从云南特殊地理环境和生态多样的客观实际考虑提出，并非齐头并进，先上昆明'战场'，五年内大上西双版纳，丽江得先坐一下'冷板凳'。'八个兵种'有的是'辎重兵'（例如植物分类区系地理、植物化学、植物生理、植物群落），有的是'服务兵'（例如植物形态、植物栽培、植物土壤、植物小气候），各兵种的共性问题是人才的培养和建设，提高素质；学科建设也有轻重缓急的问题，全所应'一盘棋'考虑。"

今天来看，这样的阐述分析，紧密结合云南实际，高瞻远瞩，面向未来，全所统筹，具有战略性和前瞻性。

吴征镒自从大学毕业的那年起，赴"大西北"考察，而后随清华南迁，一路上积累起丰富的植物学感受。他思考着弄清植物时空发展规律和中国植物区系发生发展变化规律的问题，从而坚定了终身志向，立下立足云南、放眼中国和世界植物的宏图大愿。来到云南，在"植物王国"安身立命，殚精竭虑，百折不挠，上下求索，创新研究。昆明植物所逐步走上良性发展的轨道。

吴征镒到昆明任职，即与从抗战期间就坚持在昆明工作的蔡希陶、冯国楣以及他的老师唐燿共事半个多世纪，他们之间的友谊是忘年之交、倾盖之交、管鲍之交。吴征镒与蔡希陶、唐燿、冯国楣同德一心、通力合作建设昆明植物研究所。

唐燿

唐燿（1905—1998），字曙东，江苏扬州人，祖籍安徽泾县。木材学家，开创中国木材学的系统研究，是中国木材解剖学创始人和奠基者，国际木材解剖学会理事，中国科学院昆明植物所研究员。1927年，唐燿毕业于南京东南大学理科植物系，获学士学位。1936年，编著出版《中国木材学》。1936年至1939年，赴美国耶鲁大学研究院植物系进修，师从雷高德教授，攻读木材解剖学、森林利用学，获耶鲁大学博士学位，并赴英、德、法、瑞考察木材研究及应用。1939年归国，任中央工业试验所技正兼木材实验室主任，创建中国第一个木材实验室。1942年至1950年，兼任中国技术专科学校教授。1933年，当选国际木材解剖学会理事。新中国成立后任中央林业科学研究所（今中国林业科学院）研究员、副所长兼森林工业系主任。

图 6-3 唐燿

1928年至1931年，唐燿在扬州中学任教员，教授生物，那时吴征镒正在扬州中学读书。见吴征镒一个中学生能自采标本、识别百余种植物标本，倍加欣赏，就让他在班上举办植物标本展览会，以资鼓励。此事对吴征镒的心灵影响深刻，从此立志投考大学生物系。1933年，吴征镒如愿考取清华大学生物系，来到北平，专程拜见时在北平静生生物调查所工作的唐燿老师。唐燿老师一件鼓动心灵的小事成就了吴征镒的未来，恩师之恩，终生难忘。

二十世纪五十年代，唐燿在中国林业科学研究所任研究员、副所长，兼森林系主任，反右运动中受到不公正待遇。吴征镒请调唐燿到昆明。1959年，唐燿调中国科学院昆明植物研究所任研究员，成立木材研究组，配备研究助手。

1962年，唐燿任昆明植物研究所学术委员会委员，在从事木材学研究之余，参加研究所所务会议和学术会议，对研究所的方向任务和科研工作，提出过不少有益建议，深得赞许。主动帮助年轻科技人员修改英文论文和英文摘要，提高年轻科技人员的英语水平。

云南热带、亚热带森林树种繁多，林型多样，其中木兰科、金缕梅科、茶科等乔木富于植物区系原始性，樟栎林林相的完整性为世界森林所少见。云南热带、亚热带森林木材是一片未开垦的处女地。唐燿满怀信心投入云南木材研究，收集西双版纳珍贵木材和滇东南亚热带重要木材标本。涵盖云南热带季雨林和亚热带常绿阔叶林的主要木材树种。又得蔡希陶的帮助，获得部分越南、缅甸的木材标本。共制作木材切片三千余张，对云南西双版纳主要热带、亚热带木材的特征、用途、材性和解剖特征，

图6-4 唐燿著《云南热带材及亚热带材》（1973年科学出版社出版）

木材构造、木材材性和用途作了系统研究，进而对天然木材的变异性及其规律性进行探讨。在此基础上，编著《云南热带材及亚热带材》。首次揭示云南热带亚热带木材的奥秘。1973年，该书由科学出版社出版。唐燿先生说，"对我国热带木材解剖上的研究，尚以此为嚆矢"。该书为我国热带亚热带林业的综合经营和合理利用提供科学依据，具有较高的学术价值和应用价值。

据说，发掘马王堆时，发现一木块色黑坚硬，不知是何种木材。木块送到唐燿先生处，他做了解剖切片，经观察对比确定是壳斗科栎树木材。唐燿研究积累的木材解剖切片，关键时刻派上用场。

1982年，唐燿又完成《中国裸子植物及木材解剖》专著（三十万字，未正式出版），记载一百二十种国产裸子植物的木材解剖特征，并结合裸子

植物各属的系统演变作了科学阐述，揭示出裸子植物演化史上的一些关键性问题，是唐燿从事木材解剖研究的新里程碑。

1984年，八十高龄的唐燿加入中国共产党，是中国科学院昆明植物所党史上的佳事。吴征镒与唐燿有一幅珍贵合影，有一个甲子师生情、手握拐杖的两位耄耋老人，仍神采奕奕。在科学春天里，师生之情、同事之谊、同志之志，尽在其中。

图6-5　吴征镒与九十岁的恩师唐燿留影于昆明植物研究所（1995年）

蔡希陶

蔡希陶（1911—1981），字玄彭，浙江东阳人。1928年，蔡希陶曾就读上海中华美术专科学校和上海光华大学物理系（肄业）。其间，因参加反对帝国主义和国民党反动派的学生运动而被学校开除。后经时任复旦大学校长陈望道（蔡的姐夫）向胡先骕推荐，蔡希陶进入北平静生生物调查所，在植物部任助理。1932年，受胡先骕的委派到云南调查采集植物，开启他研究植物的新生涯。

1933年，吴征镒初到北平清华大学生物系读书时，到文津街三号看望时在北平静生生物调查所工作的唐燿老师，听说在那里工作的年轻人中有一位叫蔡希陶，并且得知他已有"壮行"。蔡希陶的壮行即是1932年受胡先骕所派率领"云南生物采集团"到云南采集标本之事。蔡希陶万里闯云南，并顺利通过四川大小凉山。那时的大小凉山经常发生贩卖汉人"娃子"的事，风险很大。

到了云南，蔡希陶从东到西、从北到南，历尽千辛万苦，冒着生命危险，当了两三年的"采花委员"，是采集云南植物标本的开路先锋，采得标本一万多号数量达十多万份，昆明植物所标本室才有了基本家底。俞德浚、王启无随后也到云南进行调查采集，丰富了云南植物的标本收藏。

图6-6 蔡希陶

1938年，吴征镒随南迁的西南联大来到昆明。那时静生生物调查所云南采集队住在文庙，蔡希陶牵头的采集任务已基本由俞德浚诸君担当。吴征镒的老师吴韫珍先到昆明，住在民生街，与文庙相距不远，时常到文庙造访蔡、俞等同行。在文庙，吴征镒首次见到蔡希陶，很有一见如故之感。吴韫珍、吴征镒带清华大学学生实习，来到昆明黑龙潭的云南农林植物研究所，那时算是昆明植物学的"最高学府"了，吴征镒和吴韫珍成为蔡希陶家的座上客，也常见到蔡夫人向仲。向仲的兄长向达是在西南联大和北大任教的历史学家，著作颇丰。当时聚集在此的还有郑万钧、汪发瓒、陈封怀、秦仁昌、王启无、匡可仁、冯国楣、简焯坡等。在那里有一个几十平方米的展览室，展示着他们出生入死、辛勤采集来的标本，可供联大老师学生查阅研究，当时也算是一份研究植物的"盛餐"了。

由于国难当头加上政治上的贪污腐败，生活拮据，蔡希陶在昆明市内的福照街开了一个单门的鹦鹉商店，养鸟、养狗、养花出卖，以维持生计。为了照顾店面和亲自饲养动物，在如意巷安了一个小家。他买了一匹高头大马每天风尘仆仆地来回四十里地上班。到了抗战胜利前夕，吴征镒结识了蔡希陶的小同乡吴晗。吴晗当时是民盟昆明支部的负责人之一,领导民主运动。吴征镒和吴晗有时也在蔡希陶家会面,过从甚密,为掩人耳目,时常一起打麻将。抗战胜利后,吴征镒随联大最后一批师生复员北平,临行前到蔡希陶家告别,为他们一家拍摄了一幅"合家欢"。

图6-7 蔡希陶全家福(1946年。左起向仲、蔡希陶、蔡君葵、蔡仲明、蔡渊明)

新中国成立后,云南农林植物研究所改为中国科学院植物研究所昆明工作站,蔡希陶任工作站主任。当时负责接管的军代表魏英同志来京时告诉吴征镒:"邻近新中国成立前,蔡希陶带领农林植物研究所的七八个人,在最为艰苦的条件下,自力更生,种烟、种菜,维持生活,完整地保存住黑龙潭的家底,迎接解放。"魏英还说,在昆明接管的诸多单位中,蔡希陶坚守的农林植物研究所是保存最好、接收最顺当的单位,受到军管会的表扬。此举很令吴征镒敬佩。

蔡希陶的足迹遍及三迤大地,为云南烟草种植业和橡胶种植业的发展做出了杰出贡献。俞德浚和邹家才在黑龙潭旧地进行"大金元"的引种试种和适应性栽培研究,撰写了"云南烟草栽培试验报告"。俞德浚赴英国爱丁堡皇家植物园进修后,蔡希陶担当起烟草试验推广的工作,成功地为烟草推广提供优良种子。对云南烟草种植业的发展,他立的是头功。

1951年,蔡希陶组织云南橡胶宜林地考察,考察区域包括屏边、金平、河口、思茅、普洱、保山、德宏、盈江等地,即云南与越南、老挝和缅甸接壤边境地区。他拍摄到三叶橡胶照片并采集了橡胶种子,同时提出云南适宜种植橡胶地区的意见。当云南省农林厅的军代表魏英将他得来的照片呈送陈云副总理看时,陈云副总理说:"我们就是要发展这种三叶橡胶。"从这一点来说,蔡希陶对云南橡胶种植业的发展立的也是头功。

蔡希陶可算是老云南了,早有建西双版纳热带植物园开发热带植物资源的壮志。为创建西双版纳热带植物园,蔡希陶"筚路蓝缕,以启山林",率领十八位年轻人[①]在大勐龙小街创建热带植物园。他和周光卓等一同骑马从小猛养沿河谷一路考察来到勐仑,发现葫芦岛这块宝地,故

图6-8 蔡希陶带领热带植物园员工在热带季雨林考察(1974年)

[①] 1958年在景洪县大猛笼小街参加西双版纳热带植物园建园的十八人:冯耀宗、单勇、高友壁(女)、廖桂芳(女)、杨崇仁、费洪福、吕春朝、艾友兰(女)、杨淑芹(女)、管兴尧、汪体让、徐兰英(女)、赵天祥、黄玉林、杨向坤、陈梓纯、胥春才、张碧坚。见:《中国科学院昆明植物研究所简史》,第33页。

图6-9 昆明植物园内的蔡希陶纪念碑（1992年）

图6-10 方毅给蔡希陶的题词

而先于大勐龙小街始建，后即转移到勐仑葫芦岛大建。

昆明植物所，在人力、财力、物力给予全力支持，许多原在昆明植物所的科研和行政骨干，也如蔡希陶一样把青春和一生精力都献给了西双版纳热带植物园，写下可歌可颂的创业篇章。

创建热带植物科研基地，他立的又是头功。蔡希陶无愧"云南科技界的一面旗帜"。

"文化大革命"期间，蔡希陶画龙点睛为吴晗的《海瑞罢官》的"罢官"点出一笔，被打成"活老虎"，在偏僻的地方受尽磨难，吃尽苦头。但他执意追寻科学，终于让"葫芦"里的"药"闻名于世。

1992年，方毅副总理为蔡希陶题词"献身科学"，在昆明植物园内建成蔡希陶纪念碑，"献身科学"四个大字现于石碑上。"献身科学"成为昆明植物研究所科研人员的座右铭。

昆明植物研究所和西双版纳热带植物园的员工在昆明植物研究所内的水生植物园区里，隆重举行蔡希陶诞辰一百周年纪念活动，大家怀着崇敬之心深切缅怀蔡希陶。

吴征镒在纪念蔡希陶诞辰百年时，赞道："希陶同志真奇人也，始以率真见奇，因行奇事，见奇迹而越显其率真。"

图 6-11 昆明植物研究所举行蔡希陶诞辰百年纪念（2011年。前排左起蔡渊明、木全章、臧穆、黎兴江、李恒、赵禹、李延辉、裴盛基、武素功、方瑞征、蔡仲明；后排左起徐玲玲、杨崇仁、Peter、刘芳媛、苑淑秀、夏丽芳、苏蓉生、李朝明、蔡君葵、李奇勋、程仕英、武全安、李德铢、甘烦远、童绍全、吕春朝）

冯国楣

冯国楣（1917—2007），字光宇，江苏宜兴人。1934年，到庐山植物园当见习生[①]，冯国楣聪颖好学，喜欢树木花草，来到庐山植物园，视野大开，对标本采集、采种育苗、园林绿化很是投入，晚间还挑灯夜读。庐山植物园主任秦仁昌十分赏识他，深望其自学成才。1937年，冯国楣晋升为技佐。

抗战时期，冯国楣随秦仁昌迁至云南丽江，建立庐山植物园丽江工作站。1942年，吴征镒受邀与云南大学生物系

图 6-12 冯国楣

---

① 庐山植物园当时是由北平静生生物调查所与江西农业院合办，冯国楣其时任见习员。

的助教刘德仪等赴大理，修编《大理志》，修志后时间和经费尚有富余，吴和刘跟随马帮沿鹤庆、丽江、剑川、邓川的环形路走了一趟。回到丽江时，经秦仁昌引见，拜访时在丽江的 Juseph Rook 和另外几位传教士，得冯国楣专程陪同到雪松村拜会了采集家 G. Forrest。

抗战胜利后，冯国楣留在昆明，与蔡希陶一道在农林植物研究所工作。1947 年至 1948 年，受云南人企公司委托，赴文山调查云南特有经济植物三七，撰写的调查报告，现存云南省档案馆。植物园是"前人栽树，后人乘凉"的公益事业，冯国楣义无反顾与蔡希陶合力建设昆明植物园，其中兴建的茶花园，在全国也是先驱之举。

西南联大即将复员时，冯国楣来到西南联大破烂不堪的标本室提取标本，大约有五千余号。他一丝不苟地把联大标本登记编号，将在野外实习采集的没有野外记录的昆明标本一一作了登记，最全的一份归清华运走，抽出不大全的一份留给农林植物研究所，标本上的方形标签全部由冯国楣手写，如今还分别保存在北大标本馆和昆明植物所标本馆内。吴征镒与他为此朝夕相处一个多月，深知冯国楣踏实的工作作风和科研态度。

冯国楣出生农家，为人诚朴、直率，有什么说什么，从不说一句废话，埋头苦干，也从不计名利。他总是以身作则，从不张扬，任劳任怨，故而和同事、员工相处很好。

冯国楣与蔡希陶合作无间，使得昆明植物园迅速发展，特别是茶花园品种聚集，很有特色。建站初期，冯国楣主动帮助新来站的大学生，提高植物分类研究水平。1957 年，冯国楣被评为云南省先进工作者。

1959 年，建设丽江高山植物园，冯国楣任副主任，俞绍文、陈宗莲、吕正伟先赴丽江开展筹建，随后有杨向坤、吕春朝、刘宪章等调入丽江工作。时逢全国开展野生植物资源普查，冯国楣带领俞绍文、吕春朝等赴滇西北的中甸、德钦、维西、贡山等地普查，采集标本二千余号，种子一百余份，各种分析样品数十份。在德钦县云岭乡永芝村采到三角叶薯蓣（*Dioscorea deltoidea*），其薯蓣皂苷元含量 5.9%，向国庆十周年献礼。冯国楣还赴独龙江调查，发现缅甸薯蓣（*Dioscorea birmanica* Prain et Burk，云南新纪录）。调查后，撰写"滇西北植被初步调查"（油印本，内部资料）。

冯国楣、冯汉英编著《云南造林树种》（1954）、《云南绿化造林手册》（1985），积极倡导"云南八大名花"（山茶、玉兰、百合、杜鹃花、报春、兰花、绿绒蒿、龙胆）并有深入研究，主持编纂《云南山茶花》（中、英、日文版）、《云南杜鹃花》（日文版）、《中国杜鹃花》（中、英文版）等图谱，任中国杜鹃花协会首任理事长。冯国楣十分关心昆明市园林绿化建设，曾受聘任昆明市园林局顾问和昆明市园林科研所名誉所长，倡导使用云南乡土树种绿化城市，关心昆明金殿公园茶花园建设，出谋划策，做出贡献，赢得良好口碑。

图6-13　冯国楣与李锡文在观测植物园树木生长情况（1956年）

冯国楣夫人病逝后，孤身抚养儿女成人，自己身居平房，终日与茶花相伴，昆明植物园的松柏园、树木园、百草园、扶荔宫、水生区都有他的一份心血，如今昆明植物园"垂荫当覆地，耸干会参天"，冯国楣的建园大愿，终成现实。

图6-14 吴征镒夫妇祝贺冯国楣八十寿辰（1997年。右起郝小江、吴征镒、冯国楣、段金玉）

"文化大革命"与中草药笔记

1966年，"文化大革命"（以下简称"文革"）开始，昆明植物研究所也掀起"文革"热潮，在"造反有理，革命无罪"的口号下，造反派夺权，斗走资派，其程序与全国一样。吴征镒是研究所的"当权派"，"文革"中必然成了"走资派"，他是植物学家当然成了"反动学术权威"，被批斗、进"牛棚"在所难免。吴征镒、蔡希陶、浦代英三位所领导，被视为研究所三大"走资派"，打倒"浦、吴、蔡"的标语贴满全所。

来自北京的红卫兵，尽煽风点火之能事，把"文革"高潮带到了西南边陲的昆明植物研究所。不知从何方天降几个"北京红卫兵"，里应外合地与本土造反派一起批斗"走资派"和"反动学术权威"，其实本所职工与他们素不相识，更不知道姓甚名谁，他们也根本不知道"浦、吴、蔡"的情况，胡闹一通就离开了。现在回想，真是一出历史闹剧。

吴征镒失去了做科研的权利，只有接受批斗和参加体力劳动的义务。

年已半百的他，在"日日批斗""事事检查"和"天天劳动"中备受折磨，家里被抄，有家不能回，关进"牛棚""闭门思过"，还要无休止地写"交代""检查"材料。所幸他毅力坚强，总算顶过来了，劫后余生。

"文革"期间，吴征镒被克扣工资，"二次解放"后，补发工资两万多元，没有过手，全部直接作为党费上交，所里党办的曾淑英亲手为吴征镒送交党费。严于律己，党性坚强，彰显吴征镒对党忠诚之心和党员本色。

拉练与五七干校

和平时期，部队常驻营房，无野外行军作战的实践经验，就让部队带上装备出来急行军，以锻炼部队的应战能力，当时谓之"拉练"。"文革"中全国学习解放军，于是各地"拉练"之风骤然而起。

1972年，吴征镒恢复工作，任研究所革委会生产组组长。这年夏天，研究所组织职工"拉练"，他也参加了，被分配在一个排里当普通"战士"。从黑龙潭出发沿至阿子营的公路行进。各自背着背包，带着水壶，仿部队一样地行军，夜宿农家。途经的阿子营和科渡是红军长征经过的地方，自然要在这里接受革命传统教育，请来当年为红军引路的老人给大家讲述红军经过的情况，以示革命传统教育。

吴征镒时年五十六岁，同事们都很关照，有时为他背背包，他"本性"难改，到野外总要看看植物，采点小标本，有时就会落伍，行军中大家总是呼应等待，一道前行。"拉练"到了白邑村，休整时，同事们还为吴征镒理过一次发。他也很愿意和大家打成一片。虽然长途行进有些累，但和大家在一起，心情舒畅愉快，顺利地通过了"拉练"的考验，也验证了一下他"文革"以来的体力。

1974年，动乱中的"文革"，又出现"批林批孔"新运动。此时，对吴征镒的基本历史问题审查初步结束，恢复工作。已被任命为研究所革委会主任的吴征镒，算是被"解放"的干部，但还需要到"五七"干校继续学习提高。中共云南省委在蒙自草坝办起省级机关"五七"干校，主要接收被"解放"和即将"解放"的各类干部,边劳动边学习,进一步改造思想。

在"五七"干校里,基本上是白天劳动晚上学习,逢星期天还可以休息。晚上学习的都是"批林批孔"的材料。运动搞了半年,"批林批孔"就"烟消云散"了。半年的干校生活结束后,各自回到单位,又各忙其所忙。

中草药笔记及田间杂草名录

1970年,吴征镒所谓的"历史问题"基本弄清楚了,但未"解放",被分配到开水房烧开水。时值全国大搞中草药运动,研究所组织人员赴各地州县调查民间中草药,调查中遇到一些疑难种,经常来问在开水房劳动的吴征镒。一来二去,成了常事,他们需要吴征镒的帮助,吴征镒借此又捡起鉴定植物的本行,把植物分类知识用起来。

中国本草书籍所记载的药用植物,吴征镒估计有两三千种,绝大部分他都能记得名称(学名和中名)、分布和用途。在没有参考资料可查的情况下,劳动之余,吴征镒据此帮助大家鉴定中草药植物学名,经过"工宣队"和"军宣队"的批准,到云南省中草药展览会,为展出的中草药进行学名订正。研究所里的同事们搜集到各地州,甚至省外(例如四川、贵州等)的中草药手册送给吴征镒,这样他就能在更大范围了解全国中草药采集和利用的情况。利用自己的一技之长,做一些有用的事,也很欣慰。

1972年,吴征镒在考订各地中草药植物的基础上,整理成了四大本笔记,包括考订的正名、学名以及各地俗名、异名、分布地和主要用途的差异等。四大本笔记用的是当时可以找到的各种稿纸、信笺或白纸,满纸蝇头小楷,几乎无一点余下的空白,每页都满载了中草药植物的信息。一天所花功夫远远超过烧开水的劳动量。辛苦、辛勤都会聚于文稿之中。吴征镒很乐观地说:"这使得自己对植物分类研究不致间断。"

图 6-15　吴征镒记录全国各地中草药书籍整理的四本笔记本（1972 年）

1981 年，中科院江苏省植物研究所（原中科院南京植物研究所）、中国医学科学院药用植物研究所和中科院昆明植物研究所三家商议决定编纂《新华本草纲要》，以吴征镒的四大本笔记为底本，按植物分类系统排列，以科属种为单位，介绍每种植物的名称、历史、分布、化学成分、功效等项内容。《新华本草纲要》共有三册，收载菌藻、苔藓、蕨类、裸子和被子等类的药用植物六千余种，于 1983 年由上海科技出版社正式出版。与当时的中草药书籍相比，其特点是：有考据各种植物的本草历史记载；植物学名考订比较正确；按植物分类系统排列；收集各植物化学成分研究成果记载于各种之下，以便于深入了解其功效的科学性。周太炎、肖培根、丁志尊、王宗玉等做了许多组稿、统稿和编辑工作，费心力不少。《新华本草纲要》（三册）也算是"文革"中的"偷闲"之作。

1993 年，《新华本草纲要》（三册）获中国科学院自然科学二等奖。

"文革"期间经常下田种地，劳动中吴征镒关注田间地角的杂草植物，晚上偷着记录，竟然写成一份黑龙潭田间杂草名录。田间杂草植物的鉴定是件很考验一个人植物分类水平的事，"文革"中，吴征镒利用田间劳动时，注意观察周边杂草植物，一一记下它们的名字，汇编成一份黑龙潭田间杂草植物名录。但后来寻不到这份名录了，实在可惜。"文革"中，尽管造反派剥夺吴征镒做科研的权利，但夺不走他脑海里的科学知识。他如此坚持做这件事，"以不变应万变"，尽力做好他认为要做的事。

第六章　南迁昆明，立业云南

图 6-16 《新华本草纲要》编委会在南京举行审稿会（1989 年）

"文革"，对知识分子来说，确有切肤之痛。"四人帮"倒台，迎来科学春天。吴征镒"官复原职"，没有以"以错对错"态度对待"文革"期间整过他、打过他、批判过他和骂过他的人，而是采取向前看的态度，赢得全所职工的称赞，也彰显一个共产党员的宽广胸怀。

重启《中国植物志》编研

"文革"中，一切科研工作都停顿，《中国植物志》的编研自然也中断下来。工宣队、军宣队进驻，各植物所（园）的分类工作被视为"封、资、修"行为，几乎无人再进标本室。

1973 年，中科院生物学部召开"三志"（即《中国植物志》《中国动物志》和《中国孢子植物志》）编研会议，会议地点在广州。会议要求恢复"三志"的编研工作，对于生物学分类科研工作者来说无疑是件值得庆幸的事，耽误多年的编志工作有望恢复，大家为有用武之时而高兴。

吴征镒、李锡文赴广州出席"三志"会议。"文革"未结束，中科院专门举行"三志"会议很是难得。全国编纂植物志工作得以重新启动，吴征镒、李锡文编志的信心更大了。吴征镒、李锡文参加华南植物所组织的鼎湖山自然保护区作考察，鼎湖山自然保护区是陈焕镛提出建立的我国第一个自然保护区，一来学习华南植物所编志经验，二来实地见识南亚热带季风常绿阔叶林的多种森林类型，看到保存完好的地带

图6–17　吴征镒、李锡文在鼎湖山考察留影（1973年）

性原始森林，增长阅历。同时可与云南山地常绿阔叶林作些比较，以了解两地常绿阔叶林在建群种、区系成分等方面的异同。

然而此时，老一辈的生物分类学家有的已年迈体弱，有的已仙逝，如《中国植物志》主编钱崇澍、陈焕镛先后辞世。要使编志工作正常起来，首要的任务是调整编委会，增加中青年编委，添增新生力量。

会议决定林镕任《中国植物志》主编，吴征镒、简焯坡、崔鸿宾、洪德元（37岁）任副主编，汤彦承（47岁）、陈兴启（41岁）、李锡文（40岁）、戴伦凯（女42岁）、何业祺（40岁）等是新增加的中青年编委。

在新编委会的领导下，不定期出版《编写工作通讯》，定期编印《中国植物志参考数据》，还编印云、贵、川、青、藏等省区的地名考证和拉丁文术语汇编等，对统一编志规格和提高编研质量起了重要作用。

吴征镒和李锡文连同其他院所的专家，致力于唇形科植物志的编撰。1977年，《中国植物志》第65卷2分册和第66卷（即唇形科）正式出版。因"文革"而中断的编志工作重新启动。

唇形科植物志出版后，I. C. Hedge、L. A. Lauener和H. K. Tan在英国爱丁堡期刊上[1]发表对《中国植物志》65（2）、66两卷册，即《中国植物志》唇形科进行评论。吴征镒、李锡文作为《中国植物志》唇形科的主要

---

[1] *Notes from the Royal Botanic Garden Edinburgh*，1979，37（3）：467–468。

编撰者在《云南植物研究》①发表"说明",作为对英国同行的"评论"的回答。"说明"主要有四点。

第一,《中国植物志》65(2)、66唇形科编撰自1959年起步,参加编撰者有十余人,其中1966年至1974年间中断编撰,1974年重新启动,至1977年出版,先后历时九年之多。编写过程中调集全国各地标本馆馆藏唇形科标本一万余号,这些标本既有新中国成立前国内外植物采集家采集的标本,更多的是新中国成立后中国人采集的标本,涉及三十多个省区,几乎无空白点。对于唇形科模式标本,凡国内有正副本都逐一标记,国内没有的以同地模式加以标记。

第二,在种的处理上,吴、李的观点既不同意如苏联植物志采用相当于地理亚种的小种观点,也不赞成欧美学者把唇形科种定得很大、在种下划分很多亚种或变种的做法。而是采用"形态－地理"标准,即"形态上有足够的区别,而分布区又有一定的距离"。例如处理钩萼草属(*Notochaete* Benth.)的钩萼草(*Notochaete hamosa* Benth.)和长刺钩萼草(*Notochaete longiaristata* C. Y. Wu et H. W. Li)两个种,前者分布于尼泊尔、锡金、不丹、印度东北部、缅甸北部以及中国云南西部,海拔1200米至2000米;后者分布于云南西北部和西藏东南部,海拔2000米至2500米。除"形态－地理"标准外,应更多地考虑每个种的生物学特性,例如闭花授粉与开花授粉、花柱异长、雌雄株分化情况等,当存在上述情况之一时,不主张把种划得过小,相反要把它们规划一个种,要做到这一点,需要赖于野外仔细观察、田间栽培观察和民间采访等精细工作。例如 Kuprianov 把活血丹属(*Glechoma* L.)根据花管筒的长短划分成长管活血丹[*Glechoma longituba*(Nakai)Kupri.]和短管活血丹(*Glechoma brevituba* Kupri.),经实地观察,花管筒的长短只是该种的一个生物学特性,应把两个种并为一个种。吴、李不同意将形态和分布差异都很大的种归并为一个种,因为这样做的结果,既增加种下层次,不利于运用,也不利于了解物种进化和分化的具体情况。至于一些栽培种,例如薄荷属

---

① 对《中国植物志》65(2)、66卷册——唇形科的一些说明.《云南植物研究》,1980,2(2):235-239.

（*Mentha* L.），由于种的多型性和种间杂交的关系极不确切，应把一些可能是杂交起源的栽培种划归于一个种。种下采用两个等级，即变种和变型。吴、李不能接受"评论"所说的"重点印象是有一个较大的欲望去臆造新种，而不是把多余而陈旧的名称归并到异名上去。"吴、李指出1915年以后唇形科植物没有在全球范围内全面整理过，而中国地域辽阔，地质地史又十分复杂，植物种类千变万化，客观事实本身必然孕育着许多未被认识和描述的新种。例如鼠尾草属（*Salvia* L.），在中国发现一些新种，是深入调查和研究的结果，是有依据的，非任意臆造。但增加的新种数也未超过1934年Peter-Stibal "中国和缅甸丹参属修订"所增加的新种多（《中国植物志》唇形科丹参属新增新种13个，而Peter-Stibal新增新种42个）。类似的还有香茶菜属［*Rabdosia*（*Bl.*）*Hassk.*］的新增新种。

第三，关于"属"的概念，吴、李持狭义看法，此观点对整个唇形科系统亲缘关系的认识有一定意义。吴、李提出一个唇形科属间关系演化图，吴、李等植物的分类、地理分布与进化关系，发表"论唇形科的分类与分布"论文，提出五个论点，阐述唇形科系统演化的研究结论，为美国植物学家以不同的研究手段加以证实，足以证实其科学的真理性，因而获得国家自然科学二等奖。

第四，吴、李对"评论"的有益建议表示乐于接受并加以改进，哪怕有些意见是尖锐的，也表示发自内心的感谢。

吴、李二位的"说明"表明中国科学家的负责精神和科学态度。

启动《云南植物志》编纂

1973年9月，吴征镒被任命为云南植物研究所革委会主任，算是"官复原职"。吴征镒考虑研究所的工作主要从植物分类和植物资源利用两方面进行，基本恢复和延续"文革"以前的办所方针。

根据多年野生植物资源的调查积累，对若干种有应用前景的植物进行有用化学成分的分析和结构鉴定，经过总结分析和整理，编写《云南经济植物》并出版。应用方面，植化室聂瑞麟主持的昆虫蜕皮激素植物资源的研究，通过多种植物的筛选，发现露水草（*Cyanotis arachnoidea* C. B. Clarke）含量较高，进而开展昆虫蜕皮激素提取工艺、蚕区试用及人工栽培等研究，后露水草昆虫蜕皮激素的研究成果获国家发明三等奖（1979）。

编纂《云南植物志》一直是吴征镒决心要做的一件大事，不可松懈。1973年，着手启动《云南植物志》编志工作。李锡文作为吴征镒的助手，负责组织科研人员开始编撰《云南植物志》[①]。陈介[②]和陈书坤[③]也是吴征镒编纂《云南植物志》的主要助手。

李锡文（1931—2021），原籍广东新会，出生于越南西贡（今胡志明市）。1947年归国，1954年毕业于河北农学院，与同班同学宣淑洁（女，北京人）一起分配在北京植物所，吴征镒将他和宣淑洁一道调往昆明，支援新建的昆明工作站。李锡文、宣淑洁在昆明结婚成家。李、宣二位是蔬菜果树专业，来到昆明后，转为植物分类研究。他们参加橡胶宜林地等考察，虚心向老先生学习，刻苦钻研，得到锻炼提高，很快能独立承担任务。李锡文任植物分类地理研究室主任。参与中国高等植物多部志书的编纂，尤以唇形科、樟科见长，对樟科系统分类和演化更有独到见解。发现新属四个，新种一百四十七个，新变种四十七个。

李锡文有刻苦钻研的毅力，有严谨认真的学风。他完成各类植物志的任务又快又好，是昆明植物所植物分类研究的一把好手，卓尔不群。对待荣誉，李锡文忍让为先，不争功计较，品格可贵。

[①] 《云南植物志》启动于"文化大革命"时期，受其影响，一至三卷只标注主编吴征镒，未正式确定过副主编，也未注明各科编著者。实际负责人是李锡文，陈介也是主要组织者和参编者。至第四卷，正式标注：主编吴征镒，副主编陈介、陈书坤。李锡文主持编完第三卷后，吴征镒让李锡文负责《中国植物志》的编著工作，李锡文任《中国植物志》编委二十九年，其中任常务编委十九年。

[②] 陈介（1928—2011），广西桂林人。1953年广西大学农学院毕业，分配到中国科学院植物研究所工作。1965年调中科院昆明植物研究所，从事植物分类研究，承担《中国植物志》、《云南植物志》豆科、野牡丹科、紫金牛科编研任务。历任《中国植物志》编委（1977—1986）、《云南植物志》副主编（1977—1990），发表论文十余篇，编著专著二十部，撰写植物科普文章和作科普报告多篇。受国家及云南省表彰四十余次。

[③] 陈书坤（1936—2018），河南邓县人。1962年西北大学生物系毕业，考取吴征镒硕士研究生，从事植物分类学及植物资源研究。曾任昆明植物研究所分类室副主任、主任、研究所副所长、研究员。任《云南植物志》副主编，参加多卷《云南植物志》，完成《云南植物志》中名、拉丁名及经济植物总索引，直至《云南植物志》全部出版。

李锡文是归国华侨，曾任云南省政协委员，扎根边疆在昆明坚持工作数十年，实为不易。特别对年轻人的求问和质询尽其所知热心解答和帮助，更为难得。

走进青藏高原

1972年中国科学院提出"青藏高原综合科学考察规划"，计划开展青藏高原综合科学考察，包括地质地貌、大气环境、生物、冰川、古生物等多学科考察。1973年成立中国科学院青藏高原综合考察队，孙鸿烈任队长。

青藏高原综合考察几乎涉及从天到地的所有自然科学学科，对青藏高原地区许多地带性的分布规律，例如：植物、动物、植被、森林、土壤等有待弄清，以求系统、全面地了解青藏高原的自然环境。时任青藏高原综合考察队队长的孙鸿烈[①]希望多一些有名望的科学家参加综考工作，有益于提高考察的科学性和综合性。他特别希望吴征镒能参加考察，因为吴征镒素有"植物电脑"之誉，能较快地弄清青藏高原植物区系，对土壤、植被、森林、动物、地质地貌等学科会有较大帮助。当听到邀请参加青藏考察的信息时，吴征镒欣然答应。

其实，二十世纪五十年代初，吴征镒早就有进藏考察的愿望，他任植物研究所副所长时，曾两次组织植物学家钟补求、地质学家李璞赴西藏考察[②]。如今有机会进藏考察，不可轻易放过。"文革"耽误了十年，要把耽

---

① 孙鸿烈，1932年生，河南濮阳人。土壤地理与土地资源学家，中国科学院院士，中国科学院地理科学与资源研究所研究员、博士生导师。

② 1953年6月，吴征镒任科学院植物研究所副所长，组织钟补求、李璞随中央文化教育委员会的西藏工作队赴西藏考察植物和地质，1954年3月返京。钟补求（1906—1980），植物分类学家，浙江镇海人。此次进藏采集植物标本两千余号。专长于马先蒿属植物研究，撰有《马先蒿属的一个新系统》（发表人）。李璞（1911—1968），地球化学家，毕业于清华大学地质系。多年在青藏高原和西南地区从事科学考察和定位研究工作。历任李四光秘书，中国科学院地质研究所、地球化学研究所研究员。

误的时间抢回来，他年近花甲，无所畏忌了。

从地史看，青藏高原是南方冈瓦纳古陆和北方劳亚古陆会合碰撞的产物，两大古陆植物区系在此交会，由此大大丰富了我国西南、华南和东南的植物区系和植被，使得长江以南广大亚热带常绿阔叶林得以形成，还使得现在地中海植物区系在东亚的植物区系中留有一些蛛丝马迹。喜马拉雅山脉作为南北植物区系分界、会合和植物的分化中心，是研究世界植物连续分布和间断分布的理想地区，所以吴征镒说："全世界的植物学家，眼睛都盯着这里。"

1975年5月，吴征镒首次进藏考察，随行的有陈书坤（昆明植物所）、杜庆（中科学院西北高原生物研究所）等。走的是青藏线，从格尔木进藏，主要考察喜马拉雅山北坡的植被和青藏高原面的植物区系，包括森林、灌丛、草甸、草原和高山荒漠等。这次考察西边到萨嘎，南边到日喀则、聂拉木和吉隆。历时三个多月。

第一次进藏考察，三个月后归来，自觉尚有余力，与李文华、武素功到黄山疗养，游遍黄山诸峰，还下了西海。

1976年6月，吴征镒二次进藏，随行者臧穆、杨崇仁、管开云。从昆明出发，这次走滇藏线进藏，横穿金沙江、澜沧江、怒江大峡谷，目睹横断山脉地区植被垂直带分布，仔细考察了金沙江、澜沧江、怒江三江分水岭植被垂直带的分异和区系成分组成。在西藏高原面上，雅鲁藏布江沿岸的河谷柏树林和大片原生云杉林蔚为壮观。新增了对青藏高原植物区系多样性的感性认识，尤其是横断山区与青藏高原植物区系之间的差异和联系，认识更为深刻。历经三江并流地区，各河谷区的干热、干暖和干冷河谷的植被特殊性、多样性和差异性，对它们的递变和分异的直观感受烙印脑海。

两次进藏考察，一路乘车翻越雪山、林地和草场，观其植被变化，但只能看其景观。为了进一步观察喜马拉雅山脉的南坡和东南坡植物区系和植被变化，吴征镒总要下车入林，采集标本，记录所见物种。他是"平脚板"，虽手杖不离身，在野外山路上难免摔跤，年轻的随行者们立即前来搀扶。此时的吴征镒，总与大家相视而笑。在野外考察，他有"摔跤冠军"之称，说不定摔跤还会有新发现①。实地考察采集，让他对青藏高原植物区系有了比较全面的感性认识。

  从西藏归来，由中科院安排武素功陪同吴征镒去青岛疗养一个月，他们却携带着一大箱西藏的材料和标本去疗养院，醉翁之意不在酒。果然，一个月下来，他们编成《西藏植物名录》等重要资料。在此后的三年中，吴征镒与同事们一起，整理近八万号西藏植物标本，完成《西藏植物志》五卷。《西藏植物志》系统记载西藏植物种类、分布和用途，直接关联着弄清植被、森林、土壤等分布规律。发表"论西藏植物区系的起源、发展和演化"论文，吴征镒在1983年的青藏高原国际学术讨论会上宣读，证明青藏高原的隆起为古老的区系成分提供了避难所的同时，也促进了新的物种的分化和产生，而且也为今后深入研究西藏植物及植物资源开发利用提供宝贵科学资料。

  2015年，孙鸿烈回忆当年在西藏综考时说："为了尽快弄清西藏植物区系，我们千方百计地找到吴老，争取吴老一起进藏做指导，他去意义不只是植物本身，而实际上是对整个青藏考察，特别对地表环境会起最根本的支持作用。""我是搞土壤的。西藏的土壤上有什么植被，植被主要建群种是哪些。要有据可查。"又说，"从西藏地表环境考察来说，想要搞清楚西藏土壤情况，摸清地带性分布规律，畜牧业、农业的发展都与地表研究有必不可少的联系。"所以，"我们始终非常怀念、非常崇敬吴老对西藏综考的贡献。"

  孙鸿烈深情地回忆："原来对吴老不太熟悉。接触之后，发现他实事求是，工作非常扎实。当时我们队伍里头，吴老是资格最老的科学家了，考察队里的年轻人跟吴老这么一个大科学家相处丝毫没有生分的感觉。我们不懂的赶紧问吴老，他都是仔细地解说。例如高原的草地、草原、阔叶林、针阔叶混交林、针叶林等的区系组成、区系特点、分布规律等，特别是能立即说出大多数植物的拉丁学名，让大家十分敬佩。吴老是一位非常谦虚、平易近人的老人。怀念吴老，除了他的为人，他的学术作风之外，

---

① 1963年在云南文山西畴考察，吴征镒不慎摔跤，恰好发现新种"锡杖兰"。

还有他在综考科学方面的贡献。"

孙鸿烈说:"在西藏,跟着吴老学到了许多西藏植物的拉丁属名、种名,记住了不少拉丁名,长了不少知识。吴老虽是大家,但他很虚心地学习其他专业的知识,问了我们许多西藏土壤的情况。例如地质地貌、冰川和大气环流等,都仔细地去问,这对我们这些年轻人很大的启示,学问是无止境的。综合考察大家聚在一起,有这种学习气氛,非常好。我经常跟年轻人说:'你看像吴老这样的大科学家都问我们学科的事情,我们还不应该向人家好好地学习?'大家互相学习,青藏综考后,好些同志知识面扩展了不少。吴老起了很好的示范作用,给我们树立了榜样。青藏高原综考培养了一批人才,确实体现了综合考察的优越性。"

2016年,在吴征镒诞辰百年纪念会上,孙鸿烈说:"我有两点深刻的体会。一点是吴先生的实干精神。他参加青藏考察已经六十高龄,但是每到一个地方,吴先生跟我们一样一起跋山涉水,一起采标本,晚上和我们一起压标本,这个精神非常值得学习。另外一点使我感触很深的是吴先生的谦逊。在野外的时候,吴先生经常问我们土壤的性状、起源、发生等问题。这种谦虚的精神我印象非常深。所以一个是实干的精神,一个是谦逊的作风,是始终值得我们学习的。我跟吴老接触以后,能做他的学生也很荣幸。"

李文华[1]是"老青藏",他与吴征镒一道在西藏考察。回顾在西藏考察的经历,李文华说:"每采得一个标本,总由吴先生当场口述拉丁学名,学生记录。"

李文华回顾:"从山谷到山顶,不过三十几公里路,沿途所经历的植物世界,却如同从赤道到北极。站在高高的山巅,吴征镒满脸喜色,指点着眼前这植物区系垂直分布的活标本,说:植物群落的垂直分布规律和地球

---

[1] 李文华(1932—),山东广饶人。生态学和森林学家,中国工程院院士,国际欧亚科学院院士,中国科学院地理科学与资源研究所研究员,中国人民大学环境学院名誉院长。1961年获生物学博士学位。1997年当选为中国工程院院士。长期从事森林生态、自然保护、生态建设、生态农业与农林复合经营、生态经济等领域研究,多年在青藏高原和西南地区从事科学考察和定位研究工作。

图 6-18　吴征镒与李文华赴西藏考察（1975 年。后排右二李文华，右四吴征镒、右五陈书坤）

上植被的水平相对应分布规律是这样的吻合呵，我们站在这儿，好像有一个望远镜，再套一个放大镜，把整个世界的热带、亚热带、温带、寒带的植物，全部拉到你眼前来了。"

1973 年，中科院组织青藏高原的综合考察，武素功一马当先奔赴青藏高原，一去就是十余载。从滇进藏，直到藏西的阿里地区最西边的什布奇，从格尔木进藏经藏北草原那曲直到藏南的察隅、樟木；青海可可西里无人区考察他任队长，青藏高原全境留下了他的足迹。

1976 年，吴征镒和武素功在聂拉木相会，并从那里一起到樟木。武素功的壮年期全部奉献给了青藏高原综合考察。因此，一口牙牙床全都松动了（长期高原缺氧所致），如吴征镒一样，二位都从此换上一口假牙。"青藏高原隆起及其对自然环境人和类活动影响的综合研究"获得 1988 年国家自然科学奖一等奖，武素功榜上有名，当之无愧。

武素功（1935—2013），出生于山西省太谷县的农村，少年失去父母，后参加解放军。1955 年，武素功从部队转业来到北京植物所，吴征镒就让他参加中苏合作的云南生物资源综合考察，先让他到文津街的中科院找时

第六章　南迁昆明，立业云南

图6-19 李文华在昆明拜访吴征镒（2006年）

任院综考会副主任的简焯波，联系赴云南考察的具体事宜，这样就把他的终生定格在云南了。

武素功自1958年跨入云南，从野生植物资源普查到中草药调查，从横断山区考察到青藏高原综考，从率队可可西里到东南亚蕨类调查，没有停过考察的脚步。获得首届竺可桢野外工作奖。

吴征镒主持编纂《西藏植物志》以及主持"中国植物区系研究"自然科学基金重大项目，武素功担任学术秘书，做了许多具体工作。武素功自学成才，经过一番"劳其筋骨，苦其心志"的历练，终有所成，值得赞许。

1976年7月，吴征镒在西藏林芝过六十岁生日。吴征镒跟大家说："在西藏过六十岁生日很难得，在'西藏江南'的林芝过更难得了。这地方既古老又年轻，全世界的植物学家都盯着这里。"

在西藏易贡的原始森林中，吴征镒得到毛主席逝世的消息，大为震惊。回到昆明后的第三天，传来"四人帮"倒台的特大喜讯，大家欣喜若狂。

吴征镒在想，两次进藏考察基本弄清西藏的植物种类，为进一步研究西藏植物区系打下了基础。但考察还有待深入，特别对一些重要区系节点，例如雅鲁藏布江大峡谷、从西到东的整个西藏高原面的考察以及藏东南的察隅河谷（连接到云南独龙江流域）等，有机会还应仔细考察清楚。

中国科学院评议昆明植物研究所

1981年，中科院全面组织对各研究所的发展方向和学术水平进行评议，这是"文革"后加强研究所建设的重要举措。时任中科院生物学部副主任的徐冠仁任专家评议组组长，俞德浚任副组长，专家评议组成员有王伏雄、高怡生、周维善、姜汉侨、王维章、薛攀皋、张经炜等。

专家评议组听取吴征镒做的工作报告，各研究室主任汇报各自研究室工作。专家评议组分别与课题组负责人及科技人员座谈并交换意见，全面了解昆明植物所的科研及管理情况。吴征镒陪同评议专家视察研究室、

图6-20 评议组专家检查昆明植物研究所科技档案工作
（右起王伏雄、吴征镒、张宏达、周维善、徐冠仁）

组，检查科研档案等。在此基础上，12月28日，中科院生物学部召开常委会进行讨论，通过了《关于评议昆明植物研究所的报告》。

《评议报告》指出："昆明植物研究所充分利用云南省的有利条件，从摸清云南植物的家底及合理开发利用云南植物资源出发，开展植物分类、植物地理、植物化学、植物生理、植物引种驯化和植物形态解剖等多学科的综合研究工作，为国家经济建设和国防建设服务。研究所办所的指导思想符合中科院'两侧重、两服务'的方针，方向任务明确，有自己的特色。"《评议报告》还说："该所建所二十五年来，注意理论联系实际，多数学科研究方向相对稳定，研究工作有连续性。"《评议报告》肯定了昆明植物研究所总结办好研究所的六条经验：①逐步发展和调整完善研究所的方向任务；②重视培养和建设科技队伍；③集中力量，有计划、有重点地建设研究室；④比较自觉地贯彻"两服务"的方针；⑤有一个团结一致、互相支持的领导班子是办好研究所的关键；⑥培养和建设好研究室一级的业务领导班子。"这六条经验都是可贵的。其中，逐步发展和调整完善研究所的方向任务、重视培养和建设科技队伍和有一个团结一致、互相支持的所领导班子，这三条尤为重要。"

《评议报告》提出："这些经验值得院内生物学研究单位借鉴。"院生物学部认为"尤为重要"的三条办所经验，在昆明植物所以后的建设实践中不断得到提升。

1981年中科院生物学部组织的评议，是研究所全面总结建所的新经验，也看清进一步发展的机遇和挑战，是研究所发展史上具有里程碑意义的重要事件。

云南相识的同辈科学家

吴征镒自1958年调昆明植物研究所任所长至1983年10月退居二线，在所长岗位上工作了二十五年。这段时间里，与云南大学生态地植物学家朱彦承、曲仲湘，西南林业大学树木学家、植物分类学家徐永春、薛纪如等，不仅有交往而且是科研上的合作者。与朱彦承一起考察植被，与曲仲湘一道做热带森林生物地理群落定位观察研究，邀请徐永春和薛纪如参加编纂《云南植物志》的壳斗科、竹亚科等，多得各位的鼎力相助，完成不少很有成效的科研任务。另外，与中科院昆明动物研究所所长潘清华、昆明冶金陶瓷研究所（后更名为贵金属研究所）所长谭庆麟同是科研战线上的老朋友，交往熟识。

在云南相识的同辈专家中，让吴征镒特别心仪的是云南省农业科学院的程侃声先生（1908—1999）。二十世纪五十年代，云南农科院的前身云南农业科学研究所设在蓝龙潭，与昆明植物研究所所在的黑龙潭相邻咫尺，却未曾谋面。1951年，吴征镒赴印度参加"南亚栽培植物之起源及分布学术讨论会"归国前，殷宏章交给吴征镒一份论文抽印本，让他回国后寄给昆明大普吉农场程侃声。吴征镒曾在昆明大普吉居住过两年多，知道大普吉有个农场，但没有去过。至于程侃声何许人，当时并未追问，料想他和殷宏章可能在大普吉时就相识的人。

1958年以后，吴征镒调到昆明与蔡希陶共事。大约已忘却，未问过

图 6-21　在昆明植物研究所（1988年。右起：潘清华、吴征镒、谭庆麟、周俊）

第六章　南迁昆明，立业云南

程侃声先生的情况。那时云南农业科学研究所已经成立，昆明植物所在龙头街瓦窑村有一座有茶花和果树的小"地主庄园"，后让给了云南省农科院，但吴征镒并未过问此事。那时候，先是隔行如隔山，各忙其所忙，很少有向四邻或别的系统联系交流的机会。接着抗美援朝，"三反""五反"等运动。从1957年起，党内"左"倾思想日渐抬头，知识分子夹着尾巴做人还来不及，这就更形成老死不相往来的隔离状态，即使同行也往往各有一派，互存戒心。何况"文革"一来，互相间更是"乌眼鸡相看"。

在吴征镒退居二线后，偶然接到程侃声来函询问关于栽培作物命名法规问题，那时吴征镒才知道程侃声并非生理、生态专家，而是水稻品种分类专家。吴征镒说："但他并没有把论文寄给我看，我也只好尽我所知，如实奉告。"回函大致是说：国际命名法规的主要精神是"优先权"和模式概念，任何分类单位最终落实到种名，后者要有模式根据，不管名称和级别如何改变，只要新概念中包含了最早发表名的模式，则该名称都要以发表年代最早的某名称为根据，不管该名范围变化或意义是否如人意或不如人意。回信后程侃声仍未寄文章给吴征镒，大约以为吴征镒是一个纯分类学者，对种下或品种分类并无兴趣，但寄给吴征镒一本刚发表的新诗集《野菜花》。到这时他们还未谋面，但吴征镒由此知道他不仅是农学家、作物品种分类学家，还是一位诗人。他的新诗不愧是五四到第一次大革命时代知识人觉醒的心声，风格宁静恬淡，意境深远高雅。诗集中的他已甘于在泥土中讨"生活"，做一个像"春在溪头荠菜花"的人，带着"土气息，泥滋味"劳动一生为人民服务。这本《野菜花》散发出沉潜思想的升华。吴征镒虽也想将自己的新旧体诗送给他，求他指点，但可惜那两集旧稿未发表，"文革"前夕被人借去未还，终致全部遗失。徒唤奈何！

吴征镒真正和程侃声相见是在1997年。该年10月27日云南省科协党组负责人雷吟天为省科协八十岁以上老人安排一次祝寿会，请四位老人参加。其一是程侃声，已届米寿，其二李雨枫（曾任云南省科协副主席），其三蓝瑚（昆明医学院外科专家，吴征镒生命的"保护神"），其四是吴征镒，刚过八十，算敬陪末座的小弟弟。那次祝寿会严肃庄重，程侃声以谦谦君子的长者风度带头,大家各抒心声,回忆各自的人生经历,也谈及一些对中青年科技工作者的期望。

图 6-22 吴征镒与程侃声愉快交谈

那次会后,吴征镒集中精力整理多年的学术资料时,他又发现了出访菲律宾时,国际水稻研究所赠送的水稻基因组论文,觉得可能对程先生有用,就全部寄给他,也算是五十年代初为殷宏章院士代寄文章的继续。然而程先生又回寄给吴征镒一本历年的散文集。吴征镒这才知道,他曾以"鹤西"别名写过许多散文。拜读之后,吴征镒感慨万分,觉得对近在咫尺的一位思想家失之交臂,因而写过一封长信给他,诉说读后感想和相知恨晚之情。谁知这却成为与他永别的后学者的心声。

由于程侃声未示他的学术著作,所以吴征镒所知甚少。后来看到他的一些学术资料,使吴征镒感到未能及时和他促膝长谈,从学术上请益,已成不可挽回的憾事。此时吴征镒才了解到,程侃声对云南水稻品种建立的新分类体系是吴征镒在栽培作物方面见到的、能把生态型和形态群结合到种下分类单位的成功尝试,程侃声对水稻栽培种的起源和分化也有较为成熟的见解和翔实的调查研究根据。

中国不但是稻作的发源地,而且云南高原正是籼、粳、糯和其他品系荟萃之区,生态群分化更为丰富。吴征镒认为:"程侃声的成就绝不比活过

第六章 南迁昆明,立业云南

百岁的金善宝院士之于小麦、丁颖院士之于华南籼稻显少，也不逊色于吴觉农先生之于茶、章文才先生之于柑橘。程侃声没有跻身于院士行列，只是'世事蹉跎成白首'的年岁限制和'运命唯所遇'（无人介绍），有幸有不幸而已。"

俗话说"人之相知，贵相知心"，又说"人生得一知己，可无憾"。吴征镒虽几次接触他的诗文，对他的人格和学术思想有所认识。然而由于没有机会促膝长谈，特别是没有能从有关遗传、变异、进化过程中生态系统的相互促进关系，以及作物品种资源调查研究和种以上生物演化系统的一致性方面，共同作深入的讨论，吴征镒痛感失去了一位良师益友，终成为无法弥补的大憾事。

程侃声先生是吴征镒认识很晚但很敬重的老科学家，他对云南农业科技的贡献，正如蔡希陶先生之于植物学，陈一得先生之于气象学一样，在云南的几十年间对于云南科技事业的巨大贡献，是永远不可磨灭的。

第七章
走向世界，融入国际舞台

北京科学讨论会

1952年5月，世界科协主席、法国著名物理学家约里奥·居里在该协会第十一届执行理事会上建议设立世界科协的区域性中心。故而，1963年，世界科协在北京成立北京中心（东亚）[①]，清华大学张维教授任主任。1964年，中国科协和世界科协北京中心商议，决定在北京召开亚非拉科学讨论会，主题为"争取和维护民族独立，发展民族经济和文化，改善和提高人民生活的科学问题"。中国科协主席李四光和世界科协北京中心主任张维向世界有关国家发出了"1964年北京科学讨论会邀请书"。

1964年8月21日至31日，科学讨论会在北京举行，来自亚洲、非洲、拉丁美洲、大洋洲四十四个国家和地区的三百六十七位代表参加，共提交

---

① 另外还有布拉格中心（中、东欧）和印度中心（西亚）。

论文二百九十九篇。

吴征镒将 C. G. de Dalla Torre 和 H. Harms 发表的 *Genera Siphonogamarum ad Systema Englerianum Conscripta*（1900—1907）中所载世界植物属的分布记录，结合 1942 年开始历时十年（据秦仁昌拍摄的英欧著名标本馆馆藏标本照片）所做卡片中国内外分布记录进行了系统分析，按照自创的地理成分和历史成分相结合的指导思想，对当时中国已有记录的 1998 属植物加以综合，归纳为十五个大分布区类型和三十多个变型，撰写成《中国植物区系的热带亲缘》，作为中国在北京科学讨论会交流的论文之一，在北京科学会堂向来自亚非拉三洲的三百多位学者宣读，后在《科学通报》上发表[①]。

在《中国植物区系的热带亲缘》中，吴征镒提出"中国植物区系与东南亚热带区系，尤其是印度支那半岛之间，有着一个较长的和更相似的历史背景。居于北纬 20° 至 40° 之间的中国南部及西南部与印度支那的广袤地区，是最富于特有的古老科、属的。这些从第三纪古热带区系传下来的成分可能是东亚植物区系的核心，而这一地区正是这一区系的摇篮。更广泛地说，它也许甚至是北美和欧洲植物区系的出生地。"这是吴征镒多年来研究植物区系地理的创见，也是他在新中国成立后又一篇比较重要的论文。

古巴、越南和柬埔寨考察

二十世纪六十年代，中科院比较重视开展国际科技合作与交流，吴征镒在此期间出访古巴、越南和柬埔寨，进行植物区系和植物资源考察，所涉区域为热带、亚热带，与昆明植物研究所的"三个战场"相符，特别是对越南和柬埔寨的考察，对了解与云南相邻、相近区域的植物区系和资源

---

① 见：《科学通报》，1964，1：25-33。

异同等十分有益。从古巴引进一些特有热带植物，增加国内植物园的引进品种。

古巴考察

1961年初，郭沫若院长和文化部夏衍副部长率文化代表团赴古巴访问。1月22日归国时，到昆明视察昆明分所[①]。

1962年，中科院组织赴古巴考察热带植物，吴征镒率队，华南植物所的两位年轻科技人员参加。在美国封锁古巴的形势下，赴古巴需从欧洲转北美再南下。他们一行取道苏联，乘火车至捷克斯洛伐克首都布拉格，转乘捷机经爱尔兰越大西洋至加拿大东北海岸，再循北美大西洋海岸南下经佛罗里达，才抵达古巴首都哈瓦那，可谓绕路费时之行。

他们一行被安排住吉龙湾（称"猪滩"），随后从古巴中部由东而西，后由北而南，遍历古巴全境，还到了海外松岛。吴征镒首次到新世界，也是首次见到加勒比海地区植物区系。虽只采集了少量标本，但在古巴南岸原为美国阿诺树木园（Arnold Arboretum）的热带分园里，采到一些热带树木种子，委托时在古巴访问的卫生部部长李德全带回国。在美国封锁古巴的情况下，这批热带种子来之不易，有酒椰子（Raphia）、香果（Casimiroa）、猴子面包树（Adansonia）、轻木（Ochroma）、象耳豆（Enterolobium）等分送西双版纳热带植物园、华南植物园和海南热作学院种植，如今有些已长成大树。

古巴考察中幸会时在古巴任大使的申健，1951年，吴征镒访问印度时，申健在中国驻印度大使馆任一秘。古巴考察得申健大使多方关照，还为后来南京土壤所赵其国、北京地质学院古生物研究室郝诒纯赴古巴作援助专家作了铺垫。

[①] 郭沫若院长当时写下一首四言诗："奇花异卉，有色有香。怡神悦目，作衣代粮。调和气候，美化风光。要从地上，建筑天堂。"

越南考察

1964年冬，越南国家科委植物研究所与北京植物所联合组成"中越植物考察团"，越方由一位姓阮的年轻人带队。1964年11月至1965年3月，吴征镒与汤彦承（北京植物所）、张永田（福建热带植物所）为中方成员，赴越南北方考察。他们在越南过了两个"乙巳年"，到老街、沙巴、三位山、友盆、葵州、三岛山、葡芳、下龙湾等地，足迹踏遍黄连山、凉山地区。北至海拔三千米的Phansipan，南达清义（北越与南越的界河）。东北到下龙湾，但西北的莱州和东北的石灰岩区高平未到。前法国人所到的采集点沙巴（Chapa）、三位山（Bavi）、三岛（Tamdao）都有涉猎，亲睹了以喙核桃（Annamocarya）、马蹄参（Diplopanax）为标志的原始林段，考察了有福建柏（Fokienia）大树的临海残迹，采集标本两千七百多号。标本主要由李锡文鉴定，其名录在"文革"期间才寄付越方。此行考察肯定了越南北方与我国南方植物区系的相似性。此点在吴征镒后来的《中国植物区系的热带亲缘》一文中提及越南北方地区植物区系与中国南方植物区系的联系及异同。

柬埔寨考察

1964年，正值我国与柬埔寨国王开始友好合作之时。10月，中科院外事局组织赴柬埔寨作植物考察，吴征镒受命带领肖培根（中国医学科学院药物研究所）及华南植物园的两位年轻科技人员一行四人前往考察。

从金边开始，东南至白马，南至象山，北至吴哥窟，西经大湖至柬泰边境西梳风，几乎遍及柬国全境。遗憾的是未上长山的"胡志明小道"。所见热带原始林甚少，但也见到稀树干草原中的龙脑香林和吉里隆的热带松林。

图 7-1　访问柬埔寨与同行交流（1965 年）

柬埔寨与越南北部相比，显得热带性更强，更有印度热带色彩。原本想了解胖大海（*Sterculia lychnophora* Hance）和白豆蔻（*Amomum kravanh* Pierre ex Gagn.）的原产地和引入种子，但未如愿。

柬埔寨考察让吴征镒对东南亚植物区系和植被分布有了更多的认识和了解。

与欧美植物学界交流

改革开放后，国际科技交流与合作不断拓展。吴征镒出访和接待来访的机会增多，与世界各国植物学家交流与合作日渐频繁。吴征镒出访除非洲之外的南北美洲、欧洲、东南亚各国，既走出去了解世界各国植物科学研究的情况和发展前沿，又请进世界各国植物学家实地了解中国的植物学研究情况，特别是云南的研究情况。

中美植物学家互访

随着中美关系的正常化，双方的交流互访日渐增多[①]。

1978年，Lawrence Bogorad 率领美国植物学会组织的美国植物学代表团[②] 访问北京、上海、昆明等地的植物研究机构，到昆明时吴征镒出面接待，向美国植物学家介绍云南植物的分类、分布研究状况和资源利用情况。云南植物丰富、多样，引起美国同行的很大兴趣。访问中，双方还商定组织中美植物学家共同考察湖北神农架。

1980年，中美进行湖北神农架考察。中方考察队队长汤彦承，成员有中科院植物所陈心启、应俊生，武汉植物所郑重，南京植物所贺善安，昆明植物所张敖罗。美方人员有加州科学院植物园 Bruce Bortholomer，哈佛大学阿诺德树木园 David E. Boufford、Stephen A. Spongberg，美国国立树木园 Theodore R. Dudley，纽约植物园 James L. Luteyn。

加州科学院植物园的 Bruce Bortholomer 给昆明植物所带来百余粒西蒙得木 [*Simmondsia chinensis*（Link.）Schneider] 种子，在云南干热河谷地区试种[③]。根据中美双方商议，美方接受中方五名中青年科研人员陈心启、应俊生、郑重、贺善安、张敖罗赴美进修两年。

1979年，汤佩松为团长，殷宏章、吴征镒为副团长的中国植物学家代表团回访美国，中国植物学代表团成员有徐仁（中科院植物所）、俞德浚

[①] 1974年8月27日至9月23日，美国科学院等组织"美国植物研究代表团"访华，代表团由十二人组成，其中十名植物科学家，一名美国科学院工作人员，一名精通中国历史的教授：Richard L. Bernard、Norman E. Borlaug、Nyle C. Brady、Glenn W. Burton、John L. Creech、Jack R. Harlan、Arthur Kelman、Henry M. Munger、George F. Sprague、Sterling Wortman、Alexander P. Deangelis、Philip A. Kuhn。代表团访问了北京、吉林、辽宁、陕西、江苏、上海和广东等地，与植物学、农学院所交流，会见了一些知名科学家。1974年11月15日至12月15日，中国科学院组织"植物光合作用考察组"赴美国考察，考察组由8人组成，包括匡廷云、李良璧、张其德等。

[②] 1978年5月20日至6月18日，美国植物代表团访华，成员十人，即 Arthur W. Galston、Bruce Bortholomer、Richard A. Howard、Lawrence Bogorad、R. H. Hageman、J. William、Jane Shen-Miller、Richard C. Starr、William Tai、Anitra Thorhaug。

[③] 西蒙得木（*Simmondsia chinensis*），大戟科植物，原产墨西哥，其种子富含油脂，可作机械高级润滑油，有黄金树之称。引进的种子在金沙江流域的永胜县和红河流域的元江县试种。

（中科院植物所）、盛诚桂（南京植物园）、李星学（中科院南京古生物研究所）、方圣鼎（中科院上海药物研究所）。

吴征镒一行几乎走遍全美的著名大学和研究机构。有机会与哈佛大学阿诺德树木园、密苏里植物园、华盛顿植物园、纽约植物园和加州科学院植物园等单位的植物学家相识和交流，了解到美国植物分类及植物区系等研究的实际状况及各标本馆的馆藏情况，阅历大增。在密苏里植物园，初识 Peter Raven。此后，吴征镒与 Peter Raven 经历相识、相熟、相知的过程，结成忘年之交。Peter Raven 尊称吴征镒为"吴老"。他们共同主持编纂 *Flora of China*（《中国植物志》英文增订版），历时二十五年，包括文字二十五卷、图版二十五卷。记录中国维管束植物 312 科 3328 属 31362 种，是目前世界上规模最大的英文版植物志，既是中国植物学里程碑式成果，也是中国植物学走向世界的见证。

1978 年，以美国植物学代表团访问中国，1979 年中国植物学家代表团访问美国，都是新中国成立以来的第一次。中美植物学家的互访开启了两国植物科学家交流的大门，推动两国科学事业的发展，双方均受益匪浅，也表明僵持多年的两国关系开始迈向信任和友谊。美国科学院院士、美国加州大学洛杉矶分校地球行星与空间科学学院进化与生命起源研究中心主任、古植物学荣誉教授萧普夫（J. William Schopf），美国加州大学洛杉矶分校进化与生命起源研究中心资深科学家、生态演化生物学学院研究员沈育培，都参加了中美植物学家互访活动。笔者对沈育培女士有深刻的印象。1978 年美国植物学代表团访问昆明植物研究所时，她是代表团成员并担当译员，那时研究所科研人员的英语水平比较低，美方作学术报告时，她当翻译。

2016 年，在吴征镒诞辰百年纪念活动中，我们筹划编辑出版《吴征镒诞辰百年纪念文集》，发出征询文稿通知后，很高兴收到萧普夫、沈育培夫妇的来稿，标题是"深切缅怀吴征镒教授"。将近四十年了，二位心里还深深惦念着吴老，笔者怀着激动而钦佩的心情读过二位来稿，字里行间洋溢着对吴老的浓情厚谊、赞许和崇敬。1978 年和 1979 年两次中美植物学家的互访时，沈育培供职于美国国家科学基金会，萧普夫供职于加州大

第七章　走向世界，融入国际舞台

学洛杉矶分校，他们都参加了这两次活动并喜结良缘，他们说："1978年，初识亲切、乐观、友善的吴征镒教授。而两次互访活动则更加意义非凡。通过这一互访机会我们彼此相识，两年后我们结为夫妻，相知相伴至今已逾三十年。"

他们回顾首次到昆明植物研究所访问的印象："我们怀念吴征镒教授，也怀念在昆明的日子，怀念美丽的昆明那数不尽的亚热带植物、精致的美食，以及喜马拉雅造山运动和碳酸岩被长期侵蚀形成的喀斯特地貌石林奇观。但最难忘怀的是在吴征镒教授这位著名植物系统学及分类学家带领下的昆明植物学工作者们丰富的知识和专业精神。"

他们走进昆明植物研究所看到郭沫若院长所题四言诗，感慨："这一如此美丽的诗篇正是对吴教授工作的写照。他的学识，他的人生，以及他令人愉悦的性格一直深深地感染着我们。感谢您，敬爱的吴征镒教授，我们赞美和崇敬您。"

1979年，他们二位专门向所在单位告假与马里兰大学孔宪铎博士及密西根州立大学戴威廉博士一道，专门陪伴中国访问团游历了美国东部、中西部和加州西部。其间还有几件颇为有趣的事。

比如，美国大学都会有吉祥物，而且通常都是相当可怕的动物。这个吉祥物不仅是学校的标志，也是学校运动队的称号。马里兰大学的标志是海龟。访问马里兰大学时，中国植物学家问道："这里为什么有这个海龟图案？"听说海龟是该校的标志后，大家大笑不止，因为中国同行们心里想的是用"王八"作学校标志。

又如，那年中国刚迎来"科学春天"不久，作为中国代表团二把手的吴征镒教授得了一个特殊称谓"吴磨蹭"（Wu-the-Slow）。原因是每天早晨，当代表团一切就绪准备出发时，都无一例外地看到吴领导气喘吁吁赶来，站在队伍后面。后来，萧普夫和沈育培私底下打趣地称吴老为"吴磨蹭"（Wu-the-Slow）。他们二位道："当然这点绝无损于吴教授那极为友善的举止风度。他是一位亲切又大度的学者，一位世界级的植物学家，他主持编著了具有里程碑意义的巨著《中国植物志》。虽然我们从未告诉过吴教授这个昵称，但我们总是用'吴磨蹭'这个特殊的称谓以表达对他的喜爱与崇敬之情。"他已经有一个"摔跤冠军"的称号了，再加一个"吴磨蹭"，我想他知道后一定会哈哈大笑。至今，在他们二位的电话簿里依然保留着吴老的电话号码。加州大学进化与生命起源研究中心宣传栏里，显著位置上置放着来自昆明植物研究所的这位特殊友人那极富学者风范的照片。听完四十年前这段鲜为人知的故事，让人感到中美植物学家的情谊何等真挚、何等厚重，植根于人们心中的深度远比太平洋深海沟还深。

萧普夫和沈育培还将郭沫若院长的四言诗翻译成了英文：

奇花异卉，有色有香。Wondrous flowers, magnificent blooms.
怡神悦目，作衣代粮。Differing colors, varied perfumes.
调和气候，美化风光。You sooth our spirit, you please our eyes.
要从地上，建筑天堂。You clothe our bodies, you sustain our lives.

出席第十三、十四、十五届国际植物学大会

1981年，第十三届国际植物学大会在澳大利亚悉尼召开，中国植物学代表团由汤佩松任团长，吴征镒任副团长，成员有俞德浚、侯学煜、王伏雄、吴承顺、朱至清、段金玉、王思玉。这是汤、吴二位再度率团出国访问。澳大利亚（包括塔斯马尼亚岛）的植物区系自中生代白垩纪以来一直处于被海洋包围的孤立状态，同相邻大陆植物区系的交流受影响，因而具有高度的特有性。吴征镒得以实地考察澳洲本土植物区系的特殊性，比较亚澳之间植物区系的差异。

澳大利亚植物区系特点是特有科、属、种十分丰富，特有科有十三个，例如：山龙眼科（Proteaceae）、桃金娘科（Myrtaceae）、木麻黄科（Casuarinaceae）等；特有种达6300多种，占总植物种类75%；特有属也很多，如金合欢属（Acacia）有486种，桉属（Eucalyptus）有342种，堪称极大特有属。澳大利亚大陆地理上的独立性妨碍了它与相邻植物区系的混合与渗透，才有如此高度发展的特有现象。

图 7-2　柏林第十四届国际植物学大会时与王伏雄院士合影（1987 年）

图 7-3　柏林第十四届国际植物学大会上与各国植物学家留影（1987 年）

吴征镒在全球视野下，审视澳亚植物区系的分区、联系与分异，认为尽管亚、澳分居南北半球，植物区系可能有千丝万缕的联系，应仔细研究。吴征镒此行对澳大利亚植物区系的认识有了深化。

1987年7月，第十四届国际植物学大会在联邦德国西柏林的国际会议中心举行，有八十一个国家的学者与会，参会人数四千一百多名，其中正式代表三千六百八十人，联邦德国的代表占20%。昆明植物所吴征镒、裴盛基和陈书坤参加大会。吴征镒应邀宣读"横断山区植物区系的重要性"论文。

图7-4 吴征镒与美国夏威夷大学唐崇实（右）、杨文静（左）二位教授幸会于柏林第十四届国际植物学大会（1987年）

1993年8月，吴征镒和夫人段金玉应日本方面邀请，赴日做学术访问。在大阪参加美、英、中、日四国首席学者座谈会，吴征镒作"人类生态、植物资源与近代农业"的报告，会后由梅岛忠夫陪同参观大阪人类文化学博物馆。随即赴横滨参加第十五届国际植物学大会，在植物分类学和植物系统学组作"中国—日本和中国—喜马拉雅植物区系的联系和分异"的学术报告。此行还访问了广岛、神户。

连续参加第十三、十四、十五届三届国际植物学大会，吴征镒以自己的研究工作做了学术报告，同时结识了多位国际著名植物学家。在与世界各国植物学家的交流中，大大开阔了眼界。在全球视野下，他审视植物区系的分区、联系和分异，认识有所升华。交流中让世界各国了解了中国植物科学研究的情况，也让为吴征镒熟识世界植物科学研究的动向，带来双赢功效。

访问南美洲三国

图 7-5　在阿根廷听莱格伊尔的报告（1981 年）

1981 年 2 月，中科院组织代表团赴委内瑞拉、巴西、阿根廷三国作考察访问，代表团成员有郭慕孙（化学家，学部委员）、涂光炽（地学家，学部委员）、吴征镒（植物学家，学部委员）、魏乃森（上海生理所）、孙玉昆（上海生化所）、苏凤林（院副秘书长）、陈祥春（院外事局）等。

在南美洲，聆听了获得第七十届诺贝尔奖的阿根廷科学家莱格伊尔作

图 7-6　吴征镒在伊瓜苏大瀑布（1981 年 3 月）

的报告①。在巴西与阿根廷交界处，见识了世界上最宽的瀑布伊瓜苏大瀑布；到亚马孙河中部的玛瑙斯考察；在阿根廷还登上安第斯山山脉的尾端。从北到南，历经委内瑞拉、巴西、阿根廷三国，吴征镒对南半球的植被分布和区系组成有了基本认识，亲睹了亚马孙河流域热带雨林的丰富和壮观。

南美洲属于新热带植物区系，有三个亚区：安第斯山以东和南纬40°以北地区为热带植物亚区；南纬40°以北的安第斯山及其以西的沿海地带为安第斯山植物亚区；南纬40°以南，属于南极植物区系。南美洲的热带植物亚区，种类成分极其丰富，并且特有种很多。巴西亚马孙平原热带雨林中，大约有四万多种，其中有一万两千种是特有种，典型的科有凤梨科（Bromediaceae）、仙人掌科（Castaceae）、兰科（Orchidaceae）、棕榈科（Palmae）、美人蕉科（Cannaceae）、巴拿马草科（Cyclanthaceae）等，它们或仅分布于南美洲，或以南美洲为主。

图 7-7　吴征镒在亚马孙河上留影（1981年3月）

图 7-8　吴征镒在巴西参议院前留影（1981年3月）

南美洲大陆自中生代末期以来，逐步与其他大陆分离后，植物区系沿

---

① 阿根廷科学家一共获得四次诺贝尔奖，其中1970年12月10日莱格伊尔因发现糖核苷酸及其在碳水化合物生物合成中的作用获第七十届诺贝尔奖化学奖。

着自己的道路发展，演变为上述三大植物亚区。而南美洲曾是冈瓦纳古陆的一部分，在植物区系的形成上有其同一性的一面。因此，南美洲在植物种类成分上，一方面显著地表现自己的独特性，同时也显示着与其他大陆的联系。

南美洲植物种类成分上又与古热带植物区系的非洲有密切联系。例如：棕榈科（Palmae）、天南星科（Araceae）、兰科（Orchidaceae）、桃金娘科（Myrtaceae）、豆科（Leguminosae）、大戟科（Euphorbiaceae）等是两洲共同的优势科。又如构成热带稀树干草原中典型成分的豆科波巴布树（*Adansonia digitata* L.），南美有十二种，非洲也有四种，亚马孙平原热带常绿雨林中的扇状旅人蕉属（Ravenala）植物和非洲马达加斯加岛的旅人蕉（*Ravenala madagascariensis* Adans.）也为同一属。

安第斯山隆起始于中生代以后，形成高大山体，对南美洲大陆自然地理环境产生巨大影响。山地本身构成一个独特的生态环境，致使在南美洲新热带植物区系范围内，出现一个新的安第斯山植物亚区，其形成和发展，无疑与新热带植物区系有联系。新热带植物区系的一些成分，如仙人掌科（Castaceae）、凤梨科（Bromediaceae）、茄科（Solanaceae）等，通过种的变异，逐步适应了海拔三四千米高度上的高山生境；热带灌木成为一

图 7-9　吴征镒在巴西、阿根廷、秘鲁三国交界处留影（1981 年 4 月）

种从山麓到山顶都能生存的匍匐或垫状的种类，藤本植物变为低矮的、直立生长的多年生植物。研究认为，安第斯山植物亚区与泛北极植物亚区和南极植物区系有更重要的历史因缘。

南美洲南纬 40° 以南，虽然植物种类成分相对贫乏，但却是南极植物区系唯一现存的重要地区。吴征镒在阿根廷登上安第斯山山脉的尾端，未能抵达南美洲大陆的最南端，未能见到南极植物区系的面貌，稍有遗憾。

南美洲与非洲第三纪以前连在一起，在植物区系上两者存在着一定联系，彼此拥有若干共同的科、属、种；而自两大陆分离后，南美洲热带植物亚区又在过去的基础上，在本身所处的自然地理环境独立发展，出现了许多特有种，并成为现代区系的重要组成部分。

吴征镒从南美三国考察归来，对南美洲植物区系有了新的感性认识。在世界植物区系的大背景下，进一步梳理与世界其他区系区的联系与分异，有助于对世界植物区系在认知上有新的提高。

与英国进行生态和自然环境互访考察

根据中国科学院与英国皇家学会和瑞典皇家科学院的协议，1979 年 9 月 29 日至 10 月 23 日，中科院组成生态学考察团赴英国、瑞典进行第一次生态和自然环境考察，吴征镒任团长，马世骏任副团长，成员有姜恕、沈长江、冯宗炜、程尔晋。在英国访问十四家科学研究单位，在瑞典共访问五所大学的十七个研究所（室）。

英国邱园（Kew Garden）和爱丁堡植物园世界有名。邱园引种植物多达五万余种，收藏标本五百余万号，藏书数十万册，为世界之最。英国植物学家对"植物电脑"吴征镒早有所闻，十分重视吴征镒的来访，以盛大宴会迎接。在邱园，他们摆出一批难以鉴定的标本，让吴征镒鉴定。看到标本，吴征镒立即脑海里搜寻曾有的记忆，逐一准确地考证出植物标本的学名，并与他们交流讨论，让英国同行大为惊叹和赞许。其实吴征镒有如此坚实的分类学功底，缘于他早年用十余年时间制作中国植物卡片三万余张，而且所依标本和照片是吴蕴珍、秦仁昌从欧洲各大标本馆收集中国模式标本而得的。"冰冻三尺，非一日之寒"，吴征镒将张张卡片烙印脑海，铭记心间，英国同行们未必知晓。

1980年，英国圣安德鲁大学植物园 R. J. Mitchell 和爱丁堡皇家植物园 D. Chamberlain 来函请求到云南考察，特别希望在海拔三千米以上的山区进行植物考察。那时，我国刚改革开放，外国植物学家来进行野外考察，需要得到有关方面的批准。中科院外事局向有关部门报送英国植物学家来滇进行野外考察的请求，经多次汇报商议后，决定由中科院昆明植物研究所负责接待英国植物学家到大理苍山进行考察，考察计划时间为五周。

1981年4月，昆明植物研究所组成以冯国楣为领队的中方考察队，成员有方瑞征、闵天禄、吕春朝、陶德定、管开云和吕正伟。接着，英方也组成赴大理苍山的考察队，领队是英国圣安德鲁大学植物园主任 R. J. Mitchell，成员有 P. A. Cox、D. Chamberlain、P. C. Hutchison、R. Lancaster、A. David。时在昆明植物所学习的德国研究生洛克（Gaby Lock）也参加了考察。

英国植物学家早在19世纪末和20世纪初就对云南作过植物考察和采集，例如 G. Forrest 和 F. Kingdon Ward 等，英国人在云南采集植物，不但时间久而且涉及地域比较广，采集标本甚多。G. Forrest 于二十世纪三十年代，在腾冲发现大树杜鹃 [*Rhododendron protistum* Balf. f.et Forrest var. *giganteum*（tagg）Chamb.ex Cullen et Chamb.][1]，而且还锯下一块巨大的大树杜鹃的树茎，如今还挂在不列颠博物馆门口。

图7-10 生长于腾冲的大树杜鹃

中英大理苍山植物考察从苍

---

[1] 大树杜鹃是杜鹃属中最为高大的乔木，属原始类型，树高达二十至二十五米，直径最多者三米三，叶子厚而大，二三月份开花，花色艳丽。分布于云南西部至缅甸东北部。

山东坡开始，考察队在苍山海拔三千五百米的地方宿营，那里设有电视台转播站。从那里直上洗马塘。后转至苍山东坡的花甸坝，看到红、紫、黄、白各色杜鹃竞相开放，繁花似锦，艳丽夺目，亲临天堂般花海奇景，英方成员 R. Lancaster 激动万分地说："此时此地的亲身感受，胜读十遍傅礼士（G. Forrest）的杜鹃专著。"

而后，考察转至属漾濞县的苍山西坡，宿营于海拔三千米的地方，看到与东坡相异的杜鹃花外，还看到多种报春花、龙胆和独蒜兰等草本花卉。从西坡直上苍山山顶，看到高山杜鹃被雪压成的匍匐状态。从那里可看到东坡下的洱海。考察历时一个多月。采集标本 1231 号（每号八份）及部分种苗，所采集的标本和种苗按预先商议的"平均享受"原则分配。时值苍山杜鹃花绽放，山花烂漫、万紫千红的壮丽景观让英国植物学家大饱眼福、大为震撼。

吴征镒因去国外考察，未能全程陪同。在行将结束时，赶到考察队与大家会见，并为中英考察队鉴定了部分难以鉴定的标本。

从此，昆明植物所与英国爱丁堡皇家植物园的交往越来越多，有数位科研人员赴英国考察进修。昆明植物所与爱丁堡植物园结成姊妹关系。建设中国西南野生生物种质资源库时，也得到爱丁堡植物园和千年种子库的大力帮助。

图 7-11　吴征镒、R. J. Mitchell（中）、冯国楣（右）在大理苍山考察（1981 年 4 月）

图 7-12　大理苍山中英考察队鉴定标本（左起：R. J. Mitchell、冯国楣、吴征镒）

图 7-13　漾濞县领导与大理苍山中英植物考察队全体队员合影（1981 年 4 月）

杜鹃花栽培专家 P. A. Cox，考察中注意收集杜鹃花种子。他收集了一些去年的果夹里残存的种子带回英国播种。四年后他再访昆明植物所时说，他从苍山采到的杜鹃种子，在爱丁堡植物园已长成灌木了。看来云南高山杜鹃在高纬度低海拔的地区也可以生长。

D. Chamberlain 是爱丁堡植物园有实力的植物分类学家，他曾与吴征镒、李锡文讨论中国唇形科等植物的分类研究问题，也是这次中英考察的积极鼓动者。野外考察中，他总是一马当先走在前面采集标本。德国留学生洛克初到苍山考察，认识植物不多，D. Chamberlain 热心帮助，相处融洽。

英方队员 R. Lancaster 考察归去后，著有 Plantsman's Paradise Travels in China 一书，收集整理了藏于大英博物馆的历史资料载述英国植物家来

图 7-14　R. Lancaster 所著 Plantsman's Paradise Travels in China（2008）

华考察采集植物的历史，也记录了 1981 年中英植物学家大理苍山考察的情况。

1981 年 5 月，吴征镒率中科院自然保护区考察团赴英国进行第二次自然环境考察，成员有李文华、许再富、马德三。这次考察是查尔斯王子访问昆明植物所及西双版纳热带植物园之后的回访。考察路线从最北面的设得兰岛（Shetland Island），直到英国最南端。参观包括陆地、湿地、沼泽、海洋、城市、植物园等各类自然保护区以及海上油轮的保护设施等，访问陆地生态研究所、自然保护信息中心等单位，并对保护区植被及其区系组成作了初步考察。吴征镒出席了英国威尔士亲王和查尔斯王子关于自然保护的演讲会。吴征镒、李文华接受了英国电视台的采访。

英国布莱顿：第三届国际系统与进化生物学讨论会

1985 年 7 月，吴征镒在联邦德国考察讲学后，随即转赴英国出席在布莱顿召开的第三届国际系统与进化生物学讨论会。这次讨论会规模盛大，

图 7–15　吴征镒率代表团访问英国与英国同行合影于自然保护区（1981 年）

参会人员达八百人。会期五天。

中科院植物研究所的路安民在丹麦作访问学者，中科院华南植物研究所的林有润在爱丁堡植物园进修，同来布莱顿参会。路安民和林有润虽然是中国植物学家，但路安民会议名牌用的是 Denmark，林有润的是 UK，吴征镒成为唯一参会的中国代表，被会议任为中方联系人。吴征镒在讨论会上报告了分布于西双版纳的中国龙脑香科望天树的情况。路安民提交的报告是"非洲特有属毛合草属 Eriospermum 的胚胎学和系统学"。会后吴征镒、路安民和林有润到邱园（Kew）的野外分园进行考察。路安民长期从事植物分类、被子植物系统与进化研究，在丹麦哥本哈根大学师从 R. Dahlgren 进行被子植物系统与进化研修。吴路二人就推进中国被子植物系统与进化研究深入交流和商讨，取得共识，为吴路二位日后的密切合作打下基础。

赴德国做讲学交流

1985 年 6 月，吴征镒应西德马普学会邀请，赴西德考察讲学，季本仁陪同，访问了慕尼黑、图宾根、海德堡、波恩、科隆、柏林、汉堡等地。

在波恩大学讲学，拜会药学系 Ruder 教授，认识 H. Barhertt，在图宾根大学认识 Sauer 教授，并作学术交流。

在海德堡会见海德堡大学植物系统学与植物地理学研究所所长 W.

图 7-16　图宾根大学 Sauer 教授夫妇陪同吴征镒游览霍亨索伦古堡（1985 年）

图 7-17　在波恩大学拜会药学系 Ruder 教授夫妇（1985 年。左一是兰州大学化学系的陈东亮）

Rauh 和曾经接受昆明植物研究所吴大刚进修的导师生物化学系教授 Herker，与二位教授作了学术交流。

结识两位欧洲学者：库比茨基和埃伦多弗

库比茨基

德国植物系统学家库比茨基（K. Kubitzki）生于 1933 年 3 月 5 日，1960 年获博士学位，1973 年任德国汉堡大学系统植物学教授兼植物标本室主任，曾在多所大学兼教，任欧洲科学研究理事会分类学会会员。他领衔编著的 The Families and Genera of Vascular Plants，1990 年出版第一卷，现已出版九卷，是继恩格勒（A. Engeler）之后全面修订植物系统的新专著，很有学术价值。

1985 年，吴征镒访问西德时，初识库比茨基。后被邀参与 The Families and Genera of Vascular Plants 第二卷中五个小科的编写。1987 年在柏林召开的第十四届国际植物学大会期间，再晤库比茨基。此后他一直连续赠送其所编著的 The Families and Genera of Vascular Plants 多册。此外，他还陆续寄赠 ENGLERA 原版杂志。ENGLERA 是纪念恩格勒而出版的植物学杂志，1979 年出第一期。

1996 年，吴征镒八十寿辰，也从事植物科学研究六十周年，昆明植物研究所召开第一届东亚植物区系特征及生物多样性国际学术讨论会。Peter H. Raven 和 Kunio Iwatsuki 被聘为讨论会学术委员会名誉主席，德国汉堡大学的库比茨基教授、密苏里植物园的 Ihsan Al-Shehlaz、哈佛大学的 David E. Boufford 教授、英国邱园的 Grenville Lucas 教授、日本东京大学的 Hideaki Ohba 教授和美国桑塔安娜牧场植物园的 Robert F. Thhorn 教授被聘为讨论会学术委员会委员。库比茨基和 Wilfried Krutzsch 作"东亚和东南亚植物多样性的起源"（Origins of east and south east Asian plant diversity）学术报告，他和吴征镒一样关注东亚和东南亚植物区系起源研究，有共同兴致，取得一些共识，他的学术报告引起与会者的热议。

2006 年，吴征镒九十寿辰，也从事植物科学研究七十周年，在昆明举行第二次东亚植物区系特征及其演化国际学术研讨会，库比茨基应邀与会。事隔十年的两次学术讨论会他都赴会，他与吴征镒既是同行也是益友，可见他们深厚友情的一斑。

埃伦多弗

奥地利植物学家埃伦多弗（F. Ehrendofer）生于1927年7月26日。1949年毕业于维也纳大学，主要研究生物学、生物系统学及高等植物进化、全球生物区系的植物地理和生态学。现任维也纳大学系统植物研究所所长、欧洲科学院院士。

1987年，中科院植物所系统与进化植物学开放实验室特邀这位奥地利知名学者、植物学家埃伦多弗为开放实验室名誉主任，吴征镒被聘为开放实验室学术委员会委员。5月，在北京召开的首届开放实验室学术委员会会议上，吴征镒初识埃伦多弗。

1992年，吴征镒由李德铢陪同赴法国博物馆标本室、瑞士博物馆、奥地利维也纳博物馆、维也纳大学植物研究所等查阅标本，主要目的是查清中国模式标本在欧洲各大标本馆的馆藏情况。在维也纳重晤埃伦多弗，得他的帮助，顺利查看到奥地利维也纳博物馆和维也纳大学植物标本馆的有关标本。

2006年7月，埃伦多弗夫妇访华，特地到昆明拜访时年九十的吴征镒，

图7-18 吴征镒会见访问昆明植物研究所的埃伦多弗（2006年7月。右三，李德铢）

第七章 走向世界，融入国际舞台

图 7-19　埃伦多弗向吴征镒赠送维也纳音乐光碟（2006 年 7 月）

吴征镒办公室里接待埃伦多弗夫妇，他们在植物系统进化、植物区系地理和植物生态学等方面，有相似和相同的研究兴趣，老友相会，畅谈甚欢，埃伦多弗特别把达尔文诞辰二百周年纪念册赠给吴征镒，吴征镒回赠他的学术著作，并合影留念。

德国博士研究生嘉比·洛克

昆明植物所植物化学家陈维新[①]1980 年至 1981 年获得西德洪堡基金资助，赴西德做客座教授，向吴征镒推荐毕业于海德堡大学植物系的嘉比·洛克（Gaby Lock）到昆明植物所攻读博士学位。洛克的导师海德堡大学植物系统学与植物地理学研究所所长 W. Rauh 也致函吴征镒作推荐。经中科院批准，1981 年 3 月至 1983 年 12 月，洛克在吴征镒指导下，以研究生资格，学习植物分类与植物地理的有关课程。来中国之前，洛克进修中

[①] 陈维新（1931—2010），1956 年毕业于上海医学院药学系，1956 年至 1960 年赴民主德国留学，获博士学位。1960 年至 1984 年在科学院昆明植物研究所工作，是昆明植物所接收的首位归国留学生，曾任植物化学研究室副主任。1980 年至 1981 年获洪堡基金资助，赴西德波恩大学有机化学研究所做客座教授。1984 年调科学院成都生物研究所任副所长，后任成都分院副院长。

文两年，有一定中文基础。

洛克，女，1950年11月2日出生于德国斯图加特市，1971年至1977年就读于海德堡大学植物系。在昆明植物所攻读博士学位时，吴征镒和W. Rauh共同担任导师，昆明植物研究所的李锡文、陈介、李恒等作为协助导师。

洛克在读期间，到云南禄劝、一平浪、易门、大理、漾濞、西双版纳等地进行过植物考察，其中赴大理、漾濞考察是随中英大理苍山联合考察进行，借此机会她也结识一些英国植物学家。对滇中地区植物区系有了一定感性认识，同时学习了有关的植物区系原理、研究方法及其有关基础理论知识，利用统计分析方法，对滇中地区植物区系组成的特性作了分析研究，以求得对该地区植物区系的组成特征及分布规律有一定的阐述。学习期间，李锡文、李恒二位研究员作为吴征镒的主要助手给予具体指导和帮助，指导野外考察、帮助鉴定植物标本和修改论文，完成博士论文"滇中地区植物区系的组成和特点"，按洛克的意愿，她回德国作论文答辩。

图7-20 吴征镒与洛克赴西双版纳考察时的留影（1982年）

图7-21 洛克（前排中）在洗马塘（4200米）的留影（1981年）

洛克在昆明期间，认识在昆明植物所工作的云南大学生物系毕业的徐

第七章 走向世界，融入国际舞台 *161*

图 7-22 吴征镒在慕尼黑洛克夫妇家中做客（1985 年。右起季本仁、吴征镒、洛克及其丈夫徐徐）

徐，徐徐曾受派陪同赴野外考察，从相识发展到相爱，在昆明申请登记结婚，是昆明植物所首桩涉外婚姻，后一道回了德国。

1985 年，吴征镒赴德国作讲学交流，在慕尼黑，应洛克之邀在其家会见洛克夫妇。

中日植物学家交流

1993 年，吴征镒和段金玉应日本学术振兴会的邀请赴日本作学术访问，杨崇仁陪同，先后在大阪、神户、横滨作学术交流，结识了日本植物学界、药物化学界的诸多学者，参观了一些植物园，游览了古都京都。随后在日本横滨参加第十五届国际植物学大会，应邀在植物分类组作学术报告。多次访问日本，印象深刻的有三位著名植物学家。

结识三位日本著名植物学家

原宽

1980年在6月北京的青藏高原科学讨论会上，吴征镒与日本植物学会会长原宽（Hiroshi Hara，1911—1986）相会。他著的《东喜马拉雅植物志》，对该地区植物区系有深入研究。会毕，原宽夫妇访问昆明，在昆明植物所研讨和磋商青藏高原和东喜马拉雅地区植物分类及区系发生、演化等学术问题，十分投缘。吴征镒特地陪同原宽夫妇到塑有五百罗汉的昆明筇竹寺参观，还一道游览具喀斯特地貌特色的石林风景区。

9月，应日本学术振兴会的邀请，吴征镒首次访日。在东京再度会见原宽，后访问京都、日光、仙台、札幌等地，结识多位日本植物学家和药物化学家，诸如：柴田承二、前川文夫、津山尚、北村四郎、岩规邦男、大桥广好、大场秀章、小山博滋、邑田仁等。

原宽对东喜马拉雅植物区系有较深入的研究，是研究虎儿草科猫眼草属（金腰属，Chrysosplenium）分类的专家。他根据在四川峨眉山发现的五福花科植物标本，有意将其标本定为 Adoxa omeiensis Hara，并认为五福花科与虎儿草科有某种联系，征询吴征镒联名发表的可能性［原宽：A New Species of the Genus Adoxa from not. *Omei of China in Journ. Jap. Bot*，1981，56（9）：271-274，f.1-3］。吴征镒依据中科院植物研究所、四川生物研究所和四川大学所藏的五福花科及虎耳草科标本，认为这一物种有三个原始性特征，应成为五福花科的一个原始类群［见吴征镒等：五福花科的另一新属，兼论本科的科下进化和系统位置。《云南植物研究》，1981，8（4）：383-388］，定名为新属 Tetradoxa omeiiensis（Hara）C. Y. Wu。吴征镒利用与原宽在日本、中国和澳大利亚三度会晤的机会交流各自研究的进展情况，各自发表研究论文，以示百家争鸣的学术交流。看来原宽依据的标本有限，虽然认出采自峨眉山的标本是属于五福花科的新植物，但缺乏全面观察研究。而吴征镒调集国内各地馆藏标本，进行全面对比研究，并作花粉电镜观察研究，因而比原宽要全面深入一些，得到的结果自然有所不同。

五福花科（Adoxaceae）是北温带至亚北极分布（即吴征镒等在"世界种子植物分布区类型"一文中说的 8-2 型北极 – 高山分布），而分布中心在中国西部。1874 年，Celakovsky 将五福花属 Adoxa 独立成五福花科 Adoxaceae。百余年以来学者均认为它是环北温带分布很广的单型科。而在二十世纪六七十年代，在青藏高原的东北边缘发现五福花科的第二个代表华福花属［吴征镒等。《植物分类学报》，1981，19（2）：203-210］，接着又发现该科的第三个代表四福花属［吴征镒等。《云南植物研究》，1981，3（4）：383-388］，这样五福花科有三个属，即五福花属（Adoxa）、四福花属（Tetradoxa）、华福花属（Sinadoxa）。吴征镒在《被子植物科属综论》中对五福花科的分布和起源作了如下论述：

　　1940 年作为单型科的五福花科曾由 H. Vester 进行世界性总结绘成分布图，归入北温带分布区，范围在 30°—60° 之间。它在北美西南达科罗拉多州和东部伊利诺伊州；在欧洲北起斯康的纳维亚，南达阿尔卑斯山。当时除环带状分布的主体外，还有印度西北和里海至黑海（高加索）等两个孤立而星散的分布区。这种分布足以说明这一单型科正是古北植物区系的标志性成分。A. Engler 等曾作为是第三纪古北极起源的有力证据。但是 1981 年以后，五福花科的单型科的局面被打破。作者之一根据日本除九州和四国（Hara 和 Kanai，1959），朝鲜和中国的材料，重新改绘了五福花科的分布图。可以看出，在亚洲腹地还有一个最大的孤立分布区。北起青海湖（3800 米），西至西藏林芝（3500 米），南至云南香格里拉（3600 米，约北纬 27°），这里是青藏高原的东南缘，这个分布区从我国的东北三省西延至河北北部、山西中部和从西西伯利亚、阿尔泰延伸到伊犁地区、天山的两个半岛状的分布区遥相呼应，共同组成一个老分布区的残余部分。把 H. Vester （1940）的分布区界线在东亚延伸到了最南的纬度，亚热带的中山和高山区。更主要的是在这个分布区的西部和东部增加了两个新属的标记。东边的是四福花属（2300 米），西边的是华福花属（3900—4800 米），说明这里是本科种属分化的中心。这里有科内最原始的类群四福花属，它是从本科祖先中残存下来的，可以确定五福花科的起源地是在横断山区东部边缘第三纪古热带的亚热带山区中。喜马拉雅、青藏高原和横断山区相应隆升的时期中，它的最适生境就像现在仍然残存在海拔2300米左右的针叶、常绿阔叶混交林。这里也有科内演化到最高级的代表华福花属，它是从相近的祖先型向另一方向发展，随着青藏高原的不断隆升愈来愈适应高寒潮湿生境，而最后在海拔3900—4800米的高山砾石带或潮湿草甸中定居下来。五福花属在现代北温带广布的环状分布区很可能是一个在第三纪亚热带山区起源的小类群，当第四纪冰川反复来临之后，于间冰期中从南方山区下降在北方平原，逐渐适应于亚高山针叶林，进而适应北方针叶林的新环境而扩大其连续分布的结果。五福花科的分布区与南方亚高山至北方平原的云杉、冷杉林的分布区相吻合，与H. Vester所划的同分布类型的另两个科鹿蹄草科和岩梅科的分布区相吻合。通过五福花科的世系与分布区形成的例子，可能说明北温带（包括北极高山型）的属的分布区的起源问题。

吴征镒用植物生态系统发育—地理分布—生态系统—地球演变统一的观点，对五福花科起源、地理分布作深入研究，得出比较客观的科学结论，是他对被子植物中国分布的三百四十六个科分类系统、分布区及现代分布格局的形成和起源综合分析的成功范例之一。

北村四郎

1980年9月，吴征镒应日本学术振兴会邀请首次访问日本，在京都会见北村四郎（Kitamura Shiro，1906—2002），那时他已退休，但仍工作勤恳不辍，由他的学生和助手岩规邦男、村田源、小山博滋等接待。北村四郎学问渊博，言谈风趣，和蔼可亲，而且也是一位不耻下问的谦谦君子，让吴征镒印象深刻。一天，他和村田源来到吴征镒住所，背着老式标本夹和采集箱，领着吴征镒到京都北山采集。进入京都北山的树林，吴征镒认出不少日本植物区系的成分，让北村四郎很惊奇，他从未来过这里怎么一下子就知道这么多植物。北村四郎尽地主之谊，随时用英语将他所见、所识、所知，向吴征镒介绍，激发了吴征镒对日本本土植物的浓厚兴趣。接触

图 7-23　吴征镒与北村四郎在日本京都考察植物（1980 年）

间，不论是在学术讨论中，还是引导参观日本故宫、京都最古最大的神社，以至请吴征镒品尝日本风味"Soba""味噌""渍物"等，交谈随和而投缘，深入而自然，很有一衣带水邻邦的亲切感。

吴征镒在二十世纪三十年代，就阅读过北村四郎有关东亚菊科植物分类研究的论文，他和我国研究菊科的林镕属同辈同科的分类研究专家。

1981 年，北村四郎随京都日中学术交流恳谈会自然科学访华团来访昆明植物研究所，吴征镒再晤北村四郎。那时吴征镒 65 岁，北村四郎 75 岁。两人已结下忘年之交。

吴征镒曾三次拜访北村四郎，其家很有"曲径通幽处，禅房花木深"的韵味，书房中各种书籍琳琅满目，少装饰，多简朴，足显其甘于淡泊，不慕荣利。

1996 年，北村四郎九十大寿，日本朋友曾来征文，吴征镒便将"Hengduan Mountain Flora and her Significance"一文，在 Journal of Japanese Botany 发表了。[1]

北村四郎著述很多，赠送吴征镒一套《原色日本植物图鉴》，其中彩图全是自己手绘。这是一部关于东方人利用植物的知识图书，让吴征镒很感动。他撰的"中国药用植物的中名、日本名和科学名"收集整理很多中日植物名称，包括《中国植物志》中不少考证和解释载于《植物

---

[1] 中国科学院成都生物研究所高宝莼对芒苞草属（Acanthochlamys P. C. Kao）植物进行了解剖、胚胎、细胞、胞粉等方面研究，结果表明分布于横断山区仅有芒苞草一种的芒苞草属植物，具有许多独特的性状特征。1989 年高宝莼将芒苞草属从石蒜科中分立出来，提升为独立新科芒苞草科（Acanthochlamydacea P. C. Kao）。在系统演化上，芒苞草科与多花科（Anthericaceae）、葱科（Alliaceae）有密切关系。

名实图考》上的中名，例如良旺头，即梁王茶，五加科的 Nothopanax 或 Metapanax，今应称 Pseudopanax 等。当他得知这些云南植物的中名考证多出于吴征镒与其师吴蕴珍在西南联大时期的业绩时，吴征镒与北村四郎的心灵就更加靠近了。1997 年，吴征镒整理中国有记录的植物属名时，曾去函询问北村四郎有关 Indoixeris（菊科南亚苦买菜属）确立与否时，回复时也把手边尚存的几乎全部有关菊科的论文抽印本寄给了吴征镒，资料十分珍贵。

1999 年，吴征镒赴日本大阪接受 COSMOS 大奖，又专程去北村四郎家中拜访，特送精致大花篮以示敬意。北村四郎对吴征镒获奖赞许有佳。

北村四郎去世后，2002 年 5 月，应日本友人之邀，吴征镒撰文"遥远的怀念——我记忆中的北村四郎先生"，发表于日本《植物分类、地理》杂志［*Acta Phytotax. Geobot.*，2002，53（2）：95-97］，深切缅怀北村四郎。在吴征镒心目中，北村四郎执着追求真理、关心后学成长、和蔼可亲、循循善诱。

岩规邦男

1980 年，日本京都大学理学院植物系专长蕨类植物研究的岩规邦男（Kunio Iwatsuki，1936—　）访问昆明植物所，吴征镒初识岩规邦男。吴征镒委派臧穆陪同他赴大理苍山考察，并邀请他在昆植物研究所作学术报告。此后，他曾多次到访云南，而且数次到野外实地考察，特别关注蕨类植物。岩规邦男是吴征镒认识日本植物学家中最年轻的一位，不仅长于蕨类植物研究，而且对种子植物分类、植被和植物园建设也有建树，为国际同行所认可。

1996 年，昆明植物研究所召开第一届"东亚植物区系特征及生物多样性国际学术讨论会"，以纪念吴征镒八十寿辰和从事植物科学研究六十周年。岩规邦男担任讨论会学术委员会名誉主席，并应邀作"Has biodiversity increased under human influence"学术报告。

1999 年，吴征镒赴日接受 COSMOS 奖，在颁奖活动中又面晤岩规邦男，他是此次颁奖活动特邀的嘉宾之一。

2006 年，吴征镒九十寿辰，举行第二届"东亚植物区系特征及生物多样性国际学术讨论会"。美国 Peter H. Raven、日本岩规邦男（Kunio

Iwatsuki)、英国爱丁堡皇家植物园钦定主任 Stephen Blackmore、美国哈佛大学阿诺德树木园教授 David Boufford、德国汉堡大学教授 Klaus Kubitzki 等，都来参会。吴征镒八十寿辰参会的外国嘉宾，事隔十年，几乎都来参会，给吴征镒贺寿。

近年来，岩规邦男带领年轻学者，进行日本、中国常绿阔叶林（也称照叶林，laurel forest）的对比研究。武素功陪同到云南思茅蔡阳河的常绿阔叶林实地考察，包括植被型、区系组成及生态差异等。他每次到昆明都会看望吴征镒，每次相聚交谈总是投缘而亲切。对开展中日植物学界交流，他颇尽心力，昆明植物所多位访日学者，都得到他周到而热心的关照。

与日本 NHK 合作编纂出版《云南植物》

1980 年 6 月，多位日本学者访问昆明植物研究所，有日本植物学会会长、东京大学教授原宽，日中学术交流恳谈会会长井上清、植物学家前川文夫、汤浅浩史和岩规邦男等。中日植物学家的互访多起来。日本放送协会（NHK）的中山方卿来访，专门谈及联合编纂《云南植物》事，意在图文并茂地介绍云南植物的多样性。吴征镒与中山方卿讨论了有关实地考察、实景拍摄和植物物种鉴定等事项，并决定由昆明植物所负责编纂；由日本 NHK 和云南人民出版社联合出版，为日文版。日本 NHK 提供部分交通工具和摄影器材。

昆明植物所组成专门工作组负责确定植物名录、实地考察植物、拍摄原生态照片和物种鉴定。吴征镒任主编，负责审阅文稿和对植物物种鉴定把关，参编者有武全安、俞绍文、张启泰等。日文翻译由许建昌（日本名：许田仓园）负责。许建昌，1932 年生于台湾，1955 年台湾大学理学院毕业，1964 年日本东京大学生物系博士毕业。著有《台湾常见植物图鉴》(1971)。

1985 年 11 月，吴征镒赴日本 NHK 审校文稿，与许建昌商榷中日文翻译的若干细节问题。

《云南植物》共三卷，1986 年正式出版。第一卷记载云南省西北部高山地带（高寒地区）植物 355 种；第二卷记载云南省中部、东北部高原

图 7-24 《云南植物》(1986 年)

(温带、亚热带)植物 396 种;第三卷记载云南省西南部、南部、东南部低海拔丘陵地带(热带)植物 382 种,共 1133 种植物。

《云南植物》工作组有武全安、俞绍文、张启泰,摄影由云南人民出版社李承墉负责,补充摄影者有武全安、冯志舟、刘以、俞绍文、张启泰、张晓源、杨增宏、吕正伟、朱象鸿、唐时龙、谭家昆、孙继学、周延铎等。

原宽、北村四郎、津山尚分别为一、二、三卷作序,介绍云南高山地带、温带及亚热带、热带植物的种类特征、区系组成和资源状况,对日本读者来说更有亲和性。这部植物学专著的特色是在介绍云南植物丰富性、多样性的同时,以原生实景照片反映云南植物的本形及其原生生态环境并附有植物的具体分布图,更有直观感、真实感和科学感。

东亚植物区系特征及生物多样性国际学术讨论会

1996 年,昆明植物研究所决定举行第一届东亚植物区系特征及生物多样性国际学术讨论会,以纪念吴征镒从事植物科学研究六十年。吴征镒自己说:"我悠悠然到了八十岁,进入耄耋之年,从事植物研究已有六十个年头了。"此间中科院与云南省联合在昆明翠湖宾馆为吴征镒举行八十寿辰庆祝会。中科院副院长许智宏、陈宜瑜以及中共云南省委常委、省委组织部部长孟继尧、云南省副省长赵淑敏等院、省领导出席并作祝寿词,中科院、云南省有关部门以及吴征镒好友、同事、学生等二百余人同贺吴征镒八十寿辰。

第一届"东亚植物区系特征及生物多样性国际学术讨论会"由中科院副院长许智宏和国家基金委副主任胡兆森任学术讨论会名誉主席,张敖罗任会议组织委员会主席。

图 7-25 汤彦承带领各位博士研究生祝贺吴征镒八十寿辰(1996 年 7 月。前排左起张敖罗、周浙昆、吴征镒、段金玉,后排左起朱华、李建强、王印政、汤彦承、彭华、孙航、李捷)

美国 Peter H. Raven 和日本岩规邦男被聘为国际讨论会学术委员会名誉主席,德国汉堡大学的 K. Kubitzki、美国密苏里植物园 Ihsan Al-Shehlaz、哈佛大学 David E. Boufford、桑塔安娜牧场植物园 Robert F. Thhorn、英国邱园的 Grenville Lucas、日本东京大学 Hideaki Ohba 被聘为国际学术讨论会学术委员会委员,他们都在会上作了学术报告。来自意大利的 Edoardo Martinetto、越南的 Nguyen Tien Hiep 和 Nguyen Nghai Thin、美国的 Anthony R. Brach 和 Benito C. Tan、加拿大的 S. P. Vander Koet、日本的 Zabta Khan Shinwari、德国的 D. Podlech、印度的 Vinay Tandon、荷兰的 L J G van der Maesen、P. C. M. Jansen 等分别作了报告。

图 7-26　Peter Raven 祝贺吴征镒八十寿辰

中山大学张宏达教授，中科院植物研究所洪德元院士、王文采院士、汤彦承研究员、路安民研究员、应俊生研究员，中科院南京古生物研究所李星学院士，内蒙古大学的李博院士、马毓泉教授、刘钟铃教授，复旦大学徐炳声教授，中科院地理研究所王荷生研究员，中科院华南植物研究所吴德邻研究员等，多位国内知名学者应邀出席。他们带来涉及多个领域、内容丰富的学术报告，极大地增加了讨论会的学术创新氛围。

美国 Daniel I. Axelrod、Ihsan Al-Shehlaz、Peter H. Raven 作的 "History of the modern flora of China" 报告，德国 Klaus Kubitzki、Wilfried Krutzsch 作的 "Origins of east and south east Asian plant diversity" 报告，日本 Kunio

Iwatsuki 作的"Has biodiversity increased under human influence"报告等,引起与会者的热议。

吴征镒和武素功作"A Proposal for a New Floristic Kingdom (Realm)—the E. Asiatic Kingdom, its Delineation and Characteristics"报告,吴征镒与路安民、汤彦承作"A Comprehensive Study of Magnoliidae sensu lato—with Special Consideration on the Possibility and the Necessity for Proposing a New Polyphyletic-Polychronic-Polytopic System of Angiosperms"报告,代表中国学者近年研究的新创见,引起中外与会者的广泛关注。

吴征镒时年八十,Peter H. Raven 时年六十,而且是同月同日的生日,他们一块儿切生日蛋糕,与会者为我们两个中美学者同庆生日,让讨论会的气氛更加热烈而喜庆。

2006 年 7 月,时逢吴征镒九十寿辰,中科院和云南省在昆明饭店为吴征镒过九十岁生日,也是吴征镒从事植物学研究七十周年纪念,与此同时昆明植物研究所举行了"第二届东亚植物区系特征及生物多样性国际学术讨论会"。中科院院长路甬祥给吴征镒专门发来贺信。中科院副院长陈

图 7-27　Peter Raven 祝贺吴征镒九十寿辰(2006 年)

竺、国家自然科学基金委员会主任陈宜瑜、北京大学校长许智宏、中共云南省委副书记丹增、云南省副省长高峰等院省领导出席吴征镒九十岁生日庆典。吴征镒的老友、北京林业大学蒋有绪院士特地发来"祝吴征镒吾师九十大寿贺信"。

吴征镒作了感谢答词，感谢各位领导和朋友远道而来参会。他说：

领导、朋友和弟子的发言，多有赞誉之辞，而我愧不能当！更不敢独享！借用诗人杜甫诗句"转益多师是我师"。我八岁入家塾，初出外曾得唐寿先生的启蒙，高中又获唐耀先生的鼓励，十七岁入清华后，更深得陈桢和吴韫珍、李继侗、张景钺诸多老师的教诲，从此踏上人生旅途，逐渐参加"攀登巨人肩膀"的集体行列。

我致力于植物学屈指算来已有七十三年，但实际学习和工作累计不足四十年。大概只能"不惑"和"知天命"，却远不能够"七十从心所欲，不逾矩"。当然更不能"纵浪大化中，不喜亦不惧。"幸亏是自己一直坚持走一条领导和群众相结合的路线，依靠党和国家的坚强领导和"群策群力"。今年是中国共产党建党八十五周年，六十年前我在云南大学标本室庄严宣誓加入中国共产党，成为党的一员，是党的领导启发我的爱国心和革命性，树立起正确的人生观和世界观。我这里要特别感谢各级领导的支持，各位同事的帮助，各位朋友的切磋琢磨。一己所得不过是"敝帚自珍之心，抛砖引玉之举"。权供后来人作踏脚石而已，唯望能为世界和平、创新型国家和小康社会的到来，起一点清道夫的作用，也就是不幸中的大幸了。

古云读万卷书，行万里路。我的前半生时逢战乱，不曾享得"读书破万卷"的清福，然而抓住各种机遇，利用近代交通条件，行程又何止于万里。除游历国内东西南北中，还陆续访问了英、美、加、日、德、法、奥、瑞士、瑞典、俄、澳、南美巴西、委内瑞拉、阿根廷等除非洲以外的各大洲，使我有机会与国内外学者集思广益，结交诸多良师益友。

今年也是Peter H. Raven院士和Kunio Iwatsuki教授七十寿辰，借

此机会，恭贺两位老友生日快乐！（Peter H. Raven 和 Kunio Iwatsuki 二位都生于 1936 年，正好小吴征镒二十岁）。

应邀参加国际学术讨论会的知名植物学家有中科院外籍院士、美国密苏里植物园主任 Peter H. Raven、美国科学院院士、佛罗里达大学教授 Davia Dilcher、日本植物学会前主席 Kunio Iwatsuki、英国爱丁堡皇家植物园钦定主任 Stephen Blackmore、美国哈佛大学阿诺德树木园教授 David Boufford、德国汉堡大学教授 Klaus Kubitzki 等。中科院和云南省有关部门负责人以及吴征镒的老同事、老朋友、学生等一百余人参加。

图 7-28　第二届东亚植物区系特征及生物多样性国际学术讨论会全体代表合影（2006 年 7 月）

在第二届东亚植物区系特征及生物多样性国际学术讨论会上，国家自然科学基金委员会主任陈宜瑜院士和中国科学院外籍院士 Peter H. Raven 分别作开幕致辞。之后，Peter H. Raven 院士作"Biodiversity and sustainability in China"报告，李德铢所长作"Advance in Biogeography in China"报告，Davia Dilcher 院士作"Angiosperm Evolution: Origens and early Radiations"报告，Kunio Iwatsuki 教授作"Biodiversity and Mankind-for harmonious co-existance between nature and Mankind"报告，Klaus Kubitzki 教授作

"Towards an understanding of past plant migration"报告，陈晓亚院士作"Plant Secondary Metabolism: Sesquiterpene Biosynthesis in Cotton and *Artemisia annua*"报告，北京大学顾红雅教授作"Genetic Diversity of Arabidopsis in China"报告，加上国内外植物学家们的其他报告，使得研讨会热烈融洽而充满创新氛围。

相隔十年的八十和九十华诞庆典，许智宏院士、陈宜瑜院士和Peter H. Raven院士、Kunio Iwatsuki教授、David Boufford教授和Klaus Kubitzki教授都不远千里而来相聚，让吴征镒倍感挚友之交情深谊长。

图7-29　Peter Raven作学术报告

第八章
师友情谊，精神家园

水木清华

吴征镒于1933年考取清华大学理学院生物系，1937年毕业留校当助教，翌年随校南迁抵达昆明时正是清华校庆日（1938年4月28日）；抗战胜利复员北平后也曾在清华生物系任讲师。他不仅得到业师李继侗、吴蕴珍、张景钺等的教导，而且受余冠英、朱自清、闻一多等清华前辈人文学者的影响很深刻。他说在清华的学习"打下了我今后从事植物学研究的坚实基础，使我终生受用不尽"。清华大学百年校庆（2011年）时吴征镒已届九十五高龄，他说"今年是清华百年校庆，母校让我帮助做三件事：一是为《清风华影——清华知名校友风采录》作序，二是为母校百年校庆题词，三是为母校图书馆《邺架巍巍》撰文，我都一一应求，算是老学子对母校百年校庆的献礼吧。"

清华大学的"清华"语本东晋谢混《游西池》诗中的"景昃鸣禽集，水木湛清华"。意谓动植物生机勃勃，景色优美清丽。对于植物学家的吴征镒而言,"水木清华"的情怀尤其深挚。

清园老友王元化、张可夫妇

吴征镒与王元化虽在文理两个不同领域,但追求相通。二十世纪二十年代,王元化在清华南院度过童年。

学生时期投身一二·九运动,北平沦陷后去上海。

1937年上海租界沦为"孤岛"时与张可结识,并一起参与地下党文艺工作。1938年加入共产党。1948年王元化与张可结婚。

吴征镒结识王元化、张可是在抗战胜利后。1946年9月,吴征镒从昆明西南联大复员回到北平,在清华大学忙于参加学生运动,原来的各种读书会融入公开的讲教助联合会、剧艺社、新诗社等活动中。1947年内战旋开,在敌后方,"反饥饿、反内战、反独裁"斗争正如火如荼、此起彼伏。吴征镒在北平举目无亲,为了开展工作,需要找朋友搞活动,也要作必要的防备,以避乱避祸,常到住东城的二哥家的一位内亲孙家走访。大约在1947年夏初的一天,吴征镒和孙家的一位小女孩一道看苏联电影《宝石花》,电影散场后,这位小女孩向他介绍了他们家的房客王元化、张可,就此大家相识了。以后每访孙家,他都先到王元化处小坐,相谈无所不及,从文学谈到时事,从鲁迅谈到尼采,甚是投缘。吴征镒还将王元化介绍给清华读书会的成员。他还和王元化、张可等到颐和园、玉泉山、清华园

图8-1 吴征镒(左立)、张可(右立)、王元化(前右)同游北平玉泉山(1948年)

等地游览。

1947年以后相当一段时间，到新中国成立后更是各忙其所忙，吴征镒和王元化未有联系。直到1980年9月，吴征镒应日本学术振兴会之邀访问日本，归来途经上海，住衡山饭店，巧遇时在衡山饭店开《中国大百科全书》编撰会议的王元化、季镇淮、范宁等老友，这是吴征镒与王元化相隔三十三年的重晤。吴征镒返昆后，将1947年在北平活动的七八张照片寄给他，王元化则将1979年在上海古籍出版社出版的《文心雕龙创作论》寄给吴征镒。2001年，王元化又寄来《集外旧文钞》，书中还刊载了1947年吴征镒和王元化夫妇在北平郊游玉泉山的合影。吴征镒感到十分亲切。

图8-2　赵朴初手书条幅

此次沪上逗留期间，应王元化之邀到寓所相聚，还得以享用他夫人张可主理的精细午餐。饭后，吴征镒见客房壁上悬有赵朴初的圆形条幅。吴征镒早有寻求赵朴老墨宝的心愿，特请王元化代向赵朴老索书，而他真的为吴求到赵朴老的手书，为吴征镒了却心中大愿。1987年7月，赵朴老亲书《访曲江狮子岩马坝人故

图8-3　吴征镒（左一）在老友王元化、张可寓所合影（1980年）

址三首》惠赠于吴征镒。

2000年2月，吴征镒应中科院上海植物生理研究所和复旦大学生物多样性研究所之邀，赴沪作学术报告和交流，借机在沪三晤元化。王元化来到吴征镒住的宾馆会见老友，还送来一函古色古香的《清园文稿类编》（十册）。该书是王元化学术论文集，包括文学篇、黑格尔篇、《文心雕龙》篇、考释篇、思想史篇、戏曲篇、人物篇、书信日记篇、序跋篇和附录（年表）。吴征镒虽未能全集通读，但读过其中一二就深感他"为学不作媚时语"的高尚学术风范，他"根柢无易其固，裁断必出于己"的治学原则。

晤谈中，王元化得知吴征镒甚喜昆曲，就在吴所住宾馆的楼上组织了一次昆曲演唱活动，邀来上海昆曲老生名角计镇华，著名笛师顾兆琪、其兄顾兆林等人。他的盛情让各位都情绪激扬。吴征镒不由开怀唱了一支《长生殿·弹词》。这是吴征镒最后一次尽兴尽情地唱昆曲，也是最后一次与元化相聚，每每回忆此景此情，总有舍不下的缘情。沪上回来，倍感老友的至深情谊，写下一首《寄沪上老友王元化》："玉泉山下记曾游，沪上重逢未白头。满腹韬深排众议，雕龙篇立足千秋。有意栽花先插柳，无论楚调杂吴讴。何当共话清园稿，跨越而今有电邮。"

2008年5月9日，吴征镒得知王元化病故，不胜哀悼。2009年，在王元化先生逝世一周年的日子，华东师范大学举行"王元化先生逝世一周年纪念活动"，成立"王元化研究中心"。由弟子陆晓光先生主事，来函请吴征镒给周年纪念文集撰稿，吴征镒欣然应允。时已九十三的吴征镒坐在轮椅上口述写成"深切缅怀

图8-4 吕春朝（右）参加王元化研究中心成立仪式时与陆晓光合影（2009年）

老友王元化"专稿,派吕春朝带文出席"王元化研究中心"成立仪式。

吴征镒在文中说:"我与元化从事的研究有自然科学与社会科学之别,但我们交往中似乎融洽理解多于差异,大约是文理相通之理吧,其实博大才能精深,相通就在情理之中了。"① 文章结尾写道:"华东师范大学陆晓光君主事该校王元化研究中心,来函告有元化诸弟子潜心研究元化精神,仅此忆文复之,敬表对元化、张可的思念和祭悼。"

2013年6月20日,吴征镒因病故世,26日在昆明举行追悼会,陆晓光接到讣告后准备前来参加吴征镒追悼会。不料陆晓光当天遇上车祸,特委托王元化研究中心常务助管、云南籍的罗一佳硕士② 代表王元化研究中心参加追悼会,并发来唁电。唁电中说:"吴征镒先生与人文学者王元化都是早年加入中共、投身革命的知识人,也是相识相知六十余载的跨世纪老友。四年前华东师范大学成立王元化研究中心以来,年逾九十高龄的吴老曾以亲自撰文和寄赠著述等方式,多次给予我们鼎力帮助和重要教诲。吴征镒先生作为中国老一辈科学家和知识人的杰出典范,他的卓越人生和优秀品质,不仅对于科技领域的青年一代,而且对于人文领域的学子们,都将成为历久弥新的精神资源。"③ 2014年吴征镒逝世周年纪念,陆晓光送来纪念专稿"吴征镒院士与王元化先生"④。文中谈到读王元化1990年"扶桑考"一文引用吴征镒提供论据的新颖感:"以前很少在文史哲考辨类文章中读到引用自然科学专家的论断,并且元化先生还是直接向'友人植物分类学家吴征镒'请教。作为人文学者而在自然科学领域中也有可以直接请教的友人,这于我也是前所鲜闻。"

陆晓光还谈到读吴老《百兼杂感随忆》⑤ 所受教益:"这部八十余万字

---

① 吴征镒:深切缅怀老友王元化。载陆晓光主编:《清园先生王元化》。华东师范大学出版社,2009年,第3页。

② 罗一佳:王元化与植物学家吴征镒的文艺情缘——暑期访吴征镒先生、吕春朝先生。《华东师范大学校报》,2011年9月6日。

③ 唁电全文载《王元化学馆简报》2014年第4期。

④ 中国科学院昆明植物研究所编:《吴征镒先生纪念文集》。云南科技出版社,2014年,第104页。亦收入陆晓光著《王元化人文研思录》一书"代序"。华东师范大学出版社,2015年。

⑤ 吴征镒:《百兼杂感随忆》。科学出版社,2008年。本书由中国科学院昆明植物研究所编选,吕春朝任常务编委。

的自然科学家的文集,对于中文专业者而言,最鲜明特征是处处可见古典诗文印迹,在在洋溢中国文化情志。"其中《中国被子植物科属综论》自序(2002年)是以引朱熹诗句开首:"等闲识得春风面,万紫千红总是春。"这一引诗开首的方式也与王元化先生《清园论学集》自序不谋而合,后者以"学不干时身更贵,书期供用老弥勤——录汪公岩诗句"开首。吴老《种子植物分布区类型及其起源和分化》的自序(2005年)也是以引诗开篇:"咬定青山不放松,立根原在破岩中。千磨万击还坚劲,任尔东西南北风。"这首清代画家郑板桥《竹石》诗也正是元化先生赠送《清园论学集》于弟子时在扉页上的手书题字。"诗言志"是中国古典诗学的核心传统,"两位前辈都历经磨难而矢志不渝,都以郑板桥该诗作为治学良箴。如果说对于人文学者的元化先生而言引用该诗是自然而然,那么对于自然科学家的吴老而言,则多少意味着中国古典资源的某种新颖价值。"吴老《中国种子植物区系地理》自序文的开篇是一首集句诗:"性本爱丘山,守拙归田园。结庐在人境,闲室有余闲。俯仰终宇宙,欲辩已忘言。纵浪大化中,复得返自然。——偶集陶渊明句,成一五律以之自况。"吴老写该集句诗时已年逾九十岁,其植物学生涯也完成了总结性工作。该序结尾说:"此书所用资料实是无数有名或无名英雄的血汗凝成,也是大自然在种子植物演化过程中的实绩。"陶渊明的意境,"在吴老笔下已然饱含毕生在科学研究的山路上辛劳攀登的凝重血汗"。中国古典诗文的意境在植物科学家吴老著述中以别具一格的方式呈现。

《〈观赏竹类〉小引》写道:

> 观赏竹类的文化内涵到唐、宋,已达中国传统文化,也是东方文明(其同义语是植物文化或更具体的"竹文化")的精髓。一言以蔽之,曰:"虚心、劲节"。这就是"耿介拨俗之际,潇洒出尘之想,度白雪以方洁,干青云而直上"[①]的封建时代知识分子"气质"的最高境界。今人以为,它是"观赏竹类"的文化内涵,然而这是拟人化的。

---

① 《文选》所载南朝齐孔稚圭《北山移文》句。

"气质"是人赋予的，于竹何有？

这段评论不同于古典竹文化之处在于，明确指出了竹物"气质"是人所赋予，而非其本有。与此相应的是，作为自然科学家的吴老欣赏德国哲学家费尔巴哈之说："真正的思想家、科学家是为人类服务的，同时也是为真理服务的。"然而吴老别有一种补充："科学技术以自然为研究对象，是没有国界的，但科学家是有祖国的。"吴老这句话的依据，从上引他对"竹类文化"的阐释中可见一斑。

吴征镒是《中国植物志》（中、英文版）和《中华大典·生物学典》的主编，需要研读相关古典文献，而吴老对读古书也有其独到的见解：

> 凡做一门学问，必先掌握这一门的已知文献，编大典就是古文献的汇总。知故温故，才能知新创新。例如读诗经，先读《诗草木今释》《毛诗陆疏广要》《毛诗草木鸟兽虫鱼疏》，结合《十三经注疏》，再去读《诗经》中有关草木的各条本文，这就都了解了各种不同解释。读《尔雅》也照样，从清代朴学家郝懿行的《尔雅义疏》读起，结合近代有关知识，弄清各条，这是精读的一方面。

其中所言读《诗经》"草木"之名的方法，虽然是从植物学角度提出，却与王元化《文心雕龙创作论》相关论述不谋而合。王元化主张必须"从前人或同时代人的理论中去追源溯流，进行历史的比较和考辨，探其渊源，明其脉络。"[①] 陆晓光写道："我由此进一步感悟到吴老与元化先生之所以成为'老友'的潜在缘由。"

今天看来，吴征镒与王元化之间超越专业领域的毕生共同追求，以及与前辈学者师长们"从不同方向向一个目标前进"的殊途同归志向，对今天向着建设"人类命运共同体"的、不同专业、不同文化背景的人而言，是历久弥新的启示。

---

① 《文心雕龙创作论》。上海古籍出版社，1979 年，第 68 页。

吴征镒与王元化都没有国外留学经历，全然属土生土长的国产学者。但他们都能没有障碍地学习国外先进知识和思想，把握国际学科发展的动向，特别是改革开放以来，他们更加勤奋、更加进取，直至生命的最后。大师虽然远去，但他们的风范山高水长，至深至远。

新中国成立前夕参加党组织活动

1946 年 2 月，吴征镒在西南联大任教，由生物系同学殷汝棠[①]介绍加入中国共产党。后才知道，当时的党组织属中共云南省工委郑伯克[②]领导，何功楷[③]联系他所在的第二党支部。

1947 年"反饥饿、反内战"运动中，组织起"讲教助联合会"，发动学生罢课、教师罢教。当时职员里还没有党的组织，发动工作做不起来。吴征镒与已是党员在清华图书馆工作的吴人勉、王志诚，组成一个党小组，以他们为骨干组织职员联合会。后来和讲教助联合会联合起来成为教联会，一起搞罢工、罢课、罢研、罢教等活动。

后来，组织上安排北京大学物理系郭沂曾[④]与吴征镒联系。殷汝棠向吴征镒传达组织意见，要在清华教师里组建党支部，支部由许京骐[⑤]、何东昌[⑥]和吴征镒三个人组成，许京骐任书记，何东昌任组织委员，吴征镒任宣传委员。

[①] 殷汝棠（1918—2003），山东省黄县人，1939 年加入中国共产党。曾任北京市人民代表大会常务委员会副秘书长、文教工作室主任等。

[②] 郑伯克（1909—2008），四川大学肄业。1935 年加入中国共产党。曾任云南省工委书记。中共云南省委组织部部长、纪委书记、中央组织部老干部局局长等职。

[③] 何功楷，湖北咸宁人。1938 年加入中国共产党，曾在西南联大学习，并从事地下党工作。新中国成立后曾任外交部非洲司司长、中国外交学会会长等。

[④] 郭沂曾，四十年代任教于西南联大物理系。

[⑤] 许京骐（1919—2018），浙江瑞安市人，清华大学土木系毕业，在西南联合大学加入进步组织。四十年代中期调入清华大学，加入中国共产党，任清华大学地下党教职员党支部书记。新中国成立后曾任北京建筑工程学院院长等。

[⑥] 何东昌（1923—2014），浙江诸暨人，1941 年考入西南联合大学电机系，参与建立党的秘密外围组织"民主青年同盟"并担任执委，1947 年加入中国共产党，翌年任清华大学助教并担任教职工党支部委员。新中国成立后曾任清华大学党委书记、教育部党组书记、部长等。

1947年底，殷汝棠安排王松声[①]夫妇俩和吴征镒同住在清华北院二号（那时，吴征镒是清华讲师，学校照顾，就给了半幢教授宿舍），通过朱自清先生介绍，王松声到了清华子弟学校（成志小学）做教导主任。王松声是老党员，和吴征镒单线联系比较方便。直到吴征镒调离清华，王松声的关系交给了何东昌。

清华教员党支部活动多半在清华水利实验室举行，也到航空系风洞旁边一间小屋开党小组会。1948年八一九大逮捕以后，何东昌通知吴征镒转移到解放区。何让吴打听一下有什么关系、走那条路线。吴征镒说民盟通往解放区的地下关系或许可以用，何说那就准备走这条线吧。

当时，吴征镒并不知道清华党组织有南系和北系。吴征镒所在民盟北京支部还有陈鼎文、关世雄[②]两个人，吴征镒在关家和陈家里都开过会，并且和陈鼎文一起为刘清扬[③]、张申府[④]的关系去燕京大学找过张东荪[⑤]。吴征镒到解放区之前，吴晗已经离开清华，大概是到香港去了。吴征镒估计，吴晗走的可能是民盟的路线。跟何东昌商量，决定去找陈鼎文。陈鼎文让吴征镒先到天津住在他姑母家里（实际上是党的地下联络站）。住了两三天后，有个商人打扮的交通员，陪吴征镒从杨柳青、子牙河到了泊头镇解放区。

后来吴征镒才知道党的关系属清华南系，关世雄、陈鼎文属北系。吴征镒去解放区用的接头暗号是"呼号张大中，找高棠同志"。荣高棠即清

---

① 王松声（1917—2002），毕业于南开大学，抗战期间赴延安，胜利后到清华附中任教，新中国成立后曾任北京市委秘书长、北京市曲协主席等。

② 关世雄，广东番禺人，1944年毕业于日本东京法政大学政经系，1947年加入中国共产党。新中国成立后曾任中国政法大学图书馆馆长、北京广播电视大学校长等。著有《世界各国成人教育现状》等。

③ 刘清扬（1894—1977），原籍天津，1919年女子师范学校毕业，中国共产党早期党员，新中国成立后曾任全国妇联副主席等。

④ 张申府（1893—1986），河北献县人，张岱年之兄，北京大学、清华大学教授，哲学家、数学家。中国共产党主要创始人之一。新中国成立后曾任第五、六届全国政协常委。

⑤ 张东荪（1886—1973），浙江杭县人。早年毕业于日本东京帝国大学哲学系，曾任教于燕京大学、清华大学等。1946年作为民盟代表之一，出席重庆政治协商会议。新中国成立后，曾任中央人民政府委员、全国政协委员、政务院文化教育委员、民盟中央常务委员。

华老党员荣千祥[①]。吴征镒当时用名白坚（原号白兼，后改白坚），回到清华后请示党组织批准恢复原名吴征镒。南系和北系在快解放之前才打通关系，合并起来，那时吴征镒已在解放区。

吴征镒改用笔名白坚，在解放区一直用此名。党组织决定派吴征镒参加接管平津的队伍，跟许多年轻同学一起经过河间、霸县一带到保定。保定头一天解放，就在国民党机关里过了一晚，第二天到涿州，也是刚解放，然后到良乡。在良乡听了叶剑英和彭真的报告。再由荣高棠带队，坐着闷罐车从良乡到门头沟。从门头沟下来，荣带领十几人一直走到青龙桥。

北平解放之前，吴征镒等十几人在青龙桥准备接管燕京、清华。接管工作小组组长是张宗麟[②]。后来张宗麟任军管会高等教育委员会管高校的处长，吴征镒任副处长。工作延续到1949年下半年。

1949年吴征镒奉调转入刚成立的中国科学院任党支部书记，同年出席全国青年联合会第一次代表大会时，全体与会者受到毛泽东、刘少奇、朱德、周恩来等党和解放军领导人的亲切接见。

新中国成立六十周年时，九十三岁的吴征镒说："我亲历新中国成立至今一个甲子的历程。共产党前仆后继、艰苦卓绝，创建了新中国。六十年的建国实践，道路曲折、岁月蹉跎，终于跨进改革开放的新时代，以经济建设为中心，走上建设中国特色社会主义的道路。亲睹其变，吾之幸也。真理是'没有共产党，就没有新中国'。"至2011年建党九十周年、清华百年校庆时，九十五岁的吴征镒说："我入党已有六十五年，'常怀忧党之心，恪守兴党之责'，是我这个老党员的终生心愿。"

---

① 荣高棠（1912—2006），原名荣千祥，河北霸县人。1932年考入清华大学外语系，1936年加入中国共产党。1938年到延安进入中央马列学院学习。新中国成立后曾任青年团中央书记、国家体委秘书长等。

② 张宗麟，江苏宿迁人，1925年南京高等师范教育系毕业后留校任教。四一二反革命政变时加入中国共产党。抗战时期编辑《西行漫记》《鲁迅全集》《列宁全集》等。1943年到延安。新中国成立后曾任教育部高等教育司副司长等。著有《幼稚教育概论》《幼稚园的演变史》等。

清华园里的生物学馆和图书馆

在清华大学念书的四年时光里，让吴征镒心仪难忘的有两个地方，一个是生物学馆，另一个是图书馆。1994年，应清华大学校友会之邀，吴征镒撰写了一篇"六十年前的清华生物学馆"。[1] 文章描绘了六十年前他看到的生物学馆，面对小桥流水的优雅环境，楼建得很精细，比同期的化学馆显得精美。大一时，吴征镒拿着选课单找生物系主任陈桢教授签字，当陈主任用带有家乡味口音问及吴征镒的志趣时，吴征镒的亲切感涌动全身，至今难忘。吴征镒把生物学馆看成一座科学殿堂。在这里他受到"通才教育"，又得到李继桐、吴蕴珍谆谆教诲。吴征镒说："六十年来，风云变幻，老成凋谢殆尽，不但师长辈，连同他们培养成才的院士如殷宏章、徐仁也都先后离开了我们。饮水思源，焉能不为记之。"

清华百年校庆时，图书馆的韦庆媛来函邀请吴征镒撰文纪念图书馆，吴老欣然应之。动笔写下"九十年来的清华图书馆——杂忆"[2]。吴征镒与图书馆轶事甚多，全面抗战期间，图书馆迁至昆明，吴征镒做《滇南本草图谱》时，借阅过多部善本古籍，与古籍管理员马文珍结下深厚的情谊。吴征镒介绍图书馆的吴人勉、王志诚入党，成为反饥饿、反内战运动的积极分子。清华图书馆秉承"中西荟萃，古今贯通，文理渗透"传统，风貌溢彩，不愧为清华人的精神家园。

国 学 兴 致

吴征镒科研之余有三大兴趣爱好：一是昆曲，二是京剧，三古文诗

---

[1] 原载清华校友通讯丛书《校友文稿资料选编》第三辑，清华大学出版社，1994年，第93-96页。后载《百兼杂感随忆》，科学出版社，2008年，第254-257页。

[2] 载《邺架巍巍——忆清华大学图书馆》，清华大学出版社，2011年，第2-4页。

词。这些兴趣爱好满溢于他的业余生活，在一定程度上让他"安、专、迷、呆"的科研状态得到放松和缓解，一张一弛，对保持充实的科研精力大有裨益。

昆曲情缘

吴征镒对昆曲的兴致，几乎与对植物的相同。在西南联大时期的读书会、剧艺社的各种活动中，师友同学中不乏昆曲的爱好者，有的水平还很高，吴征镒跟他们学到不少昆曲知识。吴征镒一向腼腆老成，人称"吴老爷（镒）"，当众放唱昆曲，对他来说是需要超越自己的，但这不影响他对昆曲的挚爱。

吴征镒在初中时代，旁听过"扬昆"的两次活动。那是在他家大厅中举行的坐唱同期。吴征镒上高中时，参加过扬州中学昆曲研究会，那是音乐课之外的业余组织，参加人员不多，吴征镒是唯一一个坚持了三年的人。研究会请谢苞江老师指导，时间安排在散学以后，每周一次。谢老师戏曲知识很广，据说会四百余出。吴征镒曾访过谢老师家，家中只有曲谱和苏笛，真是"家徒四壁"。谢师独爱昆曲、唱曲和习曲，以致倾家荡产，沦落为老曲师。从扬州文史资料得知谢苞江原名庆溥，山东济南人，流落扬州多年。

1933 年，吴征镒第一次离家到上海报考清华。考完后抓紧时间，到大世界看了两场仙霓社的演出。观众少得可怜，其中唯老年听众捧着曲谱来看戏。

清华读书期间，吴征镒曾移住四年级学生楼明斋三一九号。一天，吴征镒听到楼下二一九号传来悠扬的昆曲笛声，也因此认识了外文系七级的嘉兴（湖州）人殷炎麟，二人不仅成了曲友，还成了无话不谈的好朋友。大约在 1935 年上半年，经殷炎麟介绍，吴征镒跟一位许姓曲师学唱过《连环记·议剑》。

吴征镒移居大普吉时，与清华图书馆管古籍的马文珍先生相识，交往中发现他也是昆曲的喜爱者。吴爱唱，马爱听。复员北平后，在清华图书馆附近的大礼堂内，吴征镒每周两次请一位昆曲老师辅导昆曲，关窗吹笛唱曲。

新中国成立后，在1951年春节的中科院联欢会上，受汪志华怂恿，吴征镒首次"公演"，无笛清唱了《林冲夜奔》的"点绛唇"引子和"驻马听"散板。虽未紧张脸红，但也心跳难已。

1958年调往昆明工作后，住郊区黑龙潭。尽管已无昆曲的同好，但吴征镒还是独自撅笛练唱。如此自娱了六七年，直至"文化大革命"。"文化大革命"开始后，吴征镒主动上交了昆曲、京剧唱片。"文化大革命"结束后，唱片发还吴征镒。

1978年夏，美国夏威夷大学唐崇实、杨文静教授夫妇来研究所作学术访问。唐、杨二位雅好昆曲，在学术交流之余，大家还结下了"昆曲缘"。

还有一件事让吴征镒津津乐道。有一年昆明办全国书展。临近结束时，吴征镒去参观，见到书架上还剩一本《振飞曲谱》。于是如"他乡遇故知"一样，立即买下。

除了昆曲，吴征

图8-5　美国夏威夷大学杨文静教授与吴征镒联唱昆曲（1987年）

图8-6　唐崇实（右）、杨文静（左）在吴征镒家中合唱昆曲（2008年）

镅还对京剧、传统音乐非常有兴趣。

古文诗词及其别解和杂记

吴征镒从小就喜爱诗词。新中国成立后，国家发展，科学进步，吴征镒一刻也未松闲过，但总忙里偷闲，写一些杂忆往事、诗词杂记和出游小诗。

吴征镒对古籍中记述的植物考据也兴致甚浓，以古诗文考证植物的来由、用途和分布，涉及竹、豆、葵菜、荇、红桃、绿柳等。比如他认为"在距今千余年的唐代，竹子跨过秦岭、淮河而达到黄河以南是完全可能的，芭蕉、棕榈、樟（含桂）等也是如此"。吴征镒谦虚地说："一孔之见，望得到专家指点。"

师 友 同 事

吴征镒珍视与领导、师长、同事、朋友和学生的情缘。他们与吴征镒志同道合，助他成长，促他前行。师友同事中不乏硕学通儒和笃实践履者，如余冠英、闻一多、朱自清、王元化等人。吴征镒还从身边的老干部身上，领悟到他们理解科学、理解知识分子和服务科研的挚诚，让吴征镒有更多精力投入科研。改革开放后走向世界的进程中，吴征镒又得到了多位国际友人的支持。

国家恢复研究生培养制度以后，吴征镒用很大精力培养研究生。他亲自授课，亲自带研究生赴西双版纳实习考察。他还让学生们来承担重大考察任务，让他们在实践中增加阅历、磨炼提高。李德铢、孙航、周浙昆和彭华是留所博士研究生中的四位，他们主动承担植物区系重大考察，特别是墨脱越冬考察和青藏高原考察，不畏艰险，不辱使命，不负吴征镒的厚望。他们都在研究所担当着重要职务，发挥骨干作用。

吴征镒甘为人梯，奖掖后学，将自己在科研实践中获得的经验，毫无保留地传授给学生。吴征镒培养的研究生有：周铉（硕士1956）、陈书坤（硕士1962）、李德铢（博士1990）、李建强（博士1990）、唐亚（博士1990）、周浙昆（博士1991）、杨亲二（博士1991）、朱华（博士1991）、孙航（博士1994）、丁士友（博士1994）、彭华（博士1995）、雷立功（博士1995）、李捷（博士1996）、王印正（博后1997）、张明理（博后，1997）、周立华（博士1999）、杨世雄（博士2000）、税玉明（博士2001）、周其兴（博士2001）、高天刚（博士2005）、夏念和（博士2007）、向建英（博士2009）、邓云飞（博士2009）、钱子刚（博士2009）、李嵘（博士2009）。

第九章
吴征镒与植物学

吴征镒的一生都贡献给了植物学。

按时间脉络梳理,吴征镒在植物分类学和植物系统学研究、植物区系地理研究、保护生物学研究、植物资源合理利用与生态环境持续发展研究、植物考据学研究五个主要方面均取得了重要成就。

植物分类学和植物系统学研究

吴征镒在清华大学生物系教授植物分类学,到中科院任植物研究所副所长,到云南任昆明植物研究所所长,一直没有放松过对植物分类的研究。他认为植物资源的合理利用和生物多样性保育首先要过"区系关"。他主持完成了《中国植物志》《云南植物志》和《西藏植物志》的编志任务,建立起中国植物的"人口簿"。在此基础上,吴征镒不失时机地深入研究和探讨植物的系统发育,提出了被子植物八纲新系统。

《中国植被》

《诗经》中载有"山有枢，湿有榆"，《禹贡》载有："厥草惟繇，厥木惟条"，比古希腊学者提奥夫拉斯特（Theophrastus）的《植物历史》和《关于植被的论文》早四五百年。我国是记载植被最早的国家。

1956年，在钱崇澍指导下，吴征镒与北京大学陈昌笃合作撰写《中国植被的类型》[①]，并绘制了中国植被图。吴征镒、钱崇澍、陈昌笃撰写的《中国植被区划草案》一书将中国植被分成为十二带，吴征镒执笔前十带，陈昌笃执笔后两带。该书提出的"中国植被分区"具原创性，成为后来全国综合自然区划、农林区划和国土整治的科学基础。1960年，由钱崇澍主编的《中国植被区划》由科学出版社出版，吴征镒撰写了其中的"南亚热带具有雨林成分的常绿阔叶林亚带和热带季雨林雨林带""青藏高原亚高山针叶林带"及"青藏高原草甸草原和灌丛带"。

1973年，中科院召开植物生态学与地植物学工作会议，吴征镒、朱彦承等参加，会议讨论制订了研究中国植被的计划。1976年，中科院召开编纂《中国植被》的专门会议，除中科院系统各研究所外，还有各省区科委和有关高等院校参加，有八十多个单位的一百二十余位植被工作者参与编撰。会议研究制定《中国植被》编写提纲，成立编委会，编委会成员有王献溥、刘昉勋、朱彦承、李博、李世英、何绍颐、张新时、陈昌笃、周以良、周光裕、林英、吴征镒、侯学煜，吴征镒任主编。同时组成东北、华北、西北、青藏和南方五个协作组。吴征镒参加各协作组会议，审阅文稿并定稿。编委会挂靠中科院植物研究所，赵星武、张经炜、郑慧莹等负责日常工作，协调各片组任务组织了多次区域性和全国性编写工作会议。

1979年9月，二百余万字的《中国植被》脱稿，于1980年正式出版。

[①] 钱崇澍、吴征镒、陈昌笃：《中国植被的类型》，《地理学报》，1956，22（1）：37-92。陈昌笃（1927—2020），湖南省新宁县人。著名生态学家，我国景观生态学的奠基人之一。1945年考入清华大学地学系，1949年考入中科院植物所攻读植物生态学研究生。1957年至1959年到苏联列宁格勒大学进修，1981年至1982年，到美国亚利桑那大学访问研究。陈昌笃在北京大学任教五十余年。

《中国植被》是植物生态学与地植物学工作者对新中国成立三十多年来植被研究的系统总结,分四篇三十五章,第一篇主要记述中国植被研究简史,第二篇论述中国植被的主要类型,第三篇提出中国植被区划,第四篇探讨植被利用、改造和保护问题。该成果为发展农林牧业生产提供理论依据,是植物生态学、地植物学、植物区系学、古植物学、自然地理学等的科研工作者、高校师生以及农林牧业技术人员的重要参考。

1987年,《中国植被》获国家自然科学奖二等奖,这是全体编撰人员的殊荣。2001年,侯学煜编著《中国植被图集》[①],吴征镒和孙鸿烈为其作序。《中国植被图集》是对《中国植被》的补充和发展。

《西藏植物志》

西藏是我国高山、大川的源头之地,喜马拉雅山的珠穆朗玛峰号称世界第三极,谓之世界屋脊。冈底斯山、念青唐古拉山、昆仑山及唐古拉山或自南而北,或东西横亘;雅鲁藏布江自西向东流经藏南地区,澜沧江、怒江由北而南蜿蜒于藏东南。西藏北面和西北部高原辽阔广袤,湖泊星罗棋布;东南部高山峡谷深切,蔚为壮观。地形及气候的多样性、特殊性,孕育着特色各异的植被垂直带谱。西藏地史较为年轻,随着喜马拉雅山的隆起,始新世以来陆续露出海面,又经历数次强烈抬升,成今之雪域高原。西藏的植物区系绝不像一般印象中的高寒荒漠之区,区系贫乏之域,其生物种类之丰富、区系之复杂,超过大部分地区。

青藏高原对我国来说极其重要,珠穆朗玛峰高达8848.86米,是我国的重要水源地,也是边防的重要屏障,更是自然资源的富藏地。对青藏高原全面而深入的科考,使国家对青藏高原有了更多的科学了解,为建设民富区强的新西藏奠下了科学基础。能参与如此重要的综合科考,吴征镒感到既幸运又荣幸。

两次进藏考察,使吴征镒对青藏高原的各种垂直植被带分布以及喜马

---

① 侯学煜主编:《中国植被图集》。科学出版社,2001年。

拉雅山脉与横断山脉的联系与区别有更加清晰的认识，直接感受西藏植物的丰富性和特殊性。

1976年，吴征镒第二次进藏考察归来，西藏综考队安排他和武素功到青岛疗养。他们带着一大包资料，在疗养期间，一鼓作气把西藏植物名录初稿做了出来。有了西藏植物名录，吴征镒着手组织编纂《西藏植物志》。动员了参加青藏高原考察的十七个有关单位和百余位科研人员参加编写。《西藏植物志》收载蕨类植物44科113属470种，裸子植物7科16属50种，被子植物157科1129属5246种，共计维管植物208科1258属5766种。吴征镒主持编纂的《西藏植物志》以实地考察为主要依据，加之系统总结以往获得的资料和信息，成为全面记载西藏雪域高原的首部植物志。

1983年，《西藏植物志》第一卷出版，1987年，出版第五卷，为开发西藏野生植物资源、阐明西藏植物区系的形成演化提供科学依据。在国内地方植物志编纂中，《西藏植物志》成书时间最短。吴征镒也获得直接组织领导编纂植物志的宝贵经验。

在《西藏植物志》第五卷中吴征镒执笔撰写的论文"西藏植物区系的起源及其演化"，通过对西藏植物区系全面统计分析，包括科级、属级和种级的统计分析，说明了西藏植物区系是东亚植物区系尤其是中国植物区系的一个有机组成部分，西藏植物区系以中国－喜马拉雅森林植物区系为主干，经青藏高原隆起到一定程度后，形成一个统一的、异乎周围各区系发生和发展的环境，使其迅速走上独立发展的道路。论文概括西藏植物区系的基本特征后，得出两点基本结论：①西藏植物区系是一年轻的衍生区系，是喜马拉雅造山运动以后，至少是更新世起新近才大发展起来的；②西藏植物区系总的来讲是温带性质，区系成分以北温带和东亚为主，但热带东南亚成分甚至比中亚和其他温带成分还要多些。

《云南植物志》

1958年，吴征镒来到云南，把编纂《云南植物志》作为头等大事来抓。但在昆明植物研究所建所之初，于编纂《云南植物志》而言，面临两个方面的实际情况：第一是标本馆馆藏标本，虽有较大增加，但缺乏系统的整理鉴定；第二是植物分类研究队伍比较薄弱，有待培养提高。那时，各种考察任务繁多，科研人员的大多数都投入各类考察之中。"任务带学科"，于科研人员来说考察也是锻炼提高的重要机会，采集标本，调查植物，增加认识植物的阅历，十分重要。整理鉴定植物标本也同样重要，吴征镒利用一切可用的时间，带领大家在标本馆里鉴定标本。吴征镒动员植物分类研究室的科研人员尽可能地整理鉴定标本，把整理鉴定标本作为一个植物分类研究者的必尽义务。要求野外调查采集回来的标本，最好自己整理、自己鉴定，有问题大家来讨论研究。

鉴定植物标本是编纂植物志最为基础的工作，吴征镒从这一最基础的工作抓起。鉴定标本时，吴征镒把标本馆里同种植物的标本找出来，按产地放在一起，再按采集人和采集号将同一采集人采的同号标本放在一起，比较不同产地标本的差异。接着查看最早的直到现在的文献，梳理不同作者鉴定意见的同异之处，特别注意作者对标本的引证。这样就能够查看出物种形态特征和地理分布的关系。吴征镒的博士研究生杨亲二在吴老逝世周年时写的"师门问学锁忆——深切缅怀业师吴征镒先生"一文，专门谈及吴老整理标本的方法。他说："吴老带我整理了大约一个月的标本，将昆明植物研究所全部乌头属标本进行了细致清理。通过这次整理，我将以前脑海中对云南乌头属的直观认识理出了一条清晰的线索，对大多数种类的变异式样有了较为深入的理解，对不同种类的界定及其地理分布有了明确的认识，很多久悬未决的问题都解决了。我常想，如果没有吴老拨冗亲自带我看标本，在一些关键问题上予以指导和分析，我自己还不知道要摸索多久才能解决这些问题。这一个月可以说是攻读硕士和博士学位六年中收获最大的一个月，深深影响了我以后的研究工作，使我对植物分类学研究欲罢不能，发现需要解决的问题越来越多，兴趣越来越浓。我后来研究任何类群，首先都严格按照吴老的方法对标本下一番整理功夫，愈发感到这种方法确实非常有效，在较短时间内就可以使自己熟悉一个种类较多的类群并发现其中问题所在。"杨亲二得益于吴老"先分类后命名"的原理以及植物分类学惯用的"形态－地理学"方法。

1973年，尽管处于"文化大革命"之中，吴征镒参加中科院在广州召开的"三志"(《动物志》《植物志》和《孢子植物志》的简称)工作会议。回来后，立即启动了《云南植物志》编纂工作。李锡文、陈介[①]、陈书坤[②]作为吴征镒的主要助手，组织植物分类研究室人员，从撰写《云南植物志》第一卷确定的二十八个科起步，先编写样本，边学边撰边改进。历时四年，于1977年出版。第二卷二十二个科，1979年出版。第三卷二十二个科，1983年出版。第四卷三十三个科，1986年出版。第五卷三十八个科，1991年出版。

1993年起，编纂《云南植物志》的工作得到云南省自然科学基金会和中科院生命科学与生物技术局联合资助，成立了《云南植物志》项目领导小组，组长吴征镒，副组长张敖罗（云南省科委主任）、林文兰（云南省科委副主任）、佟凤勤（中科院生物局副局长）。成员有刘诗嵩、郝小江、李村生、陈书坤，李村生兼任秘书。《云南植物志》编委会成员：主编吴征镒，副主编陈书坤；编委吴征镒、陈书坤、李锡文、朱维明、闵天禄、李德铢、诸葛仁、孙航；顾问王文采、胡启明、孙必兴、薛纪如、陈介。项目领导小组办公室主任陈书坤，成员李德铢。从此，编志得到持续稳定的支持，编志工作进入快车道。

至2005年全书二十一卷全部出版。其中种子植物十六卷，种子植物记载滇产及习见栽培植物433科3008属16201种（除原亚、原变种外，尚有1701亚、变种）。蕨类植物二卷（即第二十、二十一卷）记载蕨类植物60科193属1266种35变种8种变型。苔藓植物三卷（第十七、十八、十九卷）记载苔藓植物101科417属1638种。2009年又编辑出版《云南植物志》植物种名索引一卷，记载中名（含别名）约四万条，拉丁名（含异名）约

[①] 陈介（1928—2011），广西桂林人。1953年广西大学农学院毕业，分配到中国科学院植物研究所工作。1965年，调中科院昆明植物研究所。从事植物分类研究，承担《中国植物志》《云南植物志》豆科、野牡丹科、紫金牛科编研任务。历任《中国植物志》编委（1977—1986），《云南植物志》副主编（1977—1990）。

[②] 陈书坤（1936—2018），河南邓县人。1962年西北大学生物系毕业，考取吴征镒硕士研究生，从事植物分类学及植物资源研究。曾任昆明植物研究所分类室副主任、主任、研究所副所长、研究员。任《云南植物志》副主编，参编多卷《云南植物志》，完成《云南植物志》中名、拉丁名及经济植物总索引。直至《云南植物志》全部出版。

五万条，经济植物约六千条。植物种名索引卷参编者为陈书坤、李德铢、汪雨华、周兵。

2006年12月，云南省科技厅主持召开编纂《云南植物志》项目验收会议，吴征镒因身体原因未出席验收会议，他的书面发言请所党委书记兼副所长孙航代为宣读。吴征镒说："在云南省委、省政府的关心下，在云南省科技厅的直接领导支持下，从张敖罗同志开始，整个项目得到了云南省科技厅（科委）几任领导的大力支持，终于在1993年被列为省重大项目。为了解决匹配经费，中国科学院生物局也给予了大力支持，使项目列入省院共同资助的重点项目。最后两卷的出版经费还得到中国科学院陈竺副院长在院长基金方面的特别支持。在科学出版社的大力帮助下，从1977年开始的第一卷算起，《云南植物志》共二十一卷2452万字记载433科3008属16201种绿色高等植物、历时二十九年、耗资五百余万元终于胜利完成，这是在《中国植物志》之后的又一部植物学科学巨著，她不仅有包括苔藓的特点，也是世界上最大的地区植物志，给作为'植物王国'的云南研究、保护和利用植物资源打下了基础、添了光彩，也是云南科技界和我国植物学界的一件喜事。我年过九十，能与大家终观其成，也是幸事。作为主编，在这里我要向省委、省政府和中国科学院表示衷心感谢，向省科技厅和院生物局表示衷心感谢，向科学出版社表示衷心感谢，向全体作者、编者及绘图工作者表示衷心感谢，向一切支持关心和帮助《云南植物志》的同事们、先生们表示衷心感谢。"吴征镒特别说道："我虽做主编，但许多工作是由诸多同行和同事们来完成的。我虽在一至五卷作了些主要工作，而作为副主编的陈介和李锡文，还有宣淑洁、周铉、黄蜀琼、方瑞征等是功在其前，陈书坤副主编坚持到最后，终将其成，功不可没。各位编委、作者，还有绘图工作者，不辞辛劳，甘于清平寂寞，不辱使命，完成各卷册组织、编写、审稿、定稿任务，虽然有的可能已退休，处在老年多病之中，但都可以《云南植物志》的大功告成而感欣慰。我向他们深深鞠躬致谢！云南省科委前主任张敖罗教授，是直接关心《云南植物志》的志士，我也要向他深深致谢！"

从1973年起步编纂起，《云南植物志》编了三十三年。吴征镒在主持

《中国植物志》项目的同时，也丝毫没有放松《云南植物志》的编纂，把《云南植物志》作为《中国植物志》不可或缺的有机组成部分。随着《西藏植物志》以及各省区植物志的相继完成，全国过"区系关"的问题，可谓大功基本告成。

《云南植物志》是国内体量最大的地方性植物志。1993年，《云南植物志》一至五卷获云南省科学技术进步奖一等奖。2010年，六至二十一卷（外含种名索引一卷）获云南省自然科学奖特等奖。

《中国植物志》

新中国成立前，编纂《中国植物志》是中国植物学家的梦想，胡先骕等前辈曾为之努力奔走，却难以实现。新中国的科学院把编纂《中国植物志》提上了日程。1950年8月，中科院在北京举行全国植物分类学工作会议，提出编纂《中国植物志》的任务。1956年，中科院在"十二年科学技术发展远景规划"中正式将《中国植物志》列入规划项目。1959年10月，中科院成立《中国植物志》编辑委员会[①]，钱崇澍、陈焕镛首任主编，秦仁昌[②]任秘书长。此后，林镕、俞德浚先后担任主编。吴征镒于1959年任编委，1973年任副主编，1987年任主编。

1840年鸦片战争后，直到二十世纪初叶的半个多世纪，许多西方人不断来中国考察、采集植物，被称为"植物猎人"的外国采集家，将所获标本保藏于欧美各国标本馆或博物馆，依据这些来自中国的标本，西方植物学家发表了大量新科、新属、新种，而其模式标本和相关文献资料分散于世界各地，给中国植物学家研究中国植物带来了很大的困难。二十世纪初，秦仁昌、吴蕴珍曾赴英国、奥地利等作过标本查阅并收集照片，大致弄清了原产中国的植物的模式标本问题。吴征镒曾对这些珍贵的标本照片

[①] 《中国植物志》从1959年至2004年历届正副主编与编委名单请见《中国植物志》第一卷737–741页。

[②] 秦仁昌（1892—1986），字子农，江苏武进人。植物分类学家，中科院植物研究所研究员，中国蕨类植物学奠基人，提出蕨类植物分类系统，被广泛使用。曾任云南大学教授兼生物系、森林系主任。1955年选聘为中国科学院院士（学部委员）。

和文献资料作过系统研究。他从 1942 年开始，依据秦仁昌、吴蕴珍等从国际著名标本馆拍摄的中国植物模式标本照片和名录，历时十年做成三万余张植物卡片，每张卡片逐一对植物的采集人、采集地、地理分布、主要研究文献、生境条件等作了详尽记录。于编纂《中国植物志》很有参考价值。

新中国成立后，中科院综考会组织了黄河水土保持、东北黑龙江流域、橡胶宜林地、华南西南植物资源、中苏联合云南热带森林生物资源、野生植物资源、南水北调、中草药资源普查等项目，采集到了大量的植物标本，锻炼出了一支有素质、有能力的植物分类研究队伍。

1956 年，国家的十二年科学规划将《动物志》《植物志》和《孢子植物志》（简称《三志》，下同）列入其中。1959 年，中科院把《三志》编研作为重点项目并成立编委会。吴征镒参与组织编撰《中国种子植物科属检索表》，他承担了唇形科（Lamiatae）、虎耳草科（Saxifragaceae）、蓼科（Plygonaceae）和爵床科（Acoanthaceae）等；同时以昆明植物所的力量为主，启动《中国植物志》唇形科的编研工作。

《中国植物志》的编纂实际上是与中国植物学家在自己的国土上采集植物的历史相伴而生、同伴而行。吴征镒、李锡文任编辑的《中国植物志》唇形科含两卷册（即第六十五卷第二分册和第六十六卷），周铉承担心叶石蚕属等六个属、陈介承担筋骨草属等九个属、李锡文承担歧伞花属等四十三个属、宣淑洁承担锥花属等二十三个属、黄咏琴承担薰衣草属等十六个属、黄蜀琼承担香薷属、王文采承担青兰属和孙雄才承担鼠尾草属。吴征镒负责指导全部属的编撰和审校工作。《中国植物志》唇形科两卷册于 1977 年由科学出版社出版，是《中国植物志》大科出版较早的卷册。

1973 年，吴征镒担任《中国植物志》副主编，同届任副主编的有崔鸿宾、简焯坡、洪德元，同时增加汤彦承、李锡文、戴伦凯、陈心启、何业祺等中青年编委。1987 年，吴征镒继俞德浚之后担任主编。吴征镒接下主编重任后，重点抓了四方面的工作。

其一，1991 年，他与曾呈奎院士（《中国孢子植物志》主编）及朱弘复(《中国动物志》主编)联合在《科学家论坛》发表文章"采取切实措施,解脱《三志》困境",得到科技部和国家自然基金委的高度重视,在科技部、国家自然基金会和中科院持续而稳定的支持下,《中国植物志》的编研进入持续发展阶段。

其二,充分发挥《中国植物志》编委会及其办公室组织协调的枢纽作用。编委会及其办公室设在北京的中科院植物研究所,植物研究所组织一班人马,崔鸿宾、戴伦凯、夏振岱等担当着日常组织协调工作,颇费心力,是完成编志不可缺少的保障。1973年至1974年,编委会曾不定期出版《编写工作简讯》,定期编印以当代文献为主的《中国植物志参考资料》,还编印《云、贵、川、青、藏等各省区地名考证》及《拉丁文术语汇编》及著者姓名缩写等工具书性质资料。对统一编写规格和提高编研质量起了重要作用。同时,编委会办公室还适时组织有编委和作者参加的审稿会,对文稿起到统一和把关两方面的作用。1963年《中国植物志》第六十八卷出版后,相隔十一年之久,1974年12月出版《中国植物志》第三十六卷(蔷薇科一部分),标志着《中国植物志》编研的恢复和重新起步。1977年,相继出版《中国植物志》第六十三卷(卷编辑蒋英、李秉滔 夹竹桃科、萝藦科)、《中国植物志》(卷编辑吴征镒、李锡文,唇形科)第六十五卷第二分册和第六十六卷。这些卷册的完成,与编委会办公室的努力分不开。还得益于编委会围绕全面完成编志这个核心任务,充分动员全国植物分类学工作者和调动全体编研人员积极性。崔鸿宾(1928—1994)副主编参与编委会工作三十多年,自1973年至1994年任副主编达二十一年之久,编委会的日常工作多由他主持管理,编制计划,检查编志进度,协调各方需求,组织难科大属协作攻关等,他都参与组织领导,使编志进度基本能按计划推进,较好地贯彻了编委会的各项决定,其繁杂辛劳,众所周知,为大家所钦佩。崔鸿宾去世后,陈心启接任副主编,对完成《中国植物志》第一卷,也颇费心力。他们为《中国植物志》的圆满完成,做出了自己的贡献。

其三,吴征镒花大量时间到标本馆,查对有关卷册的标本,尽其所能审阅各有关卷册的文稿,并亲自重点做了一些大科(大属)、难科的编纂和审校，例如唇形科、天南星科、罂粟科、秋海棠科、石竹科、桑科、紫堇属（*Colydalis*）、雪胆属（*Hemslya*）等科（属）。吴征镒任卷编辑的第三十二卷，其中罂粟科的紫堇属（*Colydalis*），是编志难度较大的属，吴征镒与庄璇、苏志云、孙必兴一道调集全国各标本馆馆藏标本，亲自整理、鉴定、撰稿、审稿，终于把这块"硬骨头"啃了下来，第三十二卷于 1999 年得以问世。

1986 年，针对编纂工作的实际进展，编委会集中力量于一些大科、难科和空白科重点突破。崔鸿宾副主编提议，经讨论决定，设立了三个专题研究组，即竹类研究组、蕨类研究组和水生植物研究组。

编委会特别支持耿伯介等编刊"竹子研究"，陈守良、贾良智、王正平、朱政德、赵奇僧、薛纪如、温太辉、易同培等大力开展各地竹类调查研究，采制合乎规格的完整标本，以利鉴定。耿伯介、贾良智去世后，卷主编陈守良主持审稿、定稿工作，1996 年四个特大科之一禾本科的最大分册，即《中国植物志》第九卷第一分册率先出版。其间，竹类研究组深入调查采集，易同培遍历了川、滇、藏的高山深谷，重点解决了高山竹类研究的空白点；薛纪如及其弟子在滇、缅、泰、越边境反复出入，为寻求热带、南亚热带的珍稀竹类，付出了艰辛的汗水，成绩突出。薛纪如辞世后，他的高足、后起之秀李德铢继续进行竹类研究，1992 年，李德铢随吴征镒同访英、法、奥三国各大标本馆，为完成 *Flora of China* 中竹亚科编研任务，充分研究了这些标本馆所收藏的中国及邻邦的竹类，订正了一些属、种名。在《中国植物志》第九卷第一分册之后，落实完成中国禾本科竹亚科 34 属 534 种丰富而复杂的竹类区系。2006 年，正当同事、朋友、学生庆贺吴征镒九十岁诞辰时，*Flora of China* 美方主编 Peter H. Raven 带来刚出版的 *Flora of China* 第二十二卷（禾本科），年已古稀的易同培先生也远道而来，为竹类新作《中国竹类图志》登门求序。吴征镒说"焉能不有以应之"，欣然应序。竹类研究组的成就、组内诸位同仁求真务实的科学态度和精神，让吴征镒由衷敬佩。

1959 年 9 月，秦仁昌、傅书遐、王铸豪、邢公侠完成蕨类植物瓶尔小草科至条蕨科等十七个科四十九属四百一十四种的《中国植物志》第二卷并出版，这是《中国植物志》出版的第一卷。秦仁昌先生逝世后，编委会组成蕨类研究组，组织各方蕨类专家完成蕨类植物的编志任务，包括《中国植物志》第三卷（一分册编辑秦仁昌、邢公侠，二分册编辑朱维明）、第四卷（一分册编辑邢公侠，二分册吴兆洪）、第五卷（一分册编辑武素功，二分册编辑孔宪需）、第六卷（一分册编辑吴兆洪，二分册编辑林尤兴，三分册编辑张宪春），于2004年蕨类植物共五卷十分册全部出版。

水生植物众多，有湿生、挺水、浮水、浅水、深水、沉水等不同生境的植物，既有单子叶植物，又有双子叶植物。水生植物没有专门列卷，分散于不同卷册之中，科虽不大但研究相对薄弱。要组织对湖泊、河流、水网等水生植物有研究的分类学专家前来参编，工作尤要细致和深入。崔鸿宾副主编对此尤用心力，功不可没。

其四，由于历史原因，中国植物重要的模式标本多藏于国外各大标本馆。吴征镒一方面采用"产地模式"（Topotype）方法应对当时欧美国家封锁模式标本的局面，另一方面利用与国际同行交流机会，亲赴欧美各大标本馆查阅中国模式标本。

虽然秦仁昌、吴韫珍等做过一些收集整理工作，但还有不少疑难问题需要查对和落实。1990年6月，吴征镒在国家基金委项目的支持下，曾赴加拿大查阅北美标本，从西到东（西起Vancouver，东到Montrea）访问加国有关博物馆和大学标本馆，于查对太平洋洲际间断分布的植物区系分布帮助甚大。7月，又赴哈佛大学标本馆工作两个多月，住在胡秀英[①]博士家里，查阅哈佛大学标本馆标本，看到许多采自中国的模式标本，解决了不少分类学上的疑难问题。

1992年，吴征镒由李德铢陪同，分别在英国爱丁堡植物园、邱园标本室，以及法国、瑞士、奥地利国家博物馆标本室查阅标本。这些国家的标本室都富藏着采自中国的植物标本，而且多为模式标本，很有进一步核实

---

① 胡秀英（1908—2012），江苏徐州人。1933年南京金陵大学毕业，1937年获岭南大学硕士学位，1949年获哈佛大学博士学位，曾任哈佛大学阿诺德树木园高级研究员。晚年在香港中文大学任教。长期从事植物分类、植物地理和植物资源利用研究，学术著作颇丰。胡秀英比吴征镒大八岁多，是哈佛大学有史以来第一位女博士。

查对的必要，这也是吴征镒多年的夙愿。查阅标本后，实际了解到英、法、瑞士、奥地利馆藏中国植物标本的状况，作了查对，于做好《中国植物志》编研找到了许多新依据、新文献。例如仅分布于我国湖南西部的喜雨草属是一寡种属（即 *Ombrocharis dulcis* H.–M.），我国各标本馆一直未能收藏到这种 Hand.–Mazz. 采自湖南西部的植物标本，在《中国植物志》第六十五卷第二分册里对喜雨草的描述只有摘自原描述。这次吴征镒在奥地利国家博物馆标本室看到了这份标本，看到长期未能亲见的这份珍贵标本，终圆其愿。横越欧美诸国各大标本馆（博物馆）查阅标本，特别是中国模式植物标本，让吴征镒验证和修正了他写下的三万多张植物卡片的记录，为《中国植物志》各卷植物名称的合格化和合法化提供新的依据。

2004 年《中国植物志》第一卷出版，经历四十五年漫长历程，八十卷一百二十六册的《中国植物志》这一巨大系统工程顺利完成。《中国植物志》五千多万字，记载中国 301 科 3408 属 31142 种植物，附有九千多幅图版，每种植物载有科学名称、形态特征、生态环境、地理分布、经济用途和物候期等。全国有 146 个科研机构和高等院校的四代植物学家 312 人、

图 9–1　北京《中国植物志》编研总结会留影（1997 年。左一胡立国、左四佟凤勤、左五吴征镒、左六朱大保、左七陈艺林、左八陈心启，二排左一夏振岱、左四高岚、左五戴伦凯，三排左四陈家瑞、左五吉占和）

绘图人员164人加入《中国植物志》的编研，采集和查阅植物标本1700余万份，发表新属243个，发现新种14312个，提出了若干植物类群的新分类系统。

《中国植物志》是一部总结中国维管束植物系统分类的巨著，在目前世界各国出版的植物志中体量最大、记载植物种类最多。《中国植物志》作为了解中国野生植物生存状态和中国植物多样性保护的重要窗口，是植物学工作者及其相关专业工作者的重要参考资料。《中国植物志》已被学界公认为是最全面、最准确和最权威的植物志，在农、林、生态环境和应对全球气候变化等诸方面有重要参考价值，意义至深至远。吴征镒是中国四代编志植物学家中的一员，也是目睹四代同堂而最后能见其成的一员。《中国植物志》的问世，为东亚乃至世界的植物物种多样性研究做出巨大贡献，必将促进中国植物学迈向更高水平。

2004年10月，《中国植物志》新闻发布会举行，吴征镒说："我要为它热烈欢呼：中国植物学踏踏实实地走完了万里长征的第一步，总算完成了植物方面的基本数据。这其中最大的难处有四方面：① 四十多年，统一了思想认识，整齐了步调。在不断优化的规格下完成三万多种植物的描写，让使用者方便，各级分类单位都有检索表（可惜科级没有）。在诸多不统一中，取得了大体的统一。② 四百多年来，三百多位各式各样的外国植物采集者，将中国各地的标准样品（模式标本）采取去，并收藏在几乎世界各大国的标本室里，而我们自己却从近九十年前才有收藏。因而，我们只能靠模式照片和原样产地的标本来解决问题。③ 要从五百年以来的浩如烟海的多种文献的文字中考证这些植物的合格和合法的科学名称，犹如'顶着石臼做戏，吃力不讨好'。④ 从新中国成立以后，不知有多少采集人，行程上千万里，去寻找这些植物，流汗甚至流血，因为植物在它原产地要人去找，越是深山穷谷，越是名山大川，越要去。不单是写《中国植物志》的人，《中国动物志》《孢子植物志》无不如此。"

吴征镒曾说过自己的经验：

"书到用时方恨少"（这里的"书"是广义的，包括图书、标本和科研用具），"事非经过不知难（"事"的含义更广）"。

"唯一的工作方法就是：'书山有路勤为径，学海无涯苦作舟'。然而'黄连树下弹琴，苦中有乐'，'如释重负，便是极乐世界'"。

吴征镒是终见《中国植物志》完帙的老人，亲历四十五年的艰辛，深感功德圆满的欣慰。《中国植物志》完帙问世，幸莫大矣。2010年，《中国植物志》荣获国家自然科学奖一等奖，众望所归，乃全体编研人员的荣光。四代中国植物学家坚忍不拔，付出了巨大努力，终成正果。

中美合作《中国植物志》英文增订版（Flora of China）

2013年9月23日至25日，在北京举行"中国植物多样性与保护国际讨论会"，庆祝历时二十五年的 Flora of China 圆满完成（International Symposium of Plant Diversity and Conservation in China——Celebrating the Completion of the Flora of China）。包括文字版和图集各二十五卷的 Flora of China，并非单纯翻译《中国植物志》，而是中外专家共同增补修订的英文增订版。它的出版是中国植物科学迈向世界的重要一步。此时吴征镒辞世已三个月，没有能亲睹此盛况。Flora of China 中方副主编洪德元院士在讨论会上提议，与会者以默哀的方式缅怀吴征镒主编。

《中国植物志》英文增订版（Flora of China）的构想得从吴征镒和美国 Peter H. Revan 教授的相识说起。

1979年四五月份，中国植物学代表团访问美国，汤佩松任团长，吴征镒任副团长。访问密苏里植物园时，吴征镒初识 Peter H. Raven。1980年8月，Peter H. Raven 夫妇访问昆明植物研究所，参观标本馆和植物园。吴征镒如数家珍地介绍了植物园可见的各种植物，还陪同 Peter H. Raven 到喀斯特奇观的石林游览。随后又同赴四川峨眉山考察，吴征镒从山下到山上一路仔细介绍峨眉山所见的植物及其分布情况，Peter H. Raven 对吴征镒如此熟识云南、四川植物留下深刻印象，初感"植物电脑"的魅力。1982年9月，吴征镒应邀赴美国参加"东亚－北美植物区系学术讨论会"，同行者有徐仁、侯学煜，再晤 Peter H. Raven，还会见加利福尼亚大学地质家 Axelrod。吴征镒作"太平洋洲际间断分布的重要性"（On

The Significance of Pacific Intercontinental Discontinuty，发表于 *Ann Missouri Bot. Gard*，1983，70：577—590）的报告，徐仁以丰富的中国研究材料为基础作题为"中国晚白垩世和新生代植被与北美洲关系"（Late Cretaceous and Cenozoic Vegetation in China, Emphasizing their Connections with North America）的报告，Peter H. Raven 对中国植物学家在植物区系地理结合古植物学的研究成就，十分赞许。学术交流和切磋让吴征镒和 Peter H. Raven 之间的友谊密切起来。经过多次沟通交流，商议研究后，中美植物学家取得共识，决定合作编纂《中国植物志》英文增订版。其实，当时吴征镒任主编的《中国植物志》尚未完成，应该说合作编纂英文增订版是具有前瞻性的决策。

图 9-2 吴征镒访问密苏里植物园与 Peter H. Raven 品尝草莓（1988 年）

1988 年，吴征镒代表中科院与 Peter H. Raven 在美国密苏里植物园签订中美合作编纂出版《中国植物志》英文增订版（*Flora of China*）协议，中方出席人员有苏凤林（中科院国际合作局副局长）、崔鸿宾、戴伦凯、陈心启、夏振岱、陈家瑞、顾红雅等。同时召开第一次编委会，吴征镒任中方主编，Peter Raven 任美方主编。作为项目秘书的顾红雅教授回忆："我觉得吴老是有大智慧的人。因为是国际合作项目，不仅涉及中美，还涉及全世界其他好多国家的科学家，譬如日本、英国、瑞典等国，凡是在全世界哪个科学家做某个科、某个类群做得好的，项目组都想拉进来一起合作。那么大的合作面，那么多的人，每个人都有自己的个性，每个人对自己的学术观点都有一定的坚持，所以要把它协调好、处理好，其实是一件非常不容易的事。这方面吴老做了很大贡献。"

1989 年，第二次编委会在广州召开。1990 年，在哈佛大学召开了第三次编委会。1992 年，在昆明召开了第四次编委会。

图 9-3　第二次编委会留影（一排左一崔鸿宾、左二黄成就、左四吴征镒、左五 Peter Rave、左六陈守良、左七戴伦凯；二排左二陈书坤、左三戴威廉、左四顾红雅、左八陈家瑞；三排右二李锡文；四排右一 David Boufford，右五 Bruce Batholomew）

图 9-4　第三次编委会留影（前排左起：Raven、吴征镒、陈守良、黄成就；二排左一 David Boufford、左二顾红雅、左四崔鸿宾、左五陈家瑞、左六李锡文、左七 Bruce Batholomew；三排左三陈心启，右一朱兆华）

图 9-5　吴征镒和 Peter H. Raven 主持在昆明举行的第四次编委会

项目启动以来，中美双方分别于 1988 年、2001 年和 2006 年共签署了三次合作协议，保障了 Flora of China 的顺利完成。

2009 年，Flora of China 第一卷出版，4 月召开首发式，中科院院长周光召、前院长卢嘉锡、国家基金委主任张存浩出席。

图 9-6　Flora of China 首发式（右二吴征镒、右三 Peter H. Raven、右四周光召）

英文增订版项目是中美合作的重大项目，得到了中国科学院、科技部、国家自然科学基金委的大力支持。2003年至2005年间，中国科学院和国家自然科学基金委以重大国际合作项目拨支五百五十万元经费，国家科技部以基础性工作专项经费给予资助。美方每年匹配一万二千五百美元作为办公经费并支付为项目工作的出访人员和来访人员的机票和生活费。2005年，中方编委会制定英文增订版重大修订项目申请指南，将未出版卷册中的四十五个一百种以上的大属列为需要进行重大修订的类群，鼓励年轻分类学家参与修订工作，有三十七位年轻学者获得资助，并完成修订任务，促进了青年植物学家的成长。

与 Flora of China 同时出版的还有中外植物学家联合编著的《中国植物》（Plants of China），作为 Flora of China 的姊妹专著。

被子植物八纲系统的新方案

1998年6月，吴征镒、汤彦承、路安民、陈之端在《植物分类学报》上发表了"试论木兰植物门的一级分类——一个被子植物八纲系统的新方案"。

随着植物比较形态学、植物化学分类学、古植物学、分支系统学和分子系统学研究的不断深入，传统上将被子植物分为单子叶和双子叶植物两大类的一级分类受到挑战。吴征镒认为这样的分类不能反映被子植物内部的主要进化趋势，分类必须建立在谱系关系上，以表示其自然系统。在早白垩世结束之前，有一次被子植物大辐射，明显出现八条主传代线。根据林奈阶层系统，吴征镒以"纲"来命名这些传代线以显示被子植物内部的主要进化趋向。某些"纲"是并系类群。吴征镒认为，为进化系统，并系类群可以作为自然类群的名称。就是八纲系统：木兰纲、樟纲、胡椒纲、石竹纲、百合纲、毛茛纲、金缕梅纲、蔷薇纲。

其实，1996年7月在昆明召开的"东亚植物区系特征与生物多样性"国际学术研讨会上作者已宣读了"综论广义木兰亚纲——并探讨建立一个多系、多期、多域系统的可能性"论文（A comprehensive study of "Magnoliidae" sensu lato——with special consideration on the possibility and the necessity for proposing A new "polyphyletic–polychronic–polytopic" system of angiosperms）。由于种种原因，会议论文集直至 1998 年 6 月才出版。两篇论文几乎同时发表，但完成时间相差三年。这两篇论文其实是有矛盾的。1995 年，作者对分"纲"的思想尚未成熟，故采用"广义的木兰亚纲"来概括这些类群。主要问题是如何把"广义的木兰亚纲"在早白垩世已分化成的四条主传代线和十五个干（stock）联系起来，与其说是矛盾不如说是作者研究的方向和要解决的问题。

2005 年，昆明植物研究所召开"吴征镒学术思想研讨会"，重点研讨被子植物"八纲系统"和"多期、多系、多域"的问题。路安民作"被子植物八纲系统的由来和发展"报告，陈之端作"关于八纲系统未来研究之思考"报告，李德铢作"分子系统发育、分子地理与八纲系统"报告，孙航作"从被子植物空间分布来理解被子植物多系、多期、多域发展——八纲系统"报告，周浙昆作"被子植物的起源与演化——从化石记录看八纲系统"报告，彭华作"八纲系统的学习心得与体会"报告。各位弟子从不同角度、不同层面阐述"八钢系统"的科学性，与会者对"八纲系统"进行热烈的讨论，有理解，有意见，也有建议。研讨会取得的共识是被子植物"八纲系统"是中国植物学家自主研究提出的新方案，立论有据，应继续组织各方力量，寻求宏观与微观合作研究的可能途径与方式，深入展开研究，夯实立论基础。尽管任重道远，应以坚毅之力，使其日臻完善。

吴征镒听取研讨会情况的汇报后说："八纲系统应该深入探讨和研究，要认真梳理各纲的形态特征以及这些形态特征之间的演化关系，准确把握各纲的特征要点，深入认识各纲之间的演化关系，最后也许是九纲十纲，也许是六纲七纲。我们要关注 APG 被子植物系统发育研究组方面的进展，特别关注 APG 与八纲系统的异同点，大家讨论后来修改完善八纲系统。"

1985 年 7 月，路安民与吴征镒一道出席在伦敦布莱顿举行的第三届国际系统与进化生物学讨论会后，就合作研究被子植物系统发育问题深入交换意见，此后他们之间的合作日渐深化，学术切磋频繁，成为合作挚友，一道发表"试论木兰植物门的一级分类———一个被子植物八纲系统的新方案"和"被子植物的一个'多系、多期、多域'新分类系统总览"等论文，撰著《中国被子植物科属综论》。路安民是吴征镒的主要合作者之一，他在"被子植物八纲系统的由来和发展"报告中从提出"八纲系统"的工作背景、研究基础、"八纲系统"的学术精髓、发展机遇和评价与建议五个方面作了详细阐述。在吴征镒主导下，中国系统分类学家和植物区系地理学家对中国乃至世界种子植物区系研究取得瞩目成就，包括对世界上43（-60）个原始被子植物科研究而提出的十条研究结论[①]和对世界上不同演化水平的52个科（属）地理分布研究提出的五条学术观点[②]，吸取国际上生物系统学表征分类（representation classification）、分支分类（branch classification）和演化分类（evolutunury classification）的优点，参考系统发育生物地理学（phylogeography）和隔离分化生物地理学（vicariance biogeography）的研究成就，面对迅速发展的分子系统学机遇，结合古植物化石研究和地球演变研究的新成果，对传统上被子植物分为双子叶植物和单子叶植物两大群的一级分类提出挑战，认为这样的分类不能反映被子植物内部的主要演化趋势，提出被子植物"八纲系统"。其学术精髓基于对植物系统发育－地理分布－生态系统－地球演变的统一认知。这个认知包含着极为丰富的科学内涵和对生物演化的全面系统的创新思想，即吴征镒关于生物演化与地球演化统一关系的三条原则：生物系统发育与区系发生发展的统一、植物系统发育与地理分布的统一、植物起源演化与地球演化的统一，综论了广义木兰亚纲的可能性和必要性。北京大学种子植物分类学家汪劲武认为："由于作者吸取了中外学者运用多学科（包括分子系统学）研究被子植物系统的成果，因此'八纲系统'的客观性高，是当代被子植物系统研究的最高成就。"汪劲武认为吴征镒等所著的《中国被子植物科属综论》是"我国被子植物分类系统研究的成果的总结性的论著，具有权威性"。

1993年，Mark Chase等四十二位学者合作发表"Phylogenetics of seed plants: an analysis of nucleotide sequences from the gene $r$bcL"，这是世界上规模最大的植物系统发育分析，在被子植物系统学研究中具有划时代意义。植物分子系统发育学（plant molecular phylogenetics），利用DNA序列

[①] 详见"中国种子植物区系研究项目总结报告"，科技档案存于昆明植物研究所。
[②] 详见路安民主编《种子植物科属地理》引论。科学出版社，1999年，第1—14页。

来重建植物类群间的系统发育关系，逐渐走向成熟。1998年，被子植物系统发育研究组（Angiosperm Phylogeny Group，即APG）提出一个被子植物目、科分类阶元上的分类系统，建成APG系统，随着分子数据的增加，APG系统修订版APG II（2003）、APG III（2009）、APG IV（2016）相继问世，有人认为近二十年在理解植物进化历史上所取得的进展比过去二百年都要多。

2017年，王伟等在《生物多样性》（*Biodiversity Science*）杂志发表"被子植物APG分类系统评价"的综述文章，概括了APG系统的主要成就。①验证被子植物分类系统的可重复性和可预言性；②解决了一些依据形态学形状未能确定的类群的系统位置；③证明了将被子植物一级分类为双子叶植物和单子叶植物的不自然性；④证实了单沟花粉和三沟花粉在被子植物的高级分类单元划分中的重要性；⑤发现雄蕊的向心发育和离心发育在多雄蕊类群中是多次发生的，不应作为划分纲或亚纲的重要依据；⑥支持基于形态学（广义）性状划分的大多数科是自然的；⑦将一些长期认为自然的科分崩离析。指出了APG系统尚需深入研究的几个问题：①如何将以分子数据建立的系统和以综合形态学证据建立的系统相互协调；②依据APG系统的研究结果需要创立新的形态演化理论；③只以单系群作为划分科、目的依据值得商榷；④APG系统中一些目的分类没有可信的形态学共衍征；⑤依据APG系统需要做出一个自然系统的目、科检索表和目、科的特征集要。作者还提出对于亚洲，特别是东亚为分布中心的一些类群的系统关系和分类等级提出建议，包括八角科、芒苞草科、水青树科、火筒树科、马尾树科、七叶树科、槭树科、伯乐树科独立为科，山茱萸科（广义）分为山茱萸科（狭义）和蓝果树科（广义）。这是中国植物系统学家发出的声音，表明中国学者对APG系统的关注。此文的通信作者是路安民。

路安民1939年生，陕西大荔人，1962年西北大学生物系毕业，分配到中科院植物研究所工作，师从匡可任当研究生。1983年至1985年赴丹麦哥本哈根大学进修，1987年至1990年任植物研究所所长。长期从事植物分类学、被子植物系统与进化研究。路安民是吴征镒科研上志同道合的合作者。2015年12月，笔者特意拜访路安民，就谈到过APG系统尚需研究的问题。他说："其实是分子数据和形态性状的碰撞，看来很有必要研究创立形态演化的新理论，需要认识和处理好单系群与并系群的问题。"他认为APG系统中"一些目的划分没有可信的共衍征，例如由莲科、悬铃木科和山龙眼科组成的山龙眼目。金虎尾目是一个大拼盘，包括了塔赫他间系统的十二个目"。指出APG系统"对以东亚为分布中心的一些科的任意归并实为不妥，例如八角科并入五味子科，昆栏树科和水青树科合并，温带的槭树科、七叶树科并入热带的无患子科，把伯乐树科并在分布于澳大利亚的叠珠树科"。路安民见地深邃。

图9-7　吴征镒与路安民讨论学术问题（2008年）

路安民谈及吴征镒时说："吴征镒院士是世界级的植物学大师，是伟大的植物学实践家。中国植物区系和植被区划理论的创立者之一和集大成者。"路安民认为："以吴老为首创立了被子植物八纲系统和提出比较完整的系统学理论。中国需要创立自己的植物区系地理学派。"

中国种子植物区系地理研究

植物区系研究起步于十九世纪后叶。吴韫珍在清华大学任教时,给学生讲述西方学者植物区系地理和植被地理研究的进展,以引导和培养学生在植物地理学方向开展工作。受教于吴韫珍,吴征镒开始研究植物区系地理和植被地理。

吴征镒晚年集中精力,折节读书,缜密思考,梳理到云南以来的学术研究脉络,与合作者和诸位弟子一道,重点在被子植物区系地理研究方面取得一批自主创新研究成果。

中国种子植物区系研究

1989 年 7 月,吴征镒邀请从事植物分类和植物区系研究的专家在昆明举行"中国种子植物区系研究"申请国家自然科学基金重大项目的工作会议,有三四十人出席,还特邀了国家基金委生命科学部参会并指导。吴征镒首先就立项背景、研究思路和宗旨、研究方法及主要研究内容等作发

图 9-8 "中国种子植物区系研究"申请国家自然科学基金重大项目的工作会议
(1989 年。前右起王荷生、李恒、刘钟铃、马毓泉、路安民、吴征镒、齐书莹、张宏达)

言，并希望大家集思广益，提出补充修改意见。会议经过两天热烈讨论，就项目研究思路和宗旨、研究方法、研究内容及课题设置、需要重点考察的地区、人员组织、预期成果及考核目标、预计完成时间和经费概算等取得基本共识，接着组织班子按国家基金委规范要求，撰写项目申请书，由中科院昆明植物研究所牵头上报国家基金委。

项目发起和组织时，吴征镒考虑要犹如组织全国植物志编研一样，充分动员全国的科研力量一起来研究。吴征镒注意到张宏达教授植物区系学研究的成就，诚邀张宏达教授参加"中国种子植物区系"项目，以共同推进中国植物区系的深入研究和发展。张宏达教授欣然允诺，与吴征镒一道主持"中国种子植物区系研究"项目。参加"中国种子植物区系研究"项目的单位有中科院系统的研究所、高等院校等二十五家单位[①]二百多位科研人员。

1989年冬，国家基金委在昆明召开"中国种子植物区系研究"项目论证会，国家基金委生命科学部领导出席会议，组成以吴中伦院士为组长的项目论证专家组，蒋有绪（中国林业科学院）、陈昌笃（北京大学）任副组长，成员有张经炜（中科院广州分院）、贺士元（北京师范大学）、徐永椿（西南林学院）、胡嘉琪（复旦大学）、孙必兴（云南大学）、米家榕（长春地质学院）、盛祖嘉（国家基金委生命科学部）。国家基金委生命科学部齐书莹、高文淑全程参加项目论证会。

吴中伦院士主持项目论证，吴征镒作项目可行性报告。专家组认真审查项目立项报告后，建议国家基金委增加项目预计经费10%作为项目外事活动经费（30万元），国家基金委正式批复项目经费为336.2万。项目论证后，不仅没有减少预算经费，反而增加预算经费，在当时是绝无仅有的。项目通过论证，被立为国家基金委重大项目。

"中国种子植物区系研究"项目实施时间为1990年至1994年。成立项目学术领导小组，组长是吴征镒，副组长张宏达（中山大学）、路安民

[①] 中科院系统有：昆明植物研究所、植物研究所、资源与地理研究所、沈阳应用生态研究所、武汉植物研究所、南京植物研究所、华南植物研究所、西北高原生物研究所、南京古生物研究所、西北植物研究所、新疆生物土壤研究所、广西植物研究所；高等院校有：中山大学、内蒙古大学、中南林学院、新疆八一农学院、云南大学、兰州大学等。

图 9-9　项目论证会（右一陈昌笃、右二吴征镒、右三吴中伦、右四马毓泉、右五刘钟铃）

（中科院植物所）。项目分为四个二级子课题，即①中国特有科、属的区系地理研究（负责人：汤彦承、王荷生、应俊生）；②一些关键地区和研究薄弱地区的区系调查研究（负责人：吴征镒、张宏达、李锡文）；③古生代晚期，特别是新生代植物区系的发展和演化（负责人：陶君蓉、郭双兴）；④中国植物区系中重要科属的起源、分化和分布研究（负责人：路安民、陈书坤、吴德邻）。武素功（昆明植物所）任项目学术秘书，昆明植物所副所长吕春朝兼任行政秘书。

为了让参加研究各单位的中青年科研人员掌握植物区系研究的方法和重点，项目分南方片和北方片进行实地培训。南方片培训在广州肇庆鼎湖山自然保护区，北方片培训在兰州兴隆山、马衔山。吴征镒扶杖到两地与参加培训的科研人员一道作实地考察，针对两地不同的森林、灌丛和草地等植被类型的区系成分、性质和特有性讲述区系研究的方法和重点，跟大家一起爬山入林，现场讨论，解答大家提出的问题。"磨刀不误砍柴功"，经过两次培训，统一了认识，规范了方法。

汤彦承、王荷生、应俊生主持项目第一子课题：中国特有科、属的区系地理研究。发表论文八篇，其中有关于中国种子植物特有属的生物多样

图 9-10 "中国种子植物区系研究"项目主要课题负责人
（1990年。右起汤彦承、周俊、马毓泉、张宏达、吴征镒、齐书莹、王荷生、刘钟铃、陶君蓉）

性和特征以及特有科、属的分布型（王荷生、张镱锂），有忍冬科（狭义）植物地理及其对认识东亚植物区系的意义（汤彦承、李良千），有阴山荠（*Yinshania*）、泡果荠（*Hiliella*）分类研究、染色体及过氧化物同工酶以及演化和地理起源的研究（张渝华），有中国伞形科（Umbelliferae）特有属核型演化及地理分布和马蹄芹属（*Dickinsia*）系统位置及其渊源探讨（潘泽惠、佘孟兰、刘心恬、姚欣梅）。

吴征镒、张宏达、李锡文主持第二子课题：一些关键地区和研究薄弱地区的区系调查研究。根据项目的安排，组织了三次对关键和研究薄弱地区的重大考察，第一次是由李恒带队赴云南贡山独龙江地区的越冬考察，第二次是孙航、周浙昆、俞宏渊赴西藏墨脱的越冬考察，第三次是李德铢、孙航、费勇、白波、杨刚从东到西穿越西藏高原的补点考察。这三次重点考察涉及关键性的区系节点，补充历次西藏考察的不足点和不详点。意在为项目研究提供新的一手关键性资料和数据。

独龙江，发源于西藏察隅县伯舒拉岭南部山峰然莫日附近，经察隅县东南部进入云南贡山县，再流向缅甸克钦邦，入缅甸后称恩梅开江，最后

第九章 吴征镒与植物学 *217*

汇入伊洛瓦底江。独龙江是横断山脉西部"四江并流"的重要组成部分，独龙江峡谷保留着完好的原始生态环境，蕴藏有丰富的自然资源，植物种类丰富而特有，誉为"野生植物天然博物馆"。

吴征镒认为独龙江地区是一个重要的区系节点，以往采集标本均在夏天，而早春开花的植物几乎没有触及，故而对独龙江植物区系的认识是尚不全面，需要补上这一课。

古稀之年的李恒领衔前往独龙江作越冬考察，队员有黄景岭、潘福根、杨建昆、高应新（怒江州农牧局局长）。要在独龙江住一冬天，来年夏天雪山垭口冰雪融化才能出来。独龙江毗邻世界多雨中心印度阿萨姆，年降水量两三千毫米，雨天多晴天少，高山寒冷多风，河谷炎热潮湿，毒蛇、毒虫多，都得有所防备，所领导指示考察一定要注意安全，不能有丝毫闪失。李恒等于1990年10月29日出发，至1991年6月15日走出独龙江，越冬考察历时二百三十天，采集标本7075号。从河谷至高山来回考察采集，对独龙江地区早春至夏日的植物作全面调查采集，走遍独龙江的六个行政村落。他们得到贡山县、乡领导和独龙族民众的支持和帮助，克服了许多艰难险阻，考察终得顺利、安全和圆满完成。研究所派车至贡山迎接李恒等，所党委书记段亚华在所标本馆门口亲自迎接，给李恒等献上鲜花。项目领导者吴征镒对李恒也是赞赏有加。李恒所著《独龙植物区系研究》，获得中科院自然科学一等奖。

1990年7月初，李德铢、孙航、费勇、白波、杨刚等一行从滇藏公路入藏，横穿西藏高原面，直至西端阿里和普兰（雪松分布的西端点），作重点补点考察，历时九十多余天，采集标本2000余号。9月底回至拉萨，从青藏公路返回。此次横贯西藏高原面的补点考察，全在海拔四千米左右的高原面上进行，高原氧气稀薄，好在队员都比较年轻，慢慢地就适应高原环境了。

西藏墨脱的雅鲁藏布江大峡谷，情况与独龙江类似，是重要的植物区系节点且研究比较薄弱的地区。当年，西藏墨脱还是全国唯一没有通公路的县，进出要翻海拔四千五百多米的雪山垭口才能下到峡谷地区。吴征镒的博士研究生孙航、周浙昆和俞宏渊毅然担当起墨脱越冬考察的大任。

1992年9月，孙航、周浙昆、俞宏渊翻越多雄拉雪山垭口，下到海拔只有七百米的雅鲁藏布江边，行路艰险，生活艰苦，毒蛇毒虫多见，险情常在。三位年轻科研人员不惧艰辛，历时九个月，采集标本七千一百余号，而且采集了七百余号宝贵的活材料和细胞学材料，难能可贵。墨脱越冬考察，从克什米尔山地北缘到东喜马拉雅腹地及岗日嘎布山脉密林，从南端实际控制线到雅鲁藏布江大峡谷湾深处，遍及墨脱县的八个乡的大部分地区。

吴征镒为学生们的壮举十分欣慰并高度赞许。1999年，"雅鲁藏布江河谷地区植物区系地理的研究"获中科院自然科学二等奖。

项目很重视古植物（化石）的考察和资料收集，专门设置第三个二级子课题：古生代晚期，特别是新生代植物区系的发展和演化，由陶君蓉、郭双兴负责。发表研究论文十三篇，包括对被子植物花化石的研究、中国第三纪植被和植物区系历史及分区以及最早被子植物化石群的首次发现等，李承森、孙革、李振宇、傅德志、王宇飞、张川波、杨家驹、贺超兴、朴泰元、孙学坤、郑少林等参加研究。周浙昆是南京古生物所的硕士研究生，后在吴征镒指导下攻读博士学位，在吴征镒和古植物学家陶君蓉、郭双兴帮助下，很快成为古植物与现代植物区系结合的科研骨干。周浙昆在中国栎属植物的起源及扩散、栎属植物的历史地理学及硬叶常绿高山栎类化石的分类学等方面取得了可喜的研究成果。

对古植物和化石的研究，发现了可能是最早的被子植物花属群，发现地为黑龙江省鸡西城子河煤矿以西、穆棱河北岸路边（城子河组典型剖面）的城子河组顶部，采集到被子植物大化石标本八十余号，至少包括七个被子植物分类群，已初步鉴定五属五种。从植物系统发育和地理分布相统一的角度，提出被子植物起源的时间早于白垩纪，可能是在侏罗纪甚至三叠纪。

中国植物区系中重要科属的起源、分化和分布研究（第四子课题）在路安民、吴德邻、陈书坤主持下，项目对五十二个被子植物类群的地理分布进行了系统研究，阐述各类群系统演化的关系及其在地球上的分布式样；分析了各类群的分布中心，可能的起源时间和起源地以及现代分布格局形成的原因。通过对五十二个被子植物类群的全面论述，指出东亚是被子植物早期分化的一个关键地区，东亚是北半球温带植物区系的重要发生地；中国种子植物区系来源的多元性；喜马拉雅山脉隆起对中国植物区系多样性分化和丰富新特有成分产生巨大影响。

经过五年野外与室内的艰苦工作和研究，项目取得的主要成果有：① 提出中国植物区系分区的新系统，提出东亚植物区和古地中海植物区作为与泛北极植物区同等的独立植物区；中国分为四个植物区、七个亚区、二十四个地区和四十九个亚地区。② 论述特有现象在中国植物区系发生发展上的意义，重点论证特有属的八个分布中心和种级东亚成分的重要性。③ 论证中国植物区系起源的多源、多期、多域问题。④ 重点阐述横断山、华中和滇黔桂系的特征；森林、草原、荒漠区系在地区区系形成中的发展、分化与蜕变问题；各区系结构的形成与板块位移、分合的关系。⑤ 中国白垩纪至新生代植物区系的发展、演化，首次发现白垩纪早期被子植物化石。

为了进一步弄清中国植物区系与边邻国家和地区的关系，项目组织了三次国外考察。1990 年 7 月 8 日至 28 日，吴征镒与齐书莹（自然科学基金会生命科学部）、李恒访问加拿大，从西端的温哥华到东端的蒙特利尔，访问标本馆、博物馆查阅标本，考察自然保护区，目的是为东亚和北美东北部的九型间断分布找新资料。

项目组织还组织刘钟铃（内蒙古大学）、沈观冕（新疆生土所）和杨昌友（新疆八一宁学院）赴哈萨克斯坦考察和查阅标本，组织李鸣光、许兆然赴美国出席"双语植物信息管理研讨会"等科技外事活动。

1996 年，国家基金委组织专家验收委员会，李星学院士任主任，肖培根院士任副主任。项目组举办了图文并茂的研究成果展览，吴征镒作项目结题报告。

经验收专家委员会认真审查和评议，认为圆满完成预定任务，一致通过验收，获得 A 级（优秀）评价。验收评议意见如下。

国家基金委生命科学部于 1996 年 5 月 27—29 日在北京对重大项目"中国种子植物区系研究"进行评议验收。验收组认证听取了项目主持人吴征镒院士和课题组负责人的学术报告和工作总结，对照项目课题任务书的目标、计划要求，认为："中国种子植物区系研究"项目在吴征镒院士和学术领导小组主持下，组织了来自16个研究所和9所大学的200名植物学工作者，经过五年野外和室内的艰苦工作，取得一系列丰硕成果：

图9-11　评议验收时吴征镒作项目总结报告

1. 根据项目课题的研究结果，提出并论证了东亚植物区的新学说；

2. 探讨了被子植物的起源和演化的多系、多期、多域的特点，提出了建立种子植物分类新系统的构想；

3. 发现了可能是最早的被子植物化石群，从植物系统发育和地理分布相统一的角度，提出被子植物起源的时间早于白垩纪，可能是在侏罗纪甚至三叠纪；

4. 中国种子植物有343科、3155属、3万余种，其中有5个特有科、247个特有属，约17300个特有种，得出中国种子植物的主体是就地发生的重要结论，提出华中、滇黔桂和横断山地区是起源中心，并确定特有属的8个分布中心；

5. 建立了中国种子植物区系新的分区系统，分为4个区、7个亚区、24个地区、49个亚地区。

项目的研究成果对植物学领域中种子植物区系的起源、形成和演化以及植物区系的分区等重大基础性问题做出了突破性的贡献，提出新的观点和理论，形成了较完整的学术思想体系，将对国际植物学界产生重大影响。为我国自然保护，特别是生物多样性保护、国土整治、经济植物的引种驯化、植物资源的开发和持续利用等提供重要的科学依据。

项目组的植物学家们在有限时间、有限经费的情况下完成了大量的工作，取得了丰硕的成果并培养了数十名青年专业研究人才。项目组成员团结合作、努力奋斗，特别是深入条件恶劣的墨脱、独龙江进行越冬考察，取得大量第一手宝贵资料，体现了不畏艰险、献身科学事业的精神。

鉴于项目组超额完成了任务书规定的内容并取得突出成就，验收组全体成员一致通过同意验收。综合评价为 A（优秀）。验收组还认为，东亚植物区的新学说和建立种子植物分类新系统的构想将是我国植物学家对国际植物学的较重大的贡献，目前已居国际先进水平。

建议基金委对本项目重大优秀成果的基础上，积极组织"中国种子植物分类新系统研究"（暂定）的立项工作，在"九五"期间予以大力支持，使这一具有中国特色的重要课题能够不失时机地开展后续研究，进一步完善或深化已提出的新观点和新理论。

一九九六年五月二十九日

吴征镒敏锐地感觉到计算机技术的运用对植物区系研究会很有帮助，他让丁托娅研究将中国植物区系的所有植物种类建成数据库的可行性。那时，计算机技术的运用还未达到普遍的程度，处于开始推广阶段且计算机本身的性能也还在不断提升中。丁托娅经过一番努力，建程序、录数据，终于建成首个中国植物区系数据库，具有检索查找功能，并与英国同行开展交流研究，取得了双方都满意的结果，同时在国内外推广运用。那时互联网开始推广运用，吴征镒与美国植物学家 Peter H. Raven 用计算机发送

图 9-12 "中国种子植物区系研究"项目验收全体人员合影

邮件，讨论植物分类的问题，很快就取得共识，大家都体验到计算机技术和互联网带来的快捷和便利。在如今这样的事不算稀奇事，可那时却起到先行先用的示范作用。

"中国种子植物区系研究"项目是吴征镒中国植物区系地理学术思想的重要实践。举全国之力，全面而系统地研究中国植物区系的组成、特征、分布格局和起源演化等重大问题，奠下了中国植物区系地理学研究的基石。因领导项目，吴征镒担起中国植物区系地理研究的大任，从宏观与微观相结合、多学科综合交叉的层面上，谋划和部署植物区系地理研究的格局，推进植物区系地理学研究向纵深发展。

《植物区系地理学教学大纲》

1944年，刘慎谔发表"云南植物地理"（载于《李石曾先生六十岁纪念文集》，1944年），是近代研究云南植物区系地理之嚆矢。吴征镒吸纳国外主要学者的知识，参考R. Good不同时期的工作，编写《植物区系地理学教学大纲》，于1964年在云南大学生物系讲授植物区系学，后又以塔赫他间（1969）的工作为主线，结合中国实际，做了修订。

图9-13 在植物区系地理学讲习班上

1984年12月至1985年1月，云南植物学会在昆明举办植物区系地理、植物分类研究班，请时任中国植物学会副理事长、云南植物学会理事长的吴征镒讲授植物区系地理学，有来自全国各地的一百二十余位学员参加。依据此次的讲义，云南省植物学会编印成《植物区系地理学教学大纲》。

吴征镒在昆明（1983）、贵阳（1985）、肇庆和兰州兴隆山（1990）举办中国种子植物区系讲习班，讲授野外调查、记名样方、收集数据的要求，统一资料收集、分析和汇总的规范。

《植物区系地理学教学大纲》（修订版）是开展植物区系地理研究的基本教材。植物区系地理研究要求有坚实的植物分类学基础，其研究方法包括编制尽可能完善的地区植物名录、绘制分布区图、记述分布区概貌、确定各种地理成分、划分分布区类型和进行统计分析等。研究植物区系的特有现象、替代现象、隔离间断现象是重点内容。在深入调查的基础上，掌握详尽的区系资料，包括古植物、历史地理资料，运用形态-地理学、细胞地理学和等位酶分析等方法，对研究地区植物区系基本情况、生活型、分布区型、水平分布、垂直分布等作全面分析和总结，阐述植物区系的特征、起源及演化及其与相邻地区区系关系等问题，以求获得研究地区完整的植物区系科学知识。经多项课题的深入研究，吴征镒及其研究团队修改了《植物区系地理学教学大纲》，加入新的内容，丰富了大纲内涵。

中国植物区系的热带亲缘

1957年，吴征镒、王文采发表《云南热带、亚热带地区植物区系研究的初步报告》，针对地区性植物区系开展研究并取得重要进展。1964年，吴征镒从全球角度，将中国种子植物约2980属分为15个分布区类型和35个变型，并作出科学阐述，撰写"中国植物区系的热带亲缘"（The Tropicai Affinities of Chinese Flora）论文。研究指出"北纬20°—40°之间的中国南部，西南部和印度支那的广大地区最富于特别的古老科属，这些从第三纪古热带区系传下来的成分可能是东亚区系的核心，这一地区是东亚区系的摇篮，也许甚至是北美和欧洲植物区系的诞生地。"这一理论与稍后（1969 年）苏联世界著名植物学家塔赫他间的理论十分吻合，是吴征镒在理论上的重要贡献。

"中国植物区系的热带亲缘"在 1964 年北京科学讨论会上宣读，载于《北京亚非拉科学讨论会论文集》。中文发表于《科学通报》（1965，1：25–33）。

论中国植物区系的分区问题

中国植物区系十分丰富、复杂，不但起源古老而且是研究世界植物区系起源的关键地区之一。吴征镒在总结 L. Diels、H. Handel-Mazzetti、W. B. Hemsley、F. K. Ward 和李惠林等的先驱性研究工作，指出由于历史条件的限制，对中国植物区系研究所依的资料往往是局部和不全面的，因而不免有不全面和粗放之处，但他们在所致力的特殊方面均有独到见解和重要贡献，为现代研究奠定基础。加之刘慎谔、吴中伦、张宏达等的研究，也无疑使吴征镒得到有益启发。吴征镒在参加青藏地区的综合科考后，对青藏高原植物区系较为年轻和独立发展的历史有深入认识，该地区植物区系在高原强烈隆起、环境寒化和旱化过程中发生发展起来，而且拥有相当数量的特征属和种，故而提出建立青藏高原植物亚区的建议。吴征镒对中国 – 喜马拉雅植物区系和中国 – 日本植物区系从区系特征和发生关系上加以分析，应将二区系区别开来，提升为亚区位置。作者从植物区系成分和各地优势植被的区系组成进行详细分析和对比，提出中国植物区系分区系统分为泛北极和古热带两个植物区，下分七个亚区，二十二个地区和十二个亚地区，把青藏高原、中国 – 日本和中国 – 喜马拉雅分别列为泛北极植物区的三个亚区。并逐一对区系区、亚区、地区作出说明，依次进行尽可能的叙述，包括地理范围、科属种分析、可能的起源历史以及与邻区的比较等。

"论中国植物区系的分区问题"发表于《云南植物研究》[1979，1（1）：1–22]并获中国科学院 1983 年科技成果奖一等奖。

《植物地理》（上册）

《植物地理》是"中国自然地理"丛书的一部分。

吴征镒、王荷生多年合作研究植物区系地理，应用植物分类学、植物系统学和地理学的新资料，在自然地理和历史背景与植物发展演化的基础上，从五方面论述中国植物区系的特征。

第一，植物种类丰富。中国有维管束植物353科3184属27150种，仅次于马来西亚和巴西，居世界第三位。被子植物有291科，占世界同类科数的52.5%，蕨类植物有52科，占世界同类科数的80%，世界裸子植物有11科，中国除南洋杉科外均有分布。

第二，起源古老。中国地质历史悠久，具利于植物生存繁衍的多种条件，植物区系里包含有大量古老科属，蕨类植物、拟蕨类植物、裸子植物和被子植物等各类群中都有许多古老或原始的科属，即使是在发生系统上进步的一些科，也有比较古老或原始的类型（如蝶形花科沙冬青属 Ammopiptathus）。中国种子植物中单型属和少型属约1141属，占全国总属的38%，中国190多个特有属中单型属和少型属占90%以上。中国植物区系主要成分是第三纪古热带区系的后裔或残遗，充分证明中国植物区系起源的古老性，而且中国西南和江南可能是其发源地。

第三，地理成分复杂。依据植物种或科属的现代分布确定植物区系的地理成分。从区系起源和生态地理特性看，中国各类热带成分有1460属，占全国总属数的51%，具有明显的热带、亚热带性质；中国各类温带成分属930属，占全国属数32.4%，包含着世界温带分布的所有木本属；属于地中海或泛地中海成分有278属，占全国属数9.7%；中国特有属有190多属，多数分布于热带和亚热带。

第四，各种地理成分联系广泛，分布交错混杂。各类区系成分区系在中国境内分布相互交错渗透的现象十分明显，说明它们彼此在发生上和地理上的联系。由于中国西南地区自然历史过程和生态条件的复杂性，在这一地区交错渗透以及各类区系成分分布叠置现象尤为明显。

第五，特有植物繁多。由于自然地理和地史的种种原因，中国拥有190多个特有属，占全国总属数的6.8%，中国特有植物种类可谓丰富。而特有属的分布很不平衡，主要在秦岭－山东以南亚热带和热带地区，尤以西南，特别是云南最多。

对中国种子植物2980属分布区的对比研究，将中国种子植物属的分布区类型分为15个类型31个变型。详细列出个类型、变型所有的科、属、单型属、少型属以及大中小属的数，并分述各型的具体属名、分布图及具体属种名称，有的在变型下分列出地区，均依据中国植物区系实际分布尽可能列出属种植物和重要的分布图。

《植物地理》（上册）1983年由科学出版社出版。

论唇形科植物的进化与分布

唇形科有10个亚科221属（其中有63个单型属）6000余种，为世界性分布的大科。就科的进化而言，马鞭草科（Verbenaceae）与唇形科（Labiaceae）有密切联系，一般认为唇形科的马鞭草状植物是其原始类群。

J. Briquetd依据花柱是否着生于子房底和小坚果着生面大小将本科分为两大群，花柱不着生子房底且小坚果着生面大者为原始类群。吴征镒、李锡文等在J. Briquetd系统的基础上，结合唇形科各大类群地理分布的情况进而阐述科内各亚科、族和亚族进化线索，从而对唇形科内涉及时间和进化空间与分布两个方面问题作出概括性记述，附有"唇形科的系统排列及其分布表"和"唇形科一些亚科、族、亚族的分布略图"。

吴征镒、李锡文从唇形科科内各个群的进化和地理分布出发，结合地史考虑，对唇形科的进化和分布做出科学论述，得到如下结论：①唇形科的起源大约不晚于新生代第三纪初期；②唇形科的祖先十分可能起源于第三纪热带森林中的马鞭草状植物，这些植物和现代的筋骨草亚科中许多种类极其相近，并与古北大陆南端即北纬40度以南现代东亚的喜马拉雅至长江以南地区及印度－马来为其分化和特化的总枢纽；③唇形科的分化和发展是在古地中海沿岸开始，随着现代地中海的形成，特别是近东中亚和喜马拉雅地区的上升，热带非洲和热带美洲间大西洋的下陷，印度和东非间印度洋以及中美至南美的安第斯山山脉的隆起而在这些新隔绝或新形成的地区获得很大很快的分化和发展，近代唇形科的十个主要分布中心因而形成；④在唇形科的分化发展中，随着第三纪古北极区温带性质的吐尔盖伊森林区系在第三纪末期转变成针叶林的过程，在有些已发展成为顶级的大群中产生许多广泛分布于欧亚温带的属种，在远东则沿着白令古陆向东到北美的太平洋沿岸；⑤唇形科晚期的发展和分化主要表现萼、花冠和雄蕊在适应昆虫授粉的过程中所发生的特化现象上，这些就是近代唇形科分属的重要标准。

吴征镒、李锡文等对中国唇形科植物的分类、地理分布与进化进行深入系统研究得出的结论，美国俄亥俄大学植物系 Philip D. Cantino 深入研究唇形科植物的花粉形态和结构后，在 *Biogeographyc Implication* 发表文章明确支持吴征镒、李锡文关于唇形科起源于中国南部和印度－马拉西亚的观点，同意吴、李等唇形科"原始类群"和"起源地点"的论点。分属两地的科学家用不同的研究手段得到一致的科学结论，证实科学论断的正确性。故而"中国唇形科植物的分类、地理分布和进化"在获得中国科学院自然科学奖二等奖之后继而获得国家自然科学奖二等奖。获奖者为吴征镒、李锡文、周铉、陈介、宣淑洁。

"唇形科的计划与分布"载于云南植物研究 4（2）：97—118，1982。

东亚植物区系区的划分和特点

吴征镒、武素功发表 A PROPOSAL FOR A NEW PLORISTIC KINGDOM（REALM）——THE E. ASIATIC KINGDOM, ITS DELINEATION AND CHARACTERISTICS（一个新的植物区系区的建议——东亚植物区系区的划分和特点），简述有关东亚地区植物区系区划分的变化历史，对东亚植物区系区的地理范围做出划定。论述东亚植物区系区拥有的特有科、特有属以及东亚植物区系区与 Sino-Himalayayan Subkingdom、Sino-Japanise Sunkingdom、Indo-Malaya of Paleotropic 以及 E. China Provinces（regions）、S. China Provinces（regions）etc. 的关系。"东亚植物区"（E. China Kingdom）应与泛北极植物区（Holarctic Kingdom）、古地中海植物区（Tethys Kingdom）和古热带植物区（Paleotropic Kingdom）并列。"东亚植物区"提出，改变了世界陆地植物区系分区格局。

载于［Proceedings of the IFCD（1996）3-42］*Floristic Characteristics and Diversity of Ester Asian Plant*，由高等教育出版社和 Springer-Verlag 于 1998 年出版。

综论广义木兰亚纲

1996 年 7 月，在昆明召开的"东亚植物区系的特点与多样性"国际学术研讨会上，吴征镒、路安民、汤彦承宣读了此论文。作者们在对广义木兰亚纲综合研究的基础上，提出并全面而深入地论述"多系、多期、多域"系统的可能性和必要性。

文章载于 Proceedings of the IFCD（1996：269-334）*Floristic Characteristics and Diversity of Ester Asian Plant*，由高等教育出版社和 Springer-Verlag 1998 年出版。

《中国被子植物科属综论》

吴征镒领衔的国家自然科学基金委重大项目"中国种子植物区系研究"完成后，项目集体形成一些共识，总结出东方人科学思维的一整套认识论和方法论，提出东亚植物区系的起源和分化，对广义木兰亚纲的综合理论分析，初步完成自己的分类实践，其意在以东方人的直观、整体观、辩证观，用综合和归纳为主的科学思维，弥补以微观、孤立观、绝对观推理和分析为主的科学思维的不足之处。用六年功夫，吴征镒、路安民、汤彦承、陈之端、李德铢完成了《中国被子植物科属综论》由科学出版社于

2003年出版。论著回顾了被子植物分类系统的发展历史，对现代国际上影响较大的分类系统进行了评述；讨论了研究植物系统学的基本理论和方法。提出被子植物的八纲分类系统，将全世界被子植物分为八纲四十亚纲二百零二目五百七十二科。根据形态（广义）、分子、化石和地理分布等方面的证据，对中国分布的三百四十六科三千一百余属进行综合分析，论述它们的系统位置、科内和属下的分类系统、分布区及现代分布格局的形成和起源、一些重要类群在生产实践中应用价值，同时还指出某些类群在系统学上还存在的问题。

《中国被子植物科属综论》提出被子植物的八纲分类系统，阐述建立植物门一级分类系统的工作原则。被子植物的八纲，即：

木兰纲 Class 1. Magnoliopsida Brongn.，包括5亚纲11目17科；

樟纲 Class 2. Lauropsida Horan，包括3亚纲4目9科；

胡椒纲 Class 3. Piperopsida Bartl.，包括2亚纲4目8科；

石竹纲 Class 4. Caryophyllopsida Bartl.，包括3亚纲8目20科；

百合纲 Class 5. Liliopsida Batsch，包括10亚纲43目119科；

毛茛纲 Class 6. Ranunculopsida Brongn.，包括4亚纲9目17科；

金缕梅纲 Class 7. Hamamelidopsida C. Y. Wu, Y. C. Tang, A. M. Lu, & Z. D. Chen，包括3亚纲11目21科；

蔷薇纲 Class 8. Rosopsida Batsch，包括10亚纲112目361科。

《中国被子植物科属综论》以八纲系统和世界植物区系为背景，以形态－地理观点为主线，对中国被子植物各科、属进行综合、具体分析。按各科出现于中国植物区系中的科的系统排列（并非按科的大小为次序）。每科首先列出科名、来源、大小、分布范围或特点，特别对在系统和区系中的地位、作用以及现在还应用或仍在继续研究中各大系统的认识和所放位置的历史发展及其理论根据与争论焦点所在，能简则简，该繁必繁，着重论述争论焦点的情况和实质。

《中国被子植物科属综论》主要参考文献有 A. Takhtajan（《世界植物区系区划》，1988）、K. Kubitzki 列举的各科和 Mabberley（1998）的有关分类学专著。附录中特别列出"世界种子植物分布区类型"。

《中国被子植物科属综论》出版以来其被引用率一直位居前茅。

世界种子植物科的分布区类型系统

植物分布区类型的划分是植物区系地理学研究的重要方法。分布区类型是指植物类群的分布与图式基本一致地再现。论文对世界所有种子植物的科进行分析整理，提出世界种子植物科分布区类型的划分方案，将世界种子植物的科划分为十八个大分布区类型。作者沿用中国种子植物属分布区类型的表现方式，用阿拉伯数字1—18代表不同的分布区类型，其中1—15与中国种子植物属分布区类型一致，16—18是中国没有分布的科。除1、11、16、18外，均有或多或少的变型共74个。十八个世界种子植物科的分布区类型如下：

1. 广布（世界广布）（Widespread=Cosmopolitan）；

2. 泛热带（热带广布，Pantropic）；

3. 东亚（热带、亚热带）及热带南美间断（Trop. & Subtr. E. Asia & S. Trop. Amer.disjuncted）；

4. 旧热带（Old World Ttro Ttropic=OW Ttrp.）；

5. 热带亚洲至热带大洋洲（Ttrop. Asia to Ttrop. Australasia Oceania）

6. 热带亚洲至热带非洲（Trop. Asia to Trop. Africa）；

7. 热带亚洲（即热带东南亚至印度－马来，太平洋诸岛。Trop. Asia =Trop. SE. Asia+Indo−Malaya+Trop. S. & SW. Pacific Isl.）；

8. 北温带（N. Tenp.）；

9. 东亚及北美间断（E. Asia & N. Amer.desjuncred）；

10. 旧世界温带（Old World Temp.=Temp. Eurasia）；

11. 温带亚洲（Temp. Asia）；

12. 地中海地区、西亚和中亚（Medit.，W.to C. Asia）；

13. 中亚（C. Asia）；

14. 东亚（E. Asia）；

15. 中国特有（Endemic to China）；

16. 南半球热带以外间断或星散分布（Extratropical S. Hemisphere disjuneted or disjersed）；

17. 热带非洲 – 热带美洲间断（Trop. Africa & Trop. America disjuncted）；

18. 泛南极（Holantartic）。

论文列出了世界种子植物科（包括裸子植物）的分布区类型表，并将中国有分布的科均列出科号；用斜体列出中国没有分布的科；黑体标出分布区类型。

这一划分对理解世界被子植物区系的形成发展有一定帮助，并对陆地植物分区的深入研究提供了一个有效的手段。

"世界种子植物科的分布区类型系统"载于《云南植物研究》，2003，25（3）：252—256。

《中国植物志》第一卷

该书对《中国植物志》及其英文增订版 *Flora of China* 已出版各卷所列属、种进行了综合分析，指出中国实际上是东亚的中心，也是被子植物可能的起源和发展地。基于形态 – 地理观点，该书对中国被子植物科、属、种进行详细的区系地理分析。科无论大小，均按系统排列，即按八纲系统次序，对应新划出的科或有争议的科，对其特征、分布、系统位置等也略作说明。属一级是分析的重点，主要分析科中各属发生次序、分布特征、种系大小、分化规律及其在有关资源与植被中作用。属下均列出分布区型代号、中国种数和世界种数。

吴征镒和陈心启主持编辑第一卷，有多位执笔者参加撰稿。第一卷对《中国植物志》编研历史、采集标本史和资料收集史作简要回顾，旨在使读者对这部巨著的历史有较为全面的了解，对中国维管束植物区系、资源以及植被有一个概略的认识。鉴于对维管束植物中不同科、属也有不少专论，其学术观点不可能是相同的。即便在《中国植物志》的不同卷册中，对于属与种的处理也因人而异，不尽相同。吴征镒作为《中国植物志》的主编，"求得大同，存有小异"，完成了《中国植物志》的全卷册出版。

《中国植物志》第一卷的前四章，分别论述中国植被及其植物区系（作者陈灵芝、陈伟烈、黄金亭）、中国蕨类植物区系（作者陆树刚）、中国裸子植物区系（作者王荷生）和中国被子植物区系（作者吴征镒、彭华、李德铢、周浙昆、孙航）。前四章是本卷论述的重点，而第四章中国被子植物区系是重点中的重点。

《中国植物志》第一卷与《中国被子植物科属综论》《种子植物分布区类型及其起源和分化》《种子植物区系地理》是吴征镒等自主创新研究成果的四部姐妹篇。如果读者有兴趣同时参阅 A. Takhtajan（1997）、K. Kubizki（1993—2002）和 D. J. Mabberley（1997）等人的论著，于更全面而深入地了解吴征镒等关于被子植物区系的论述会大有裨益。

对中国蕨类植物区系、裸子植物和被子植物区系进行综合分析，加深了对中国 300 科 3407 属 31141 种植物的特征、性质和发生演化的科学认识，是中国植物学者自主创新的成就。

参与本卷编著的有中科院昆明植物研究所的吴征镒、彭华、李德铢、周浙昆、孙航，中科院植物研究所的陈灵芝、陈伟烈、王金亭、朱太平、王印政、覃海宁、傅德志、陈心启、崔鸿宾、戴伦凯、夏振岱，中科院地理科学与资源研究所的王荷生和云南大学的陆树刚。

本书由科学出版社于 2004 年出版。

《种子植物分布区类型及其起源和分化》

1964 年，吴征镒发表"中国植物区系的热带亲缘"（The Tropical Affinities of Chinese Flora），是研究中国种子植物区系的起步。1979 年发表"论中国植物区系的分区问题"，提出中国植物区系的分区方案。此后数十年间，特别是改革开放后的二十余年，随着对国内外的深入考察，获得不少新的认知和新的重要资料，进而有新的思考和提升。

本书阐述植物区系地理学（Floristic Plant Geography）定义的同时，分别记述植物区系地理学和植物群落学（Plant Community）、植物生态学（Plant Ecology）等有关学科的联系和区别；植物区系地理学的发展趋势与进化生物学（Evelution Biology）、生态系统生态学（Ecosystem Ecology）、地质学（Geology）、古生物学（Paleontology）等有关学科融合而形成生物地理学（Biogeography），阐明植物区系地理学在理论上和实践上的意义。

分布区的学说，包括植物的分布和分布区类型，分布区的特有性和替代性。详细论述分布区的大小（作为地理数量的分布），有广域分布或广布（eurychore）和狭域分布种（stenochore）；植物个体在其分布区内的分布状况有广生态幅（eury-topoue）和狭生态幅（steno-topous）两种状况。分布区类型有连续分布区、间断分布区和带状分布区。

论述在迁移和隔离分化过程中分布区的形成问题，分析植物种扩大或缩小其分布区的内部因素和外部因素后，其内部因素包括在不同生活条件下生活的天赋能力（vigour）、对环境变化的适应能力（种的可塑性）以及有性繁殖和营养繁殖的强度等。外部因素主要指限制或遭受植物进一步迁移的自然性质的条件。故而有相对稳定分布区和不稳定分布区之别。此外尚有发生中心、多样化中心和多度中心等概念。

关于间断分布及其起源，间断分布有洲际间断分佈、地方性和局部性的区域间断分布、残遗分类单位与残遗分布区（避难所），残遗分类单位的年龄、残遗现象和进化残遗、特有显象和特有种（endemism and endemic species）和替代现象，成对现象，假替代现象和它们的分布。接着介绍分布区形成的几种假说和植物区系形成和发展的几种假说。

提出世界种子植物科的分布区类型系统，以中国植物属的分布区类型系统为基础，经过分析整理，世界所有科的分布区类型分为十八个大类型，七十四个变型。并对各大类型及其各变型做了简述。附有世界种子植物科的分布区类型表（包括裸子植物），表中对中国有分部的科均列出科号，对中国没有分布的科以斜体标示，用黑体标示分布区类型。

接着，对中国种子植物属的分布区类型作分析，附有现存裸子植物新系统和被子植物八纲系统及分布和可能的起源作了记述。

本书作者吴征镒、周浙昆、孙航、李德铢、彭华。由云南科技出版社于2006年出版。

《中国种子植物区系地理》

《中国种子植物区系地理》是 1990 年至 1994 年国家自然基金委重大项目"中国种子植物区系研究"的正式总结。在"中国种子植物区系研究"项目总结验收时，《中国植物志》第一版尚未全部完成，项目的学术性总结为此书奠定科学基础和思想基础。

2004 年末，《中国植物志》全部出版。2005 年，吴征镒已年过九十，于是，吴征镒等着手系统整理之前所掌握的全部植物区系资料，用自创的独特方法，结合前人的区系分析方法加以分析，撰著本书。

书中"中国晚白垩纪至第三纪植物化石区系的演变和分区"由陶君蓉执笔。依据植物化石资料和孢粉组合特征，论述中国第三纪植物区系和中国第三纪植物区系的发展演变。为弄清中国现代植物植物区系的来龙去脉提供历史证据和支持。

植物区系分区的目的在于把各个不同地域的不同区系，综合它们所以形成的历史和地理的诸多因素，划分为不同的区域，从而为植物资源的开发、物种引种、植物多样性保护以及农、林、牧的远景规划提供科学依据。

吴征镒等提出中国植物区系区划的原则和方法，据此编制中国植物区系分区系统，即分为四个区（泛北极植物区 Holarctic Kingdom、古地中海植物区 Tethys Kingdom、东亚植物区 Eastern Asiatic Kingdom 和古热带植物区 Paleotropic Kingdom）、七个亚区（Subkingdom）、二十四个地区（Rigion）、四十九个亚地区（Subregion）。东亚植物区是吴征镒等（1996）以分类学和地理学分类单位为基础，依据各种等级分类单位（科、属、种）的分布状况及其在某一地区的特有性程度新提出的区一级区系区，改变了世界陆地植物区系的格局。

《中国种子植物区系地理》所用的各科下的演化系统，乃是中国所能接受的各个最新系统的综合，而各个基本分类单位属的概念，又重在其分布区的形成（能以复式表现的尽可能用复式）。可以说是对传统区系分析的一种革新的尝试，目的是使区系分析更能体现科以下诸多属级单位在全科，乃至全目、全纲、全亚纲的系统演化。

作者们用第六章一整章的篇幅论述了中国植物区系与其他地区区系的联系及其在世界区系中的地位和作用。中国地处北半球，最北（黑龙江漠河）和最南（南沙群岛）之间跨度有49°5′，包括六个温度带。就区系性质而言，介于泛北极植物区和古热带植物区的交汇处。鉴于东南亚乃至东亚地区现在生存着众多的被子植物原始类群的事实，通过对这些原始类群各科的深入研究和分析，认为这一地区地质极为复杂，没有广泛的冰川作用，反映了孑遗气候的条件，大陆板块的漂移，带来了一些其他区系的成员，导致东南亚乃至东亚地区成为一个极为复杂而混生的区系，具有许多古老和孑遗类群，作者们的结论是东南亚乃至东亚地区不是保留中心，而是被子植物起源中心。吴征镒早在1964年就提出："居于北纬20°—40°之间的中国南部与西南部和中南半岛的广袤地区，是最富于特有的古老的科和属。从第三纪古热带区系传下来的成分可能是东亚区系的核心，而这一地区则正是这一区系的摇篮。更广泛地说，它甚至可能是北美和欧洲植物区系的出生地。"在云南和东喜马拉雅－阿萨姆－上缅甸－日本南部的亚热带区域，存在着许多系统上原始的类群，这些类群时后来发展成为北温带植物区系的一个古老核心。故东南亚乃至东亚地区也是北温带植物区系的起源地。中国植物区系在世界植物区系中的重要角色毋庸置疑。

《中国种子植物区系地理》作者吴征镒、孙航、周浙昆、李德铢、彭华。孙航负责补充2000年以后的新资料和2000年前后各有关属系统研究（包括古植物）的各方面资料，孙、周、李、彭做了补充审定工作。本书第一章由王荷生执笔，第三章由武素功执笔。杨云珊完成各类附表，陈心启根据 *Flora of China* 提供中国兰科系统资料。由科学出版社于2011年出版。

《中国植物区系与植被地理》

2011年，孙航受吴征镒委托，参加"中国自然地理"丛书的编纂工作，撰写了《中国植物区系与植被地理》。包含植物区系地理和中国植被地理两部分，其中"中国植物区系地理"由孙航执笔。《中国植物区系地理》是《中国自然地理·植物地理》（上册）和《中国种子植物区系地理》的修订版，添增了许多新成就、新资料。关于中国植物区系的历史演变，增添晚白垩纪以来北半球植物区系的衍变进程和晚白垩纪以来中国植物区系的分区及演变的新内容；对中国种子植物区系的基本特征有新的概括（即植物种类丰富复杂，起源古老、进化系列完整，地理成分复杂，特有类群繁多）。对植物属的分布区类型和区系分析，共计十五个类型、三十五个变型论述更加详尽。提出区系区划的原则和方法，建立中国植物区系分区系统，对各分区（四大区：泛北植物区、古地中海植物区、东亚植物区和古热带植物区）做出更加详尽的分析，更综合、更全面地反映了中国学者的新思想、新成就。

王荷生（中科院地理科学与资源研究所）、陶君蓉（中科院植物研究所）和武素功（中科院昆明植物研究所）提供部分资料。

《中国植物区系与植被地理》陈灵芝任主编，孙航、郭柯任副主编，科学出版社于 2014 年出版。

《横断山高山冰缘带种子植物》

高山冰缘带植物区系是高山隆起后植物适应极端生存环境的产物，其所处的生境是陆地植物多样性分布海拔最高的极限环境。高山冰缘带气候严寒、风大、温度变化剧烈，仅有少数具有特殊生物学特性的物种才能定居，一般植被覆盖度不超过 5%，种群数量小。

与世界各大高山冰缘带相比，由于受印度洋西南暖湿季风和独特地形因素的综合影响，横断山高山冰缘带孕育着全球最为丰富的冰原带植物区系，有 48 科 168 属 942 种（含种下单位）。横断山高山冰原带种子植物为已知世界各大洲高山带或同类生境种植物种类的两三倍。

从优势特征科看，喜马拉雅-横断山与世界其他高山冰原带有许多共性，是许多植物类群的分布和分化中心，故它所拥有的一些重要特征科世界其他地区不常见或种类稀少，而这些特征科（含十种以上）是横断山高山冰缘带植物的组成主体，达 872 种，占总数的 93%。

全书对横断山高山冰缘带植物的繁殖生物学特性做了阐述，提出高山冰原带植物多样性保护的重要性和保护建议。

九十七岁高龄的吴征镒为本书作序，特别指出高山冰缘植物特殊性及在植被垂直带谱中的特殊地位，特殊生境的适应能力，或许是宏观与微观相结合的重要切入点，希望年轻学者深入扩展和追索，取得更大创新成果。这是吴征镒为弟子专著的最后作序。

《横断山高山冰原带种子植物》由孙航、李志敏主编，徐波、孙航、李志敏撰稿，罗东、牛洋、乐霁培、张建文协助编写，科学出版社于2014年出版。

专业研究室的设立

为了配合植物区系地理的研究，吴征镒对研究室作出了调整。1982年，植物分类研究室更名为植物分类与植物地理研究室，1993年，自费成立生物多样性与生物地理开放研究室。2006年12月，中科院批准成立中国科学院生物多样性与生物地理学重点实验室。2012年，中国科学院生物多样性与生物地理学重点实验室更名为中国科学院东亚植物多样性与生物地理学重点实验室，植物区系地理研究始终有坚实的实体依靠。

在把握学科方向和学科领域上以吴征镒为首的植物区系地理研究团队，十分重视地理学与植物学交叉的边缘学科植物地理学的研究。同时观注涉及研究植物区系起源及其发展历史的历史植物地理学和研究植被结构、功能、分布及其与环境之间关系的生态植物地理学。随着宏观和微观学术思想的交融和发展，给植物区系地理学和植物地理学研究带来新的机遇和挑战，植物区系地理学与植物分类学、植物系统学、植物形态学、古植物学结合形成了植物生物地理学，分子生物学与生物地理学结合形成分子生物地理学，促进宏观生物多样性与微观的基因形成、基因表达相结合的研究格局。植物学家把植物分布看成是植物或植物群落的一种性质进行研究；地理学家则把植被作为自然地理环境的一个重要组分，是鉴别区域特征，进行自然区划时不可缺少的参量。昆明植物所一批优秀而年轻的科研人员，正沿着吴征镒开创的植物区系地理研究方向努力探索，向新的台阶迈进。

吴征镒十分重视植物区系地理学研究和古植物学研究的结合，需要借助古植物资料进一步论证植物区系的起源、发展和演化问题。现代植物区系是历史植物区系的延续，探索植物区系在地质历史中的演变，方能深刻理解现代植物区系的形成。所获得的古植物研究新资料，可提供可靠的地史佐证。为推进与古植物学科的结合研究，吴征镒采取两方面措施。

其一，1986年，吴征镒招收的首届博士研究生中特别招收有古植物学背景的硕士生周浙昆。鉴于栎属（*Quercus*）植物（包括青冈属*Lithocarpus*）在东亚森林生态系统中的重要地位以及栎属在地质历史上有丰富的化石记录，吴征镒将周浙昆的博士论文定位在栎属植物的分类、分布及起源演化，要求采取古今结合方式开展研究。周浙昆刻苦钻研，认真研究，取得了良好成绩，完成的博士论文获得中科院院长优秀奖。

其二，强化与中科院南京地质古生物研究所和中科院植物研究所古植物研究室的合作。1994年，他与李星学院士、周志炎院士和郭双兴研究员等就东亚植物区系的发生演化问题进行商谈和研讨，重点探讨东亚植物区系起源及迁徙、物种分化等问题。经过充分协商讨论，决定合作深入研究东亚植物区系的发生、发展，昆明植物研究所、南京地质古生物研究所和北京植物研究所古植物研究室联合申请国家基金会重点项目"东亚植物区系中的主要特征成分和重要类群的形成演变"，获得资助一百万元。吴征镒主持，周浙昆实际负责具体组织实施和运作协调。周志炎负责研究水杉、银杏等中起源问题。2005年，项目获云南省自然科学奖一等奖。

周志炎院士说："吴老的这项研究我非常赞同。以前植物界与古植物界专家相互联系不是很密切，古植物学科是放在地学科的，我们完全是地学学科方面的研究。吴老在学术方面是很有眼光，是世界级的人物，他的见解跟一般人是不一样的。通过项目的研究，古植物和研究现代植物结合起来了。我们很愿意在吴老指导下，共同研究植物区系的起源演化问题。"

吴征镒十分重视科属植物地理学和区域植物地理学研究，"中国种子植物区系研究"项目特别列出"中国种子植物区系中重要科属的起源、分化和地理分布"课题。路安民等对种子植物不同演化水平的五十二个类群的地理分布和起源演化进行了系统研究，提出了一些新的学术观点：

一是关于生物进化研究的原理和方法，提出生物界进化是时间和空间综合作用的结果，物种既是时间的产物，又是空间的产物，进化既是时间过程，又是空间过程，这两个过程是相互联系的统一过程。据此，植物科属地理研究主要回答的问题是：类群的分布格局、分布区中心。起源中心或起源地、化石历史或可能的起源时间、散布或扩散途径及分布格局形成的原因。

二是提出东亚是被子植物早期演化关键地区的观点，研究明确了东亚的地理范围，指出在六十个原始的被子植物科（Smith，1970），东亚有四十一个科，东亚（含东南亚）是世界上原始被子植物最丰富的区域。吴征镒等将东亚植物区（Eastern Asiatic Kingdom）提升到与泛北极域（Holarctic）、古热带域（Paleotropic）、新热带域（Neotropic）等同区系级的水平。

三是提出北半球是温带植物区系重要发生地的观点，指出北半球的温带科得到充分的发展，由此散布到其他区域。东亚受第四纪冰川覆盖的影响较少，成为植物的避难所，当气候变暖后，植物北移，东亚成为北半球温带植物区系的发源地。

四是提出中国植物区系来源具有多元性的观点。有劳亚古陆来源、冈瓦纳古陆来源、古地中海来源和中国本土起源等方面。

五是提出喜马拉雅山脉的隆起对中国植物区系多样性分化和丰富新特有成分有巨大影响的观点。

吴征镒及其研究团队重视区域性的区系植物地理学研究。如税玉民等对金平分水岭、绿春黄连山地区植物区系进行考察研究，李恒对独龙江和高黎贡山区系研究，彭华、刘恩德等对无量山、南华大中山、大姚百草岭、永德大雪山、云龙天池－龙马山区系研究等。这些区域植物地理研究是中国种子植物区系研究中的重要领域。尽可能占有有关科属植物分布学资料，结合多学科知识，探讨各植物类群的分布区形成及演化规律。这些研究具体植物区系的成果，充实了东亚植物区系研究的实际内容。

在吴征镒学术思想指导下，昆明植物研究所组建分子生物学研究团组，部署植物分子系统发育与植物地理学及谱系地理研究相结合的研究。植物分子地理学是分子生物学、植物系统学和生物地理学三者的交叉学科，是植物区系地理研究向微观方向的深入发展。昆明植物研究所的中青年学者乘势而上，在这些研究领域取得重要的科研成就。引领我国植物DNA条形码和iFlora的研究，形成明显的特色、优势及影响力。

谱系地理学（Phylogeography Avise 1987）是应用分子生态学的研究方法，研究植物过往进化事件及历史的一门新兴学科。也是吴征镒及其研究团队重视的领域。主要探讨种内及近缘种间谱系地理分布的原理及过程；解释物种进化与地质历史之间的关系；以近缘物种或种内居群（population）为主要研究阶层，阐明遗传变异的地理分布或由基因交流或由共祖关系造成。

植物保护生物学研究

全球社会经济不断发展中，人类活动和气候变化的加剧，不少生物栖息地出现毁灭性丧失，生物多样性面临巨大危机。野生生物种质资源是在亿万年地质历史中适应性进化形成的，是栽培植物、家养动物及人工培养生物的资源宝库，也是培育动植物新品种的物质基础。这些资源一旦消失，则不可逆转，并可能在根本上影响生态文明建设进程和社会经济持续发展。越来越多的国家认识到，必须建立野生生物种质资源的保藏体系，方能维护自然生态平衡和应对全球环境变化带来的挑战，让人类拥有一个安全的生态环境和可持续发展的空间。

1999年，昆明举办世界园艺博览会，国务院总理朱镕基来昆视察，吴征镒借机向朱总理呈送建立"云南野生生物种质资源库"的建议，得到重视和支持。

面对党和国家的高度重视，吴征镒深感欣慰，同时也感到肩负的责任重大。吴征镒部署"西南野生生物种质资源库"立项报告和项目可行性报告的编制，成立专门小组，李德铢主管。

2001年，云南省人民政府和中国科学院邀请许智宏、李振声、张新时、匡廷云、王文采、张广学、魏江春、洪孟民和周俊等院士和有关部门领导在北京就"中国云南野生生物种质资源库"建设方案进行讨论和咨询。吴征镒两次赴京参加项目立项会和项目论证会，亲自解答评审专家的质疑和提问。2004年11月项目获得国家计委批准。2004年11月29日，"中国西南野生生物种质资源库"在昆明植物所奠基，吴征镒坐轮椅亲赴奠基庆典现场，中科院副院长陈竺，云南省人大常委会副主任梁恭卿、王义明，云南省副省长高峰以及中科院生命科学与生物技术局局长康乐等领导出席。2005年3月22日，"中国西南野生生物种质资源库"楼群在昆明植物所破土动工，2007年4月29日，年已九十一岁的吴征镒又坐轮椅参加竣工剪彩。值此，"中国西南野生生物种质资源库"转入运行阶段。

在竣工典礼上，吴征镒深情地感谢党中央、国务院的关怀，感谢中科院、云南省委、省政府的大力支持。

吴征镒说："国家重大科学工程项目'种质资源库'的建成为我们保护野生生物种质资源建立了工作和研究平台。要建成国际一流的野生生物种质资源保护设施和科学体系，今后的工作任务还很十分繁重。希望大家齐心合力来完成肩负的使命。"

种质资源库收集保存野生植物、动物和微生物种质资源，设立植物种子库、植物离体库、植物DNA库、微生物库、动物种质库和植物种质资源圃等单元。计划第一个五年期，收集保存各类野生生物种质资源达到6450种66500份（株），规划十五年内达到19000种190000份（株）。如今已超额实现这一目标。

2006年7月31日上午，朱镕基及夫人劳安一道来昆明植物研究所视察，查看正在建设中的中国西南野生生物种质资源库及植物标本馆、植物化学与西部植物资源持续利用国家重点实验室等。看到他批示建设的野生生物种质资源库基本建成，十分高兴，勉励大家不仅要建成一流的资源库，还要管好、用好资源库，工作也要一流。在植物标本馆接见吴征镒时，朱镕基亲切地握着吴征镒的手，说："您永远是我们的老师！"朱、劳都是清华毕业的，加上陪同视察的云南省省长徐荣凯也是清华毕业生，四位不同年代的清华人聚在一起，热烈而亲切。吴征镒十分感谢朱总理高屋建瓴的批示，表示不辜负党和国家的期望，一定要建好、管好、用好资源库。

2006年8月7日上午，全国人大常委会副委员长、中科院院长路甬祥，在云南省人大常委会副主任梁恭卿等有关领导的陪同下，到昆明植物所视察工作。路院长视察了国家重大科学工程"中国西南野生生物种质资源库"建设项目和昆明植物所植物化学与西部植物资源持续利用国家重点实验室后，特地到家里看望了吴征镒。

2007年12月，昆明植物研究所所长兼种质资源库主任李德铢与世界混农林业中心（ICRAF）签署树种种质资源保护协议和"树种种质资源保存"合作备忘录。至此，种质资源库与英国"千年种子库"、挪威"斯瓦尔巴德全球种子库"成为世界植物种质资源保存三大重要机构。种质资源库接收来自英国"千年种子库"（MSB）和国际混农林中心（ICRAF）收集的45个国家1197份植物种子备份保存，标志着种质资源库担当起生物多样性保护和种质资源保存的历史责任和国际义务。

图9-14　种质资源库主任李德铢与世界混农林业中心签署树种种质资源保护协议（2007年）

种质资源库在实施种质资源保藏过程中，不忘自己的社会责任。将保藏技术标准规范应用于 61 个国家或省级自然保护区、高等院校和科研机构，举办各类培训班，培训 1675 名种质资源收集保存技术人员。创建野生植物资源本底数据库，记录数据 21 万条，存储容量达到 128G，连接国家自然科技资源平台实现数据共享，网站访问总量达 1.22 亿人次。

种质资源库培养和引进一批高端科技人才，创建植物基因组学研究团队，建成分子生物学实验中心。植物基因组学研究重点开展植物种质资源的基因组学与生物信息学、植物生理与功能基因组学、植物比较基因组学和功能基因组学、植物分子系统与进化研究和植物 DNA 条形码等研究。成立以来，在基因组学、生物信息学、群体遗传学、进化生物学、保护遗传学、分子生态学、植物种质资源学和作物遗传育种等众多领域里取得一批科研成果，获奖项目多项。

种质资源库审慎分析当代植物科学发展趋势，首次提出智能植物志（iFlora）的概念，集成现代植物科学、DNA 测序、超算和云计算等技术与现代信息化技术相结合，率先制定植物的国际综合识别和评价标准，构建综合数据库平台，引领植物科学数字化发展方向，为公众服务。

种质资源库启动植物 DNA 条形码研究，加入国际生命条形码（iBOL）计划。2010 年 1 月，召开"中国植物 DNA 条形码战略研讨会"，提出植物 DNA 条形码新标准，制定"植物 DNA 条形码技术规范"，举办植物 DNA 条形码技术规范培训班。2012 年 5 月，国际生命条形码计划科学指导委员会主席 Pete Hollingsworth 与国际生命条形码计划中国委员会授权代表、昆明植物所所长李德铢共同签署"中国—国际生命条形码计划合作备忘录"。

2013 年 10 月，在昆明组织了第五届国际生命条形码大会，发布了《昆明宣言》。

种质资源库研究团队已发表论文百余篇。取得授权专利十一项，出版专著（译著）三部。

图 9-15　参加交换合作签字仪式的代表合影（2012 年 5 月）

图 9-16　签署《昆明宣言》各方代表合影（2013 年 10 月）

第九章　吴征镒与植物学

植物资源合理利用与生态环境持续发展研究

植物资源合理利用一直是昆明植物研究所的重要科研任务。所谓"合理"包含科学和可持续之意。建所之初,吴征镒与蔡希陶积极筹建植物化学研究室,意在从分析研究植物的化学成分入手,发现其有用物质,逐步建成植物化学研究体系,为国家经济建设服务。如今,已发展成植物化学及西部植物资源持续利用国家重点实验室。植物化学国家重点实验室面向学科前沿和国家重大需求,以中国西部地区丰富的植物资源为研究对象,以天然产物为核心,有机化学为基础,与生命科学等多学科合作交叉,开展植物化学与植物资源、天然产物活性与功能、天然产物化学合成与生物合成、先导化合物发现和创新天然药物等研究,为我国植物化学、天然药物化学学科发展和植物资源持续利用做出贡献,逐步建设成为引领国际植物化学领域的研究中心之一。

吴征镒于植物区系地理有精深的研究,特别在植物区系历史分布格局与现代分布格局相关研究方面,成果丰硕,发表"茄科(尤其是茄属)植物的亲缘关系、历史地理分布及其化学成分的关系"(1959)和"人参属植物的三萜成分和分类系统、地理分布的关系"(1975)等论文,发现植物有用物质形成与植物物种分布区形成历史具有关联性,提出根据植物分布区的形成历史寻找新资源植物的理论,即植物有用物质的形成和植物种属分布区的形成历史有一定相关性。在此理论指引下,人参皂苷、薯蓣皂素、昆虫蜕皮激素等资源植物在我国的发现、引种驯化以及市场化方面取得显著成效,指导着我国植物资源的寻找、合理开发利用以及引种驯化等实践问题。

药用植物资源是吴征镒重点关注的领域,早在二十世纪四十年代,他就完成了《滇南本草图谱》第一集,是我国对传统中草药植物进行学名考证的滥觞之作。后又主编《新华本草纲要》(三册),以现代植物分类系统,按科属系统记载民间中草药植物,并尽可能加载现代植物化学成分的内容，开启本草研究的现代步伐。吴征镒等在"胡麻是亚麻，非脂麻辨——兼论中草药名称混乱的根源和《神农本草经》的成书年代及作者"[载于《植物分类学报》，2007，45（4）：458—472]中明确提出："使中药学走上健康发展的纯正科学之路，还需要中医药界特别是药学界做很多现代的分析、实验工作来论证各个药物的化学成分，综合药理（包括毒理）等极其艰巨的工作。所喜《中华本草》已初步接受近代方法，抛弃了陶弘景以来直至赵学敏，旁及吴其濬一千多年的传统的经济生态分类系统，而转入按植物科属种分类的自然系统，开始作图文并茂的形态插图，并将新中国成立以后兴起的药物检验和药用化学成分研究成果系统总结在内，本草正名工作也有了好的开始。但中国植物性药已近万种，中国医药宝库内容庞大且尘封多年，即使掌握常用中药的大部分，已非易事，何况那近万种的中草药，正名工作仍属必不可少，连常见脂麻、亚麻尚有历经千年以上的混淆，勿论其他。还请植物学研究机构和人民卫生部门注意开展本草原植物正名工作。"这也为研究古籍本草（药用植物）指出了科学化方向。

新中国成立后，吴征镒投身于橡胶宜林地考察、华南西南热带植物资源考察和中苏植物学联合考察等，解决了在北回归线以北山地开辟橡胶宜林地的难题，推进了野生植物资源的开发利用，解决了国家当时经济建设对植物原料和战略物资需求。"橡胶在北纬18°—24°大面积种植技术"获1982年国家发明奖一等奖。

可见吴征镒在植物资源合理利用方面，为我国植物资源学，特别是药用植物学和植物化学研究体系的形成做出了卓越贡献，提出了植物有用物质形成与植物物种分布区形成历史相关联的理论，成为指导我国植物资源的寻找、开发利用以及引种驯化等的理论指导，并在实践中得以证实。

吴征镒在研究植物资源合理利用时，十分注重与资源植物相关的生态环境研究，他提出"人类生态和植物资源有关的全球战略问题"（1990），指出人在利用自然生态系统中的各种措施双刃性问题，以及近代农业不但要有微观利用和改造植物遗传特性的一面，还要有热带至温带以多层经营为核心的生态农业这一对立统一的生态农业的战略观点。这一创新观点，成为他荣获 1999 年度"COSMOS"国际大奖的重要依据之一。

编纂《中华大典·生物学典》

在我国历史上大约三百年修一次类书,故有"盛世修典"之说,编纂典籍是国家和时代兴盛的重要标志。中国从三国曹丕的《皇览》开始,明朝的《永乐大典》、清代的《古今图书集成》均是其典范。《中华大典》,即"中国古代典籍的百科全书",是以国家的名义和力量组织编写的一部中华古籍大型系列丛书,是一项规模大、难度高的古籍整理工程。《中华大典》于 1990 年由国务院正式批准启动。2006 年 12 月,云南教育出版社何学惠社长来到吴征镒办公室,带来国家决定编纂《中华大典》的信息,同时传达任继愈主编盛邀吴征镒出任《中华大典·生物学典》主编的消息。吴征镒得知这位在抗战时期曾一道从长沙步行到昆明的清华校友,在国家图书馆馆长任上退下致力编纂《中华大典》,钦佩之心油然而生。

图 9-17 《中华大典》工作委员会伍杰和云南教育出版社何学惠看望吴征镒(2007 年 1 月 26 日)

担任《中华大典·生物学典》主编时,吴征镒毕竟年至九十,恐心有余而力不足,家人也有所顾虑。任继愈得知吴征镒有所犹豫,又传来话说:"吴老是当今既知现代植物又懂古代植物的人,编典最适合不过了,让我们两个九十老人一道来编典吧",而且很肯定地说,"中国只有吴征镒能担此任"。盛情之至,吴征镒很受感动,接下主持编纂《生物学典》的任务。

负责出版《生物学典》的云南教育出版社,根据吴征镒提供的信息,走访中科院系统的动植物研究所和一些高等院校,在全国范围内寻求编典人才，有了一个可参加编典的单位和人员的初步名单，征询吴征镒的意见，几经商议，定下组成《生物学典》编纂委员会的人员。《中华大典》工作委员会办公室（以下简称大典办）聘任吴征镒任主编，李德铢、吕春朝、马克平、王祖望、汪子春任副主编。

2007年1月28日，昆明植物研究所与大典办、云南教育出版社共同签署"《中华大典·生物学典》编纂出版协议书"。昆明植物所是编纂《中华大典·生物学典》的主持单位。接着召开《中华大典·生物学典》编纂出版工作启动会。昆明植物所的周铉、臧穆、陈介、裴盛基、武素功、李德铢、吕春朝被聘为《中华大典·生物学典》编委会的编委。

吴征镒在《生物学典》启动会上作的动员发言，对如何编纂《植物分典》提出思路、要求、组织和方法等方面的意见，并作出安排。

关于摘查古籍，他建议主要有四类。

其一是需要重点摘查的古籍和可借鉴的现代志书。《古今图书集成》的《草木典》是重中之重，取《草木典》经线的"部"，再按纬线分题，读文、疏文和摘文。借鉴现代植物志书《中国植物志》《云南植物志》《西藏植物志》等，落实其近代分类位置，考据名实，与科学名称相符的按现代系统重排。现代的《中华本草》和《新华本草纲要》也要参阅，这两部书植物名的考证较为完整。吴老又组织专人先对《救荒本草》的四百余种植物作查对考据，以摸索经验。

其二是清朝的吴其濬《植物名实图考》（1714种）及《长编》（涉及文献约有800余种），赵学敏《本草纲目拾遗》《串雅》以及程瑶田《九谷考》等。昆明植物所先行研究考据《植物名实图考》中的云南植物，取得了一些经验。

其三是四部中的子部杂家小说、笔记、随录、笔谈、札记、日记等，如《酉阳杂俎》《徐霞客游记》《草木典》中的"艺文"，以及《水浒传》《三国演义》《红楼梦》等。杂家往往是隐士，比较接近人民。这类书有很多收在"四部丛刊"和"万有文库"中。

其四是各省通志、府志、县志，还有按专类的各种花果、竹木、农林、园艺等专谱，如《菊谱》《竹谱》《牡丹谱》等，清朝后期译学馆的译本植物学类图书，如《植物学启蒙》《植物学》（李善兰本和叶基桢本）以及《植物学大辞典》等，在1911年前，也应在查询之列。

关于《植物分典》框架，吴征镒提出要按细菌（包括蓝细菌，即蓝藻）、藻类、真菌、地衣、苔藓、蕨类，直到被子植物系都要包括。裸子植物按郑万钧系统为序，蕨类植物按秦仁昌系统为序，被子植物按恩格勒系统为序，其他类群按国内外公认度较高的系统为序。

吴征镒得知有的人对编纂《植物分典》有畏难情绪后说："初看起来是件难事，难在量大。但细琢磨，不到'难于上青天'的地步，也不是'丈二和尚摸不着头脑'。"他分析："试想像《古今图书集成》这样的巨著，在清朝'乾嘉'时代，由许多大臣在公务之余编撰而成。而今天，有图书馆网络、有电子通信和信息的便利，应该不是难事。只要集群贤、议大事，同时分工查书读书，就可告成。如今盛世之下，一定要有信心做好编典工作。"他又说："面对大量古籍图书，参加的人员是多多益善，动员全国的力量，老的、少的，不同专业的都可以参加，老帮青，集群力，坚可摧。不识繁体字和古文可开短训班，请中国文学系老师来教，学会各科属的繁体字和植物描写的古文字。"他建议："可分三步走，即读、分、疏。读要放眼读；分是要分工做、大家做、系统做；疏要摘得对、疏得细。我估计《植物分典》种数也就两三千种，实在考定不准的可作存疑，也不能要求十全十美，有些工作留给后人继续做吧。"

《植物分典》涉及分类学的问题很多，需要广泛动员相关学科的人员来参加。他拟定了一个需要进一步联系的人员名单，交代他的院士办公室负责联系。同时让办公室将《草木典》放大到三号字，由他自己来做示范分疏，根据分疏情况，再有的放矢地提供专科人员来做，以落实编典任务。最后吴征镒指出，一定要建立编典工作的协调机制，要及时沟通信息，了解进展，还要及时传达大典办的指示和要求。吴征镒院士办公室成为编典办公室，起到了下情上传、上情下达和协调运转的作用。

从接到编纂《生物学典》的任务，到阐述如何编典，吴老仅用了不到一个月的时间。而当时我们对编典还一知半解、思想尚未入轨。他能如此得心应手地全面部署《植物分典》编纂工作，有纲有领，有打消思想顾虑的说道，有具体行事的路线，思维缜密，有条不紊，胸有成竹，让身为编委的我感到十分震撼，钦佩和敬仰之情油然而生。

《生物学典》分《动物分典》和《植物分典》。《动物分典》由中科院动物研究所负责，《植物分典》由昆明植物研究所负责。在吴征镒主持下，组成《植物分典》编纂委员会，吴征镒任主编，吕春朝任常务副主编，徐增莱、彭华、黄宏文任副主编，陈介等二十七人任编委。

编纂《植物分典》对大多数参加编典的人，特别是年轻人来说，是件陌生的事。一是不懂类书如何编辑，二是对植物古籍文献不大了解，三是认古字、识古文的能力差。吴征镒针对这三方面的实际做了三件启蒙和指路的事。一是撰文"学古字习古文与编典"，略谈小学、选学、朴学、汉学，从基点起步，给大家补习古字、古文的基础知识；二是撰写与植物记载有关的丛书书目、引用类书按语、暂定引用书目，列出编纂《植物分典》需要参阅古籍的大致范围，让大家在浩如烟海的中华古籍文献面前不至束手无策；三是亲自梳理《古今图书集成》中《草木典》中的条目文段，考订其植物学名，特别告诉大家要细读条目，认真理解、疏分，指出没有疏分就没有质量。九十高龄的吴老于此用心良苦，对不甚理解编典工作的各位参编者来说无疑是"雪中送炭"。不仅于此，吴征镒还个别约谈参编者，交谈所承担任务的问题和困难，进行有的放矢的辅导。因用眼过度，吴老视力急剧下降，不能再看书写字了，此时还让在他身边工作的人给他读《草木典》，听他解析。

吴征镒建议《植物分典》设置"分布"纬目，理由是方志中蕴藏着丰富的植物地理分布信息，于研究植物历史分布和古生态环境变迁意义重大。报送大典办得到批准，请派武素功、方瑞征二位老师连续三年赴北京中科院图书馆普查全国主要方志，二位都是古稀之年，工作十分辛劳，但获得了极其珍贵的植物历史地理分布的古籍资料。杨云珊等把这些资料数据信息化，制成数据库，方便查询，于编典贡献甚大。

编典中考证古籍植物学名可是一件硬功夫的活计。吴征镒早年编著的《滇南本草图集》（第一集），是我国植物考证学的滥觞之作，也是我们考证古籍植物可供借鉴的范本。吴征镒启发大家，要善于在古籍中发现蛛丝马迹，慢慢捋清线索，有助于考证古籍植物。《植物名实图考》中关于"白药"的记载，有三条信息：名称"白药"，产在大理，可作药喂马治病。无形态描述，无图。笔者对此不得其解，犯难许久。听了吴老一席话，以"产在大理，可作药喂马治病，当地人称白药"为线索，询查资料。笔者在研究所科研处工作多年，比较熟悉各研究室科研项目，发现昆明植物研究所纳西族植物化学家木全章作青阳参研究时，在滇西地区调查青阳参情况，看到在大理的调查资料里记载有青阳参白族传统称为"白药"，而且也有用青阳参作医治马病的传统。青阳参主产大理等三条信息与吴其濬当年在大理听"俚医"之言得到的信息吻合。我们将此情况向吴征镒汇报，吴老说有道理，可以这样考订古籍中的植物。

　　任继愈得知吴征镒亲自撰写"学古文识古字与编《大典》"的文章，启发参加编典人员学国学、读古文，了解古籍中有关植物记载的内容，很高兴地说："《生物学典》只能由吴征镒来主持，没有第二个合适的人。"还说："《生物学典》还要标出各个物种的拉丁学名，让外国人也能看懂我们的大典，这点也只有吴征镒能把关。"

　　2007年6月，在昆明召开《植物分典》启动会，有十二个单位的五十余位植物学工作者参加会议，虽然年长者居多，也不乏年轻人，吴征镒十分欣慰。会中以吴征镒的发言为中心，展开畅所欲言的讨论和交流，各位参会者积极承担编典任务，签下书约。随后，得到云南教育出版社的支持，组织编典人员到北京中科院图书馆等地查阅普查古籍图书，实际感受中华古籍的丰富多彩和博大渊深。

　　2009年7月11日，传来任继愈逝世的噩耗，大家都始料未及，真是晴天霹雳，让人无法接受。吴征镒在悲切之中为悼念这位北斗之尊的文史哲学者、编纂《中华大典》的领军者，率《生物学典》全体编典同仁发了唁电。

　　在编纂《植物分典》中，吴征镒看到2003年上海书店出版社出版台湾林业研究所潘富俊著的《诗经植物图鉴》，对一百三十五种植物进行考订定名，并附有精美摄影图片。吴征镒通读了整本书，认为多数考订是正确的。发现有部分考订有待商榷，写下十四条意见。文稿交给我们时，吴老说："《诗经植物图鉴》是费了一番功夫来作考证，多数说得有根有据，可能个别地方值得斟酌考虑，我也是个人之言，不一定准确，权当跟大家交流切磋。"

2013年，《植物分典》正处攻坚克难阶段。6月，吴征镒在住院一年零四个月的时候，离我们而去了。失去了掌舵人和主心骨，在他身边工作、跟随他编纂《植物分典》的我们悲痛欲绝。好在编典的各位同人们，奋力而为，参加编典的十二个单位的九十三位作者，同舟共济，终于在2015年10月脱稿竣事。

2017年10月，《植物分典》四册正式出版。2018年3月23日，《中华大典·生物学典·植物分典》编纂工作总结会暨赠书仪式在中国科学院昆明植物研究所隆重举行。《中华大典·生物学典》项目领导小组、云南教育出版社、昆明植物研究所和吴征镒科学基金会领导出席会议。《植物分典》编纂单位中科院昆明植物所、中科院江苏省植物所、中科院华南植物园、中科院武汉植物园、河南师范大学、云南大学、云南省中医学院等参编作者等一百余人参加会议。昆明植物研究所党委书记、副所长杨永平代表主持单位致欢迎词，吴征镒科学基金会理事、《生物学典》副主编兼《植物分典》常务副主编吕春朝代表编委会汇报《植物分典》编纂工作，副主编徐增莱、彭华作发言，云南教育出版社常务副社长杨云宝代表出版单位汇报编辑出版工作。会议举行向参编单位赠送《植物分典》的赠书仪式。

吴征镒为编纂《植物分典》做出了奠基性的贡献。他在《植物分典》启动会发言，阐述编纂《植物分典》的思路、要求、组织和方法，有纲有领，既有坚定信心、攻坚克难的鼓励，又有补习古文、学习历史的具体指导。亲自解读《草木典》，考订学名，疏分文段，做出示范。他生命不息，工作不止，鞠躬尽瘁，是我们永远崇敬和钦佩的楷模。

参加编纂《植物分典》的年迈作者把最后的时光无私地奉献给了《植物分典》，在编典过程中陈介、臧穆、武素功、吴征镒、汤彦承、汪子春、陈书坤七位编委先后辞世，我们深切缅怀他们的贡献和功绩。中青年作者心怀使命感，在科研任务繁重的情况下，坚持编典，贡献不凡。吴老的弟子邓云飞说："编纂《植物分典》，有钱要编，无钱也要编"，名师出高徒，吴老弟子出言感人肺腑。十年编典，各位作者把"文化自信"理念写入大典的字里行间。

收获与荣誉

南宋陆游有诗曰"古人学问无遗力，少壮工夫老始成。纸上得来终觉浅，绝知此事要躬行。"吴征镒从事植物科学研究七十余载，一生"躬行"。吴征镒获得国家级奖七项[①]，获得省部级一、二等奖十四项[②]。在收获和荣誉面前，他说自己是集体行列中的一员，坚持攀登高峰的成果是集体的功劳。

云南省科学技术突出贡献奖

2002年9月25日，在昆明举行2001年度云南省科学技术颁奖大会。

[①] 吴征镒获得的国家级奖有：橡胶树在北纬18°~24°大面积种植技术（全国橡胶科研协作组），国家发明奖一等奖，1982；青藏高原隆起及其对自然环境与人类活动影响的综合研究，国家自然科学奖一等奖，1987；中国植被，国家自然科学奖二等奖，1987；中国唇形科植物的分类、地理分布与进化，国家自然科学奖二等奖，1993；西南地区资源开发与发展战略研究，国家科技进步二等奖，1995；《中国自然保护地图集》（任副主任委员），国家科技进步三等奖，1991；《中国植物志》，国家自然科学奖一等奖，2009。

[②] 吴征镒获得院省部级一、二等奖有：青藏高原隆起及其对自然环境与人类活动影响的综合研究，中科院科技进步奖特等奖，1986；论中国植物区系的分区问题，中科院科技成果奖一等奖，1982；独龙江地区植物越冬考察和独龙江地区种子植物区系，中科院自然科学奖一等奖，1995；《中国自然保护地图集》（任副主任委员）中科院科技进步奖二等奖，1991；中国唇形科植物的分类、地理分布与进化，中科院自然科学奖二等奖，1992；《新华本草纲要》（第1-3册），中科院自然科学奖二等奖 1993；雅鲁藏布江河谷地区动植物区系地理的研究，中科院自然科学奖二等奖 1999；西南地区资源开发与发展战略研究，中科院科学技术进步奖二等奖，1993；《云南植物志》第一卷至第五卷，云南省科学技术进步奖一等奖，1993；中国种子植物区系研究，云南省自然科学奖一等奖 2003；东亚植物区中主要特征成分和重要类群的形成和发展，云南省自然科学奖一等奖 2006；无量山种子植物区系热、温带成分的数量动态研究，云南省自然科学奖二等奖 2001；《云南植被》云南省科学技术进步奖二等奖，1988；《云南植物志》（第六卷至第二十一卷）云南省自然科学奖特等奖，2010。

云南省委、省政府主要领导出席会议。吴征镒被授予2001年度"云南省科学技术突出贡献奖"。这是云南省委、省政府和云南人民给予吴征镒的荣誉。吴征镒受奖后发表感言说："我自1958年来云南工作，云南是我的第二故乡，云南人民供我们吃穿，为我们的科研工作提供条件，应该深深感谢云南人民。"又说，"云南自然条件特殊、生态环境多样、物种资源丰富。我感到生物多样性的保护和生物资源持续利用是一篇大文章，还有许多工作需要深入进行。我年已八十有六，身体尚可，愿与年轻的科研人员一道继续为做好生物多样性的保护和生物资源持续利用这篇大文章而努力。"吴征镒最后说，"我还深感培养人才的大任不可懈怠，为把云南建成绿色经济强省培养更多的人才。"

香港求是科技基金杰出科技成就集体奖

《中国生物志》（包括《中国植物志》《中国动物志》和《中国孢子植物志》）荣获香港求是科技基金会[①]设立的"香港求是科技基金杰出科技成就集体奖"（1996），授奖名单中《中国生物志》的获奖人有吴征镒、朱弘复、曾呈奎、郑作新、饶钦止、张广学、王文采、李锡文。此时，八位授奖人平均年龄为八十一岁，年长者饶钦止九十六岁，年轻者李锡文六十五岁，是一个耄耋高龄的获奖集体。

中科院副院长陈宜瑜说："杰出的科技成就源于一个杰出的集体，一个杰出的集体是由许多杰出的个人组成的。"这八位授奖者是在《中国生物志》编研中做出过杰出贡献的科学家，是《中国生物志》编研集体中的杰出代表。

颁奖地点在杭州，时逢中秋佳节，西湖月色美景宜人。浙江省博物馆研究员、专长豆科分类研究的专家韦直向吴征镒赠送龙泉宝剑一口，祝贺获奖之喜。

[①] 香港求是基金会由查济民先生及其家族捐资二千万美元创立，基金会旨在推动中国科技研究工作，奖助在科技领域上有成就的中国学者。

香港何梁何利基金奖：科学与技术进步奖和科学与技术成就奖

1994年5月13日，何梁何利基金会①在北京举行成立，其宗旨是促进中国的科学与技术发展，奖励取得杰出成就的科学技术工作者。1995年1月12日在北京隆重举行首届何梁何利基金颁奖大会。吴征镒被授予科学与技术进步奖。何梁何利基金评选委员会对吴征镒获奖的摘要介绍说："吴征镒是当代中国植物学研究的集大成者，对植物分类、植物区系地理、植被和地植物以及植物资源学研究有重要贡献。他长期从事植物学，先后去过除非洲之外的四大洲观察植物，主持领导我国数项自然资源与环境研究的重大科考，对以上各学科的造诣日深，提出了指导植物资源合理开发利用的理论，并在实践中得到证实。迄今为止，已发表一百二十多篇各类论文，并主编或编写了十八部学术专著，如《中国植被》《中国植物志》《西藏植物志》《云南植物志》等。他在分类研究中，发现并发表了一千三百个以上新分类群（植物亚科、族、组等新等级不下十个，新属八个）。他先后获得国家级一、二等奖五项。院省级一、二等奖五项，国家发明一等奖一项。现继续领导着国家重大项目《中国种子植物区系研究》。"

2003年12月5日，吴征镒又获2003年度何梁何利基金科学与技术成就奖。何梁何利基金评选委员会介绍吴征镒主要成就和贡献："一，主编有关植物志，提出有关学术观点。二，创立了中国植物区系地理学派，形成了一套完整的学术体系和研究方法。提出了中国植物区系的热带亲缘、植物分布区类型的划分及其历史来源以及东亚植物区等一系列创新观点。三，为我国植物资源学，特别是药用植物和植物化学研究体系的形成做了卓有成效的战略性和前瞻性工作；提出了植物有用物质形成与植物物种分布区形成历史相关联的理论，成功地指导了我国植物资源的寻找、开发利用以及引种驯化等实践问题。"

时任何梁何利基金评选委员会主任的朱丽兰在颁奖大会上说："基金设

---

① 何梁何利基金是由何善衡慈善基金会创办人何善衡、梁銶琚、何添、伟伦基金有限公司创办人利国伟共同捐款成立。

立科学与技术成就奖和科学与技术进步奖两个奖项。前者授予长期致力于国家科学技术事业，贡献卓著，达到国际高水平的杰出科学家；后者授予在自然科学领域取得重大发明、发现和科技成果的优秀科技工作者。"这次授奖"是我国科技进步与创新成果的生动体现，也寄托了基金捐款人与创立者的赤诚心愿"。

吴征镒将此次获奖所得的四十万元奖金捐赠于清华大学生物技术系，成立"三代奖学金"。钱崇澍是吴征镒的太老师，吴韫珍、张景钺、李继侗是老师，其意愿代太老师钱崇澍、老师吴韫珍、张景钺、李继侗和他自己三代清华生物系老师设立"三代奖学金"，以激励三代以下的清华大学生物学优秀人才，祈望他们"后浪超前浪"。

两次荣获何梁何利基金奖后，吴征镒仍持"成功不必在我，努力决不后人"的心境，一刻未曾懈怠，率各位同事齐心协力，终使《中国植物志》第一卷脱稿，也是《中国植物志》八十卷一百二十六册的收官之作，《中国植物志》巨著终见其成。

COSMOS 奖

COSMOS 奖是由日本 Expo'90 Foundation 设立，初衷是秉承"人与自然和谐相处"的理念，面向全世界，旨在奖励在农、林、医、环境等领域做出突出贡献的专家学者，已达到宣传、尊重和了解自然，实现人与自然和谐共存的目的。COSMOS 奖到 1999 年，已是第七届了。该年吴征镒获奖，时已 83 岁的吴征镒由夫人陪同赴日本大阪出席授奖大会。按惯例，日本皇太子及太子妃出席授奖大会并致辞。吴征镒的老朋友、美国密苏里植物园园长 Peter H. Raven 作为颁奖嘉宾应邀出席。

图 9-18　在日本接受 COSMOS 奖（1999 年）

COSMOS 奖组委会在授奖词中说：

自十九世纪三十年代起至今，吴征镒已进行了六十多年的中国及东南亚植物研究，是中国顶尖的植物学家。他最突出的贡献和成就首数其主编的《中国植物志》。该巨著共八十卷一百二十六分册，详细描述了分布于中国各地的植物物种。根据计划，全书将于本世纪末完成出版，目前已正式出版了一百多册。同时，吴博士正与美国密苏里植物园园长 Peter H. Raven 博士合作编著共二十五卷的《中国植物志》英文版，将知识与世界共享。

除了对中国现存植物物种的数据进行收集和编辑，吴博士还对中国各地区植物与其生长环境特点的关系进行了详细的分析和描述，并针对人口迅速增长的情况下如何保持植物保护与食物需求之间的平衡提出了许多科学的建议，这些建议有助于从综合的立场出发设立切实可行的植物物种保护措施，并由此开创了中国的保护生物学研究。

由此，国际 COSMOS 奖评委会决定选择吴博士作为本届获奖者，以表彰其在人与自然和谐共存方面做出的努力和成绩。

日本国际园艺与绿地博览联合基金（The Commemorative Foundation for the International Garden and Greenery Exposition）理事长 Yoichiro Oshio 在大会开幕式上致辞说："本届获奖者吴征镒博士是《中国植物志》的主编。《中国植物志》首次向世界展示了作为植物多样性热点地区的中国的植物全貌。今年，世界园艺博览会在中国昆明召开。我们参与了与博览会同期举行的国际会议的筹备工作，也为博览会的召开献了一份力。很巧合的是，今年的国际 COSMOS 奖获得者也是一位中国科学家。祝愿吴博士身体健康、事业更上一层楼。"

在授奖大会上，吴征镒发表获奖感言："获得第七届国际 COSMOS 奖，于我而言是巨大的荣耀。得奖的并非我个人，更是那些致力于植物和自然环境保护及可持续发展的中国植物学家和园林工作者。从前，人与自然本为一体。在过去的一百年里，随着工业化和城市化的发展，人类过度开发自然并逐渐破坏了生态平衡。人类一直尝试着征服与改变自然。然而，这违背了自然法则。我们只有一个星球。如果没有了植物、动物等其他生物，我们无以生存。唯有与自然和谐共处。我们居住在地球村里，环境并不单是哪一个人或哪一个国家的问题。作为一位已经工作了六十三年的植物学家，我将从事植物学及植物多样性保育和可持续利用研究视为我的志向。植物在现今人类社会可持续发展中有着举足轻重的作用。农业、林业、制药业、生态旅游业等，每一方面都显示了植物在社会经济发展，特别是环境保护中的重要价值。我相信，作为生态系统的第一生产者的植物，它与人类、自然（也包括植物间）的和谐共处必将保证整个世界的繁荣与可持续发展。可持续发展是人类社会在二十一世纪甚至是下一个千年的主题。我们应协力打造一个人与自然和谐共处的世界。最后，也是最重要的：所有人同心协力，朝着这个目标前进！"

国家最高科学技术奖

吴征镒认为，他所获奖励中，最重要的是国家最高科学技术奖。2006年5月14日上午，中共中央总书记、国家主席、中央军委主席胡锦涛等领导视察昆明植物研究所。李德铢所长和孙航副所长向胡总书记等领导汇报研究所植物考察活动及取得的成果。在昆明植物所植物标本馆，胡锦涛总书记特地接见吴征镒，胡总书记特别提到老一辈科学家们的贡献，把一辈子的心血献给了祖国的植物科学事业，赞许吴征镒为我国植物科学所做的贡献。吴征镒感谢胡锦涛总书记的亲切接见，对总书记说："植物学的发展要感谢党的正确领导和国家的支持。"当胡锦涛总书记得知今年时逢吴征镒九十诞辰，遂向吴征镒表示了生日祝贺和良好的祝愿。

2007年7月，国家奖励办公室组织以王越、符淙斌和陈晓亚三位院士为主的考察组到昆明就吴征镒申报国家最高科技奖进行实地考察，主要考察申报内容，与有关方面举行座谈会，广泛征询各方意见，还专门到办公室会见正在工作的吴征镒。

经国家奖励委员会审核批准，吴征镒获得2007年度国家最高科学技

图 9-19 吴征镒荣获国家最高科学技术奖的证书

术奖。2008年1月8日，国家最高科学技术奖颁奖大会在北京人民大会堂举行。闵恩泽和吴征镒是此次获得国家最高科学技术奖的获奖者。吴征镒坐着轮椅，接受中共中央总书记、国家主席胡锦涛的颁奖。当天昆明植物所的广大职工同时收看了现场直播，全所一片欢腾。

受奖归来，中共云南省委、省政府在昆明机场举行热烈欢迎仪式。省委领导致欢迎辞后，吴征镒致答谢词说："我既表感激之情，又实不敢当。我在云南有半个世纪，云南人民供我们研究所吃穿住行，是我们的衣食父母。我虽是扬州人，但云南是我的第二故乡，情缘超过半个世纪。取得一点成绩也与云南父老乡亲对我的支持密不可分，我要感谢云南父老乡亲对我的厚爱，我要再努力，为云南服好务，争取再立新功。"

在植物科学领域耕耘七十余载的吴征镒，可谓著作等身，论文越百，发现植物新种过千，为改变中国植物由外国人命名的历史做出了杰出贡献。《中国植被》《中国植物志》《云南植物志》《西藏植物志》《中国被子植物科属综论》《中国种子植物区系地理》以及《吴征镒文集》《百兼：杂感随忆》《吴征镒自传》等，总计五千多万字，学术著作都具有较高的引用率，多为学界同人所认同。

第十章
为学无他,争千秋勿争一日

东方人的思维

吴征镒从进家塾读书起,接受中国传统文化教育,受中国传统文化的熏陶。在随后的高中和大学学习中,受到现代科学知识的通才教育。在七十余年的植物科学研究生涯里,在认识植物世界,探索其发生、发展规律的实践中,吴征镒练就了个性鲜明的科学思维方式,他自称是东方人的思维。

梳理吴征镒的植物采集轨迹,发现全国名山大川、高山深谷,无一不留有他的足迹;亚、欧、美、澳各洲留有他的身影。无怪乎,苏联专家称他为"植物电脑",国人说他是"植物活字典",实至名归。在他脑海思维里,一生践行着"言行一致,知行统一"的知行观。

历经国内、国外的一系列考察实践的基础上,最后十年中,吴征镒整理自己的学术历程和成果,从对国内外的实际考察而有感性认识,从感性认识又上升到理性探索与思考,在各方面积累的基础上,使吴征镒对中国的植物区系的分布特点、起源、演化以及在世界植物区系大背景下的地位和意义有了一个比较完整的认识。他认为首先应掌握这样一个真理：生物的系统发育深受地球发生、发展的制约，地球演化的规律又深受天体演化规律的制约。认识到生命系统从一开始就形成绿色植物、动物和广义的微生物三者同源而又三位一体的生态系统，其中绿色植物一直占据第一生产者的地位发展至今。它们的演化并非单系、单期、单域方式发生，而是沿着上升并逐渐扩大的螺旋曲线演化，从一开始就多系、多期、多域地发生，并有节律地历经多次渐变和突变矛盾的解决。在地球的历次大事件、大变动中通过多次大爆发，愈喷发而愈大愈复杂的爆发式前进。吴征镒认为进化的动力是地球上各类生物自身运动（遗传与环境是主要矛盾），由持续的矛盾的解决而不断爆发式上升，因而创立了三维节律演化和被子植物种类"多系、多期、多域"起源的理论。在世界植物科属和区系地理的分异背景上所掌握的中国植物种属和区系地理的分异，构成了吴征镒对高等植物系统发育、世界科属区系发生的新认识，这一认识和近代西方有关学者所拟的图景有了许多基本不同，从而更加明确了上述演化方式和种属与区系的发生发展方式，并初步创立了有关这些方面的东方人的认识系统。

在植物分类学、植物系统学和植物地理学研究中，于对立统一范畴的具体认识，例如特有属种（新特有和古特有）、地理种和原始种、生态型与居群变异、连续分布和间断分布、洲际间断分布和洲际、洲内的对应科属种、区系发生、分布、发展等方面的问题，自觉运用唯物辩证方法进行分析，使得从现象到实质的认识升华到合理和科学的层面，推进研究的深化和开拓。对于系统发育和隔离分化学说，吴征镒深邃各自的长短，取保持两端、相互依存的对立融合态度，达共存共荣境界。

他敏锐感到宏观的生物多样性研究和微观的基因形成及基因表达相结合，将使人类可能进一步控制绿色高等植物，使其在适应自然、影响自然、改造自然中能进一步解放其第一生产力，而使人类生产能够有一个更加稳定的基础，人类生存环境有一个更加稳定的发展。

吴征镒对待已取得的科研成果，特别是有关被子植物八纲新系统和

"多系、多期、多域"的论点，是深邃的科学理论还是片面的科学论断，或者是无据的假说推测，他认为都要让后人通过自己的实践与认识加以评说，肯定与否定由科学实践的证实来判定，留给后人评说。

从吴征镒自主创新科研成果成就过程中，我们不难悟到其思维中既有中国传统哲学思想"一分为二，合二为一"矛盾对立统一观、"知行合一、言行一致、知行统一"知行观、"有无相生，难易相成"自然观和中庸之道及仁义礼智思想的要素，也充满马克思主义唯物辩证思想的自觉践行。这就是吴征镒东方人思维的鲜明特色和丰富内涵。

吴征镒学术思想的传承

吴征镒培养的博士研究生无论是留在昆明植物研究所工作，还是分赴国内和国外工作，他们都秉承吴征镒学术思想，在各自的研究领域里担起责任，为弘扬吴征镒学术思想做了出添砖加瓦的努力，不愧为优秀的承传人。从现在留所工作的博士研究生李德铢、孙航、周浙昆和彭华可以看到弟子们在承传吴征镒学识思想和创新科研方面的努力，窥视其发扬吴征镒学术思想的轨迹。

李德铢

李德铢，江西南康人，1963年生，1990年获理学博士学位，1996年任研究员，同年当选为林奈学会会员（Fellow of the Linnean Society），曾任昆明植物研究所所长和中科院昆明分院院长。曾承担"中国种子植物区系研究"项目中横跨西藏高原面的考察任务，后随吴征镒赴欧洲各大标本馆（博物馆）查阅中国模式标本等，在植物分类研究和区系地理方面深得真传。他从事植物分类和植物地理学研究三十余年，运用宏观与微观相结合的方法来解决相关科学问题。在秉承分类学传统方面，作为第9卷和总论卷作者参与了《中国植物志》的编研，负责完成《云南植物志》和 Flora of China 中的困难类群竹亚科，澄清并修订大量有争议的属种，提出中国竹亚科 34 属 534 种的新分类系统，被国际植物学工具书 Plant-Book 多处引用。2009年，在吴征镒学术思想研讨会上作"分子系统发育、分子地理与八纲系统"的学术报告。李德铢曾从分子系统发育和分子地理的角度，分析研究 APG 与八纲系统，展示了一幅视图，或许能预示殊途同归的某种可能性。

图 10-1　李德铢

主编《中国维管植物科属词典》（2018）和《中国维管植物科属志》（上、中、下卷，2020）。

李德铢自觉践行"为学先为人"的理念，注重提高自身科研道德修养，有引领新方向的组织才能，显示出优异的科研能力。

孙航

孙航，安徽太和人。1963 年生，1994 年获理学博士学位，1997 年任研究员，现任昆明植物研究所所长。参加吴征镒领衔的"中国种子植物区系研究"的两次重要野外考察，即横跨西藏高原面和墨脱地区越冬考察，特别是他领衔赴墨脱越冬考察长达九个月，从克什米尔山地北缘到东喜马拉雅腹地及岗日嘎布山脉密林，从南端实际控制线到雅鲁藏布江大峡谷湾深处，遍及墨脱县的八个乡的大部分地区。采集标本七千一百余号，而且采集了七百余号宝贵的活材料和细胞学材料，为国家自然科学基金重大项目"中国种子

图 10-2　孙航

植物区系研究"的顺利完成做出了贡献，受到吴征镒的高度赞许。

孙航及其团队经过长期和深入的研究，在植物区系地理学领域取得了一系列重要的突破成果。①提出了东亚植物区系形成的新理论：东亚植物区系主体是在新近纪形成，不是一个古老的植物区系，也不是传统学说认为的是北半球植物区系乃至被子植物起源中心。②在植物区系分区或区划的研究上，孙航将谱系地理学研究运用到植物区系的次级区划中，提出了谱系地理小区（phylogeoregion）、谱系地理区划（phylogeoregionalization）以及谱系地理边界（phylogeoboundary）等概念，为植物区系次级区划提供了新的视野。③在植物区系地理格局形成的机制上，孙航及其团队利用分子生物地理学、谱系地理学等多学科，并结合在植物区系地理格局形成机制上也有新的发现。

2009年，在吴征镒学术思想研讨会上，孙航作"从被子植物空间分布来理解被子植物多系、多期、多域发展——八纲系统"的学术报告。孙航逐纲分析被子植物八个纲的现代分布格局，论述了被子植物八纲在空间上的进化式样。

周浙昆

周浙昆，浙江建德人，1956年生，1985年在中科院南京地质古生物研究所获硕士学位，1990年获中科院昆明植物研究所及英国皇家植物园联合培养博士学位，1996年起任研究员。

在2009年举行的吴征镒学术思想研讨会上，周浙昆作"被子植物的起源与演化——从化石记录看八纲系统"的学术报告。目前拥有的八纲系统各纲最早的化石记录，包括Liliopsida、Ranunculopsida、Rosopsida等。

吴征镒院士对古植物学的研究非常重视，特别希望有古植物学背景的周浙昆，

图10-3　周浙昆

在这方面发挥独特的作用。周浙昆不辱使命，潜心古植物学的研究，为发扬吴征镒学术思想做出了自己的贡献。（1）新生代植物群进行了深入研究，发表了五十余个新生代被子植物化石新种这些化石类群的发现，极大地丰富了人们对我国新生代植物多样性的认识；通过对植物组合和精准地质年代的测定的综合研究，提出现代植物区系的面貌在三千三百万年前就已经形成和出现，将现代植物区系形成的时间提早了近两千万年。（2）通过古气候重建和若干关键类型化石历史以及关键地区气候要素的研究，提出以冬春干旱为主要特征的季风气候是影响和塑造中国植物区系特征的重要气候因素，水杉植物区系之所以能够保存众多的孑遗植物，其重要原因就是这些地区冬春季相对湿润与地质历史时期的气候较为接近。（3）发现了若干青藏高原新生代若干重要化石类群并对其进行深入研究，研究表明青藏高原在古近纪与北半球植物区系有着更加紧密的联系；利用植物化石对青藏高原的古高程进行了重建，对青藏高原东南缘芒康卡均植物群的研究表明，在三千四百六十万年（晚始新世）就已经达到了三千米的高程，在三千三百四十万年（早渐新世）期间达到了接近现代高程的三千九百米，期间抬升了一千米左右。

彭华

图 10-4　彭华

彭华，贵州江口人。1959 年生，1995 年获中科院昆明植物研究所理学博士学位；1998 年任研究员。曾任昆明植物研究所标本馆（KUN）馆长。

在 2009 年举行的吴征镒学术思想研讨会上，彭华作"八纲系统的学习与体会"的报告，从探索被子植物起源需要回答的问题说起，论及"八纲系统"根据现存类群之间的四种亲缘关系：分支的、表型的、时间的和 patristic 来推断分类群之间的系统关系，探索它们的共同祖先，推断其系统发育。

彭华参与国家重大出版工程《中华大典·生物学典·植物分典》编纂，任副主编。在编纂《植物分典》的冲刺阶段，指导学生王泽欢担起难度较大的菊科编典重任，学生董洪进和陈亚萍前后负责禾草类的工作，一共完成一百七十八种古籍植物的编典任务，功不可没。

吴征镒科学基金会

2016年3月，昆明植物研究所以法人单位发起成立"云南吴征镒科学基金会"并正式登记注册，此举正是弘扬光大吴征镒学术思想和高尚品格的重要举措。2016年7月12日，中国植物学会和吴征镒科学基金会联合设立"吴征镒植物学奖"，承蒙植物医生护肤品牌捐赠奖金。"吴征镒植物学奖"旨在弘扬吴征镒严谨治学、无私奉献和执着追索的科学精神。奖励在植物学基础研究、植物资源合理开发利用、植物多样性保育及生态

图10-5 云南吴征镒科学基金会和吴征镒研究中心成立揭牌仪式（2016年6月24日，前排左起杨祝良、方瑞征、黎兴江、朱维明、孙汉董、李恒、周俊、朱友勇、张敖罗、李锡文、裴盛基）

系统持续发展等方面取得杰出成就和重要创新成果的植物学科技工作者。"吴征镒植物学奖"设置"杰出贡献奖"一名（奖金五十万元）和"青年创新奖"两名（奖金各二十万元），每两年评选一次。

评奖年吴征镒科学基金理事会聘请有关专家组成评奖委员会，进行评奖，举颁奖仪式，同时举行学术研究报告会，除请获奖者作学术报告外，也遴选知名学者作前沿动态学术报告，聚焦前沿，聚焦创新，弘扬吴征镒学术思想。非评奖年基金会组织吴征镒学术思想研讨会，每年聚焦一定的专题内容，各抒己见，集思广益，深入研讨。基金会倡导宏观、微观相结合，倡导不同学科交叉融合，合力创新，开拓前行。基金会把科学普及作己任，尽力做好植物科普工作，为提高全民科学素质添砖加瓦。首届吴征镒植物学奖于2017年7月25日在深圳举行，经评奖委员会评选，授予洪德元杰出贡献奖，授予高连明、孔宏智青年创新奖。

2019年10月，在成都举行的中国植物生物学大会上，举行第二届吴征镒植物学奖颁奖仪式，吴征镒科学基金会理事长杨永平主持颁奖仪式，中国植物学会理事长种康院士讲话。周俊院士获得杰出贡献奖，邓涛和郭亚龙获得青年创新奖。周俊院士将获奖奖金（五十万元）全部捐给云南镇雄县用于扶贫。

结 语

吴征镒是中国植物学界荣获国家最高科学技术奖的植物学家。在九十七年生涯中，从一个对植物满怀稚趣的孩子，成长为一位植物学大家。吴征镒院士这样概括自己的人生经历："出生于九江，长大于扬州，成人于北京，立业于云南"。通过"采集工程"，我们收集整理起吴征镒学术成长全过程的相关资料和文献，缕清吴征镒学术成长的脉络，进而考量吴征镒学术成长历程的特征属性，初探吴征镒一生从事植物科学研究的成功缘由，大致有四。

通才教育的受益者

吴征镒并无留学欧美的经历，全然是中国自己培养成长起来的国产植物学大家。在清华大学，他接受的是"通才教育"。生物系里全面学习动物学、植物学的各基础学科知识，尚有化学、土壤、气象、地理、地质等学科的选修，大一聆听朱自清教授国文课。生物系教授多有欧美留学背景，用的是当时国际前沿发展的教材，不少授课还用英语讲授，不逊色于欧美之教学，这样垫下的基础全面而坚实。有了这样的基础，将来面对科研遇到的问题，可以"左右逢源"。吴征镒生性内向，少言寡语。吴征镒另外尚有"吴老爷"（吴老镒，西南联大同事的昵称）和"吴磨蹭"（美国友人昵称）的雅号。1978年，国务院副总理方毅视察昆明植物研究所时，问及吴征镒有没有留过学，答说"没有留过学，我是'土包子'"。然而外表生性丝毫不影响吴征镒对植物学的钻研。他十年寒窗，狠下一番"图形缋本草，名物记拉丁"的功夫，写下三万余张植物卡片，几乎涵盖中国种子植物的全部。从此，脑海里铭记住中国种子植物的全部生世，人称"植物活字典""植物电脑"。"冰冻三尺，非一日之寒"，吴征镒有此根底，无论主持全国性或地方性植物志编纂，都得心应手，功到事成。在国际舞台上，妥善处理各种关系，显其大智大勇，推动中国植物科学走向世界。一位土生土长的"土包子"经凝练捶打，成为有益于人类的科学大家，为中国植物科学研究的创新发展和走向世界做出了突出贡献。

仰仗群体的实践者

在吴征镒周围凝聚着一个群星璀璨、志同道合、心心相印的群体，助他成长，促他前行。吴征镒从他们身上学习其长、补己之短，一路行来，相得益彰。这个群体里有前辈师长、业师学友、同事学生，也有国际好友。吴征镒从业师李继侗、吴韫珍、张景钺身上承传治学严谨和执着探索的科研本领。师友同事中不乏硕学通儒和笃实践履者，吴征镒从他们身上得到博学慎思、永不懈怠和实践为先的启迪。从文学大师朱自清的国文授课和阅读散文里，体验到朱老师"风华从平淡中来，幽默从忠厚中出"的习文风度，撰写论文时，用字用词学朱老师"力求简洁，少说废话，少用废字"的文风，受用终生。从身边老干部身上，领悟到理解科学、理解知识分子和服务科研的挚诚，让吴征镒有更多精力投入科研。吴征镒与美国科学院院士、中国科学院外籍院士 Peter H. Raven 结下深厚友谊，双双主编 *Flora of China*，使得中国植物学迈出走向世界的坚定步伐。与英国爱丁堡皇家学会会员、曾任爱丁堡植物园钦定主管的 Stephen Blackmore 也是情深谊厚，中英合建的丽江高山植物园是中英植物学家合作的结晶，定格在云南丽江古城玉龙雪山之麓。与德国植物系统学家 K. Kubitzki 和奥地利植物学家 F. Ehrendofer 更是志向相同、心心相印的科学益友。吴征镒在其自传[①]里载有四十五位之多，个个闪光，人仁谊存。他们让吴征镒终生难忘，让吴征镒时刻铭记。讨论学术理论、研究学科发展、切磋方法和识别真伪，受益良多。同行、团队会发生学术见解相异，持有不同意见，吴征镒以"有容乃大"之胸境，认为异见会里有所长，其长可能补己之短。他在领衔编著《中国植物志》和 *Flora of China* 中，成功地实践"在诸多的不统一中求得大致的统一"的领导艺术，终成集大成者。他借人之智，修善自己，学最好的别人，做最好的自己。吴征镒在荣获国家最高科学技术奖时，感言中有一条，便是"这是集体的光荣，非我一人之功"。

精神家园的守护者

吴征镒从青年时期起，特别是他成为中国共产党党员之后，逐渐体验到其中的责任，更加注重自觉修养，陶冶情操，提升思想品格。吴征镒受中国传统哲学思想熏陶，科学思维上融有中国哲学思想要素，加之自觉践行唯物辩证理论，构建特有的东方人思维。吴征镒心怀中国文化情志，国学功底深厚，与文学家余冠英、散文家朱自清、诗人学者闻一多、思想家王元化结下师生和挚友深情。从文学家观察生活、洞察社会的敏锐中吴征镒得到考察自然、认识植物属性的有益启迪；从文学家意境广阔、用语精准的表达里悟出撰写科学论著的方法路径。思想家王元化"独立之精神，自由之思想"是吴征镒自主创新的思想源泉，是对吴征镒探究真理的鞭策，王元化深思、深写之风带起吴征镒严谨撰文之格。从素描中国植物学界大姐大华裔植物学家胡秀英里，感受科学家爱国情怀的怡悦。他们和吴征镒都是一路行来的科学求真者。吴征镒自我的精神修养加上从师友身上吸取的精神营养，丰富着他的精神家园，坚守着精神家园。博大精深，文理相通，吴征镒终身受益。

吴征镒在中国植物学界尽管学术成就突出、获奖众多，功勋卓著，但他认为自己是一名植物科学的研究者，对名利他淡泊如水，对科研他殚精竭虑、上下求索，永不懈怠。我们担起"吴征镒学术成长资料采集"的任

---

① 《吴征镒自传》。科学出版社，2014 年，第 168-237 页。

务，在吴征镒的成长历程中、科研实践里，精神生活中、业余生活里，收索、采集史实资料。从吴征镒长达七十余载的科研历程，可展示中国植物科学事业发展的一个侧面。吴征镒学术成长具有鲜明的个性特征，虽然其成功经验不可复制，然而如同"偶然性和必然性"的哲理一样，仍有可能找出其共性的精神元素，即中国科学家共有的科学精神。我们探究科学家学术成长历程，从中发掘具历史见证和有学术价值的资料文献，就是要承传科学家创造新知识、发现新规律的科学精神，让公众更加系统深入了解老一辈科学家的成就、贡献、经历和品格，让青少年更真实地了解老一辈科学家的科技活动和精神风貌，激发全民对科学家的崇敬，激励"万众创新"深入持续发展。

共产党员的本色

九一八事变五天后，年仅十五岁的吴征镒奋然写下古风"救亡歌"，声讨日寇侵华的狼子野心，发出团结抗战的呐喊。有志不在年高，吴征镒的爱国热诚彰显无遗。抗战中，岁月蹉跎，凝练意志，吴征镒参加读书会，阅读进步书籍，特别是抗战胜利后，加入"反独裁、反专制"的民主运动，历经李公朴、闻一多被特务暗杀和"一二·一"学运，思想有质的飞越，1946年加入中国共产党，在云南大学图书馆内秘密宣誓入党。新中国成立后，他是一名战斗在科技战线上的共产党员，无论风险波浪有多大，他"诸葛一生唯谨慎，吕端大事不糊涂"，"文化大革命"中他被打成"走资派""反动学术权威"，被批斗、游街和劳动。"文化大革命"结束，官复原职，他以向前看的胸怀，不计较个人遭遇，对批判过他、打骂过他、乘人之危向他借钱而不还的人，没有打击报复，没有刁难歧视，让其自我反省革新。他把补发的两万多元工资作为党费全数上交党组织。如此宽广胸襟，如此对党忠贞不一，赢得了员工的崇敬和赞誉口碑。

他在中科院和中共云南省委为他举行的九十诞辰庆祝会上说："今年是中国共产党建党八十五周年，六十年前我在云南大学标本室庄严宣誓加入中国共产党，成为党的一员，是党的领导启发我的爱国心和革命性，树立起正确的人生观和世界观。我这里要特别感谢各级领导的支持，各位同事的帮助，各位朋友的切磋琢磨。一己所得不过是'敝帚自珍之心，抛砖引玉之举'，权供后来人作踏脚石而已，惟望能为世界和平、创新型国家和小康社会的到来，起一点清道夫的作用，也就是不幸中的大幸了。"

吴征镒把毕生精力用在科研的创新上，不忘初心，牢记使命，为国家做出前瞻性、战略性突出贡献。他一生为党的事业奋斗不息，为国家的伟大复兴鞠躬尽瘁，始终做一名合格的共产党员。

透视吴征镒院士的学术成就和成长经历，导出中国植物科学事业创新发展和走向世界的一个缩影。"采集工程"把老一辈科学家铸就的辉煌成就定格在历史长河之中，让后人永远铭记，功德无量。科技创新的新篇章需要青年一代来创造。党和国家作出大力弘扬科学精神的决定，科学家的爱国精神、创新精神、求实精神、奉献精神、协同精神和育人精神必将更加深入人心，代代相传。一代人有一代人要做的事，承前人之志，启后世之师。吾辈，当自强。如果阅过吴征镒学术成长研究报告能对读者有所补益、启发或帮助，心愿足矣。

思考与未来

吴征镒在总结自己毕生的科研活动中深思过生命的起源，在思考生物进化和生态系统发展之间的关系时，深感生物必然在充满各种元素、无机物和简单有机物的大洋中从无机物产生有机物之初，其中作为生命物质基础的蛋白质和核酸固然重要，但作为生命活力和动力的来源，在新陈代谢中起重要作用而以无机元素为核心的各种螯合物色素为什么是必不可少的？其作用机制很有必要弄清楚。如绿色植物的叶绿素是以镁为核心的有机螯合物，作为无脊椎动物的血液中色素是以铜为核心的螯合物，而热血高等动物的血红素却是以铁为核心的螯合物，难道这是偶然的吗？他们的结构和功能上的异同（如对物质转化、聚积、能源的储存和释放等等），如能在这方面有所突破，其意义应该是很大的吧！吴征镒以此意想曾在昆明植物研究所植物化学国家重点实验室学术委员会上两次提出，颇得与会有关化学家和药物学家的赞许。但昆明植物所没有基础和条件进行这方面的研究，仍以次生代谢物质为主攻方向。吴征镒曾想，能否以生物代谢色素机理作为长期基础研究课题。这也是吴征镒留给未来的思考。

　　吴征镒在一系列的科研实践活动中，始终面临着一个不可回避的问题，即党员第一还是科学家第一的问题。从建立中科院开始，吴征镒经常打交道的几乎都是科学家，筹建的全是科研所，工作惯性给他的感受自然是科学家重要。"文化大革命"以后，他直言，新中国成立以来，他有"科学家第一"的思想，淡漠自己是一个共产党员的责任和义务。在改革开放三十多年后的今天，作为在科研战线工作的共产党员的吴征镒来说，担负起党建设创新型国家的重任，是党员义不容辞的义务，党员科学家的他做到扎根边疆、献身科学，显现共产党员本色。凡是对吴征镒科研工作有所了解的人，都知道他对科研工作全然是"安、专、迷、呆"，其敬业精神达到巅峰。他采取向前看的态度，淡化"文化大革命"中所受的种种"待遇"，把时间和精力用在建设创新型国家的大事上，彰显共产党员对党忠诚的本色。为实现中华民族伟大复兴的中国梦，他做到了鞠躬尽瘁死而后已，是一位有益于人民的科学家，也是共产党员的标杆。

附录一　吴征镒年表

1916年
出生于江西九江，名征镒。祖籍安徽歙县，寄籍江苏仪征，家居扬州。

1925—1928年
家塾课余，阅览《植物名实图考》和《日本植物图鉴》等书，并在家对面的芜园"看图识字"，初识花草树木。

1929年
以同等学力考入江都县县立中学读初中。得植物学教师唐寿（叔眉）先生启发，学会解剖花果和采制标本。

1933年
8月，考入清华大学生物系。

1936年
随吴韫珍师及杨承元助教，至小五台山及易县紫荆关野外实习，始识周家炽。

1937年

7—8月，自费参加段绳武组织的西北科学考察团，考察内蒙古、宁夏植物。7月6日离平，7日日寇攻占卢沟桥。8月23日，北平沦陷，辗转从定远营（今巴彦浩特）经宁夏（今银川）、包头、大同、太原，转石家庄回扬州。病后在教会办的震旦中学教生物学课一、二堂，即被李继侗师电催赴长沙临时大学报到，与张澜庆、汪篯等经南京、武汉至长沙。

10—12月，任国立长沙临时大学研究助教。在岳麓山后左家垄调查采集，并和周家炽赴衡山采集。

1938年

1—4月，参加长沙临时大学"湘黔滇旅行团"，由长沙步行到昆明。始识闻一多、曾昭抡诸师。途中写简短日记。

6月，与云南省地矿厅熊秉信等二人在昆明附近考察。

8—9月，随北京大学生物系张景钺和清华农科所等6人到大理苍山、宾川鸡足山考察；与杨承元、姚荷生首登苍山洗马塘。

10—12月，随李继侗参加赈济委员会的综合考察团沿初通的滇缅公路至畹町考察。三地共采集标本近四千号。10月间又与李继侗师及土壤学家宋达泉二登大理苍山洗马塘。

本年，任西南联合大学生物系助教。助吴韫珍以《植物名实图考》等和模式照片鉴定云南花草树木。

1939年

夏，拟赴河口采集，在开远旅馆中突发恶性疟疾，幸周家炽时在开远木本棉花站，接至在站内治疗调养十余日，愈后即返昆。

本年，清华农科所朱弘复、姚荷生赴车里（今允景洪）考察昆虫、真菌，因助教工作未能前往。

1940年

曾有应邀赴南糯山思普茶场调查植物的计划，因系中无经费，后未成行。是年起通货膨胀日甚一日。只能随同学野外实习在昆明附近各采集点采集研究。

6月，考取北京大学研究生院研究生，导师系北大生物系主任张景钺。昆明大轰炸后，移居清华农业科学研究所，时在大普集与周家炽同屋，此时开始考订模式标本照片制成的卡片。

1942年

6月7日，恩师吴韫珍因病逝世。

7—8月，大理修县志，与学生云南大学助教刘德仪同往，与刘三登大理苍山洗马塘，并由础石厂登兰峰，见三个冰川小湖，又沿清碧溪，登洗马塘。事后由邓川、鹤庆至丽江，登玉龙雪山至四千五百米，归途经剑川，来回均随马帮，约采标本两千余号。

是年开始（至1952年），以十年功夫陆续写成中国植物模式标本及存放地的有关文献等卡片约三万张，卡片存在北京植物所和昆明植物所。

1945年

5月，在中国医药研究所中与经利彬、匡可任、蔡德惠合作编著完成《滇南本草图谱》第一集，代吴韫珍师发表石竹科一新属。

此时，从事药用植物考证，并著文论述植物名称上"胡、番、洋"的不同年代和传入路线。

1946年

在华西边疆学会杂志上发表《瑞丽地区植被的初步研究》（附：植物采集名录），但只发表了一半，即复员北平。

8月，回到北平。

1949年

11月1日，中国科学院成立。

12月，奉调中国科学院。

本月，任静生生物调查所整理委员会副主任。

1950年

4月，与原北研动物研究所所长张玺赴青岛为海洋生物研究所选址。

5月，任植物分类研究所副所长。

夏，第二次赴天津了解北疆博物院桑志华（Licent）神父标本情况。随竺可桢副院长组织的东北考察团赴沈阳、长春、哈尔滨等地，参加调查东北地区的科技机构和自然资源状况。与朱弘复同赴伊春小兴安岭考察原始红松林和落叶阔叶混交林。

1951年

1—3月，奉派与陈焕镛、侯学煜、徐仁组成代表团参加在印度新德里召开的"南亚栽培植物之起源及分布学术讨论会"，会后参观访问"五印度"。回国后发表访问报告。

8月，组织崔友文、贾慎修随中央文化教育委员会的西藏工作队进藏，在昌都地区采集标本七百余号。

8—9月，在陈云副总理领导下，参与橡胶草、橡胶树种植和野生橡胶植物调查计划的制订，始识何康。

1952年

3—6月，借调中央农业部，陪同苏联捷米里亚采夫农业科学院伊凡诺夫院士赴华北、东北、华东、华中、华南等地考察农业及研究机构。首次见到浙江萧山的集约农业和广东顺德的"桑基鱼塘"式的循环农业。在杭州笕桥初识过兴先。

与钱崇澍、胡先骕、林镕等共同鉴定刘慎谔送来的美军飞机在东北地区撒下的两种树叶，并写成报告，以反对细菌战。

1953年

2—6月，参加由钱三强、张稼夫领导的科学院二十人代表团赴苏联访问，由西伯利亚大铁路达莫斯科、基辅、列宁格勒，后经新西伯利亚城转塔什干。又经西伯利亚回国后在长春总结一个月，相继发表《苏联植物学家在改造自然与利用自然资源方面的工作》及《苏联植物学研究工作概况》等文。

6月，组织钟补求、李璞随中央文化教育委员会的西藏工作队进藏，考察植物和地质。采集标本两千余号。

秋，奉科学院指派，与罗宗洛、马溶之、李庆逵四人视察海南、粤西的橡胶栽培情况。为橡胶树在北纬18°—24°大规模栽培技术打下了初步基础。

下半年，在科学院京区大会上，提出中国大区专题综合考察的建议。

12月，赴广州接管中山大学农林植物研究所，扩建为科学院华南植物研究所，并在龙眼洞初选华南植物园园址。

1954年

组织中德（民主德国）考察队，由刘慎谔陪同H. Hanelt等赴东北考察。

1955年

年初，参与调查和选定北京植物园园址，并与北京市谈合作建立北京植物园事宜。

2—7月，参加中苏联合云南考察，与三位苏联植物学家考察苍山，四上洗马塘。云南工作小结完成后，同登峨眉山至金顶。

10月，遴选为中国科学院学部委员。

1956年

2—7月，与苏联植物学家联合云南考察后同到青岛。

夏，参加土壤研究所邹国础领队的贵州综合考察。

10月,参加由竺副院长主持的华南热带资源小组讨论,提出建立自然保护区建议。

是年,科学院自然资源综合考察委员会成立。

1957年

2—7月,与苏联科学院动物研究所、植物研究所有关学者合作,在云南进行生物资源考察,队长为刘崇乐,与蔡希陶同任副队长。与寿振黄考察小勐养自然保护区,并向云南省政府提出在云南建立二十四个保护区的具体建议。

3月,陪同竺副院长视察华南热带资源综合考察工作。主持华南热带资源开发科学讨论会,在会上作报告。

1958年

春,同罗青长秘书随周恩来总理到广东省新会县视察,重点视察野生植物利用问题。回广州时,与罗青长两人随周总理视察江门甘蔗化工厂。

8—9月,接待苏联苏卡乔夫院士赴海南考察,后到昆明赴普文为云南热带生物地理群落站选点。稍后又与小费多罗夫(A. An. Fedorov)等植物学家于大猛龙的曼仰广龙山选得群落站站址。旋与李庆逵为该站奠基,并在附近小街初建热带植物园。

年底,任昆明植物研究所所长。举家迁往昆明。由段金玉组建植物生理研究室。

是年,与云南大学生物系姜汉侨、省气象局樊平等初步制定云南农业自然区划。

1959年

春,参加中央商业部在安徽黄山开办的"小秋收"展览会,但未见黄山真面目,即被催回。

夏,在西双版纳接待苏联柯马罗夫植物研究所所长巴拉诺夫(A. Baranov)一行。

是年，组织云南省各专区的经济植物调查。陈介、李锡文、黄蜀琼、武素功等参加。北京植物所拟在昆明"三线建设"，派先遣人员陈介夫妇、黎兴江、王今维、李恒夫妇、武素功、包世英等先后来昆，并在安宁温泉附近选点，选定楸木园后进行300万元以内的规模基建。

1961年

1月22日，郭沫若院长视察昆明植物所并题诗。

2月，随竺老出席在广州召开的热带资源开发利用工作会。在会上提出"开发热带作物同时要建立自然保护区"的建议，此会重点是研究橡胶、油料代用品和热带水土保持等。

9月4—7日，参加在西颐宾馆召开的中国植物志编委扩大会议，会后向自然资源综合考察委员会汇报云南综考工作，作为热带资源综合考察八年来工作的结束。

12月，赴桂林参加花坪林区自然保护区规划会。同月，李继侗师逝世。

1962年

5—6月，带队赴古巴进行热带植物考察。途经苏联莫斯科、捷克斯洛伐克首都布拉格，乘捷机飞经爱尔兰，越大西洋，至加拿大东北沿北美大西洋岸，直达古巴首都哈瓦那，考察古巴全国，南至松树岛。均采集少数标本。并由卫生部李德全部长带回一大包果实种子，分在海南、滇南热带植物园试种。

7—8月，与云南大学朱彦丞教授等到丽江玉龙山、中甸哈巴雪山进行植被和植物区系调查。

1963年

2月，召开所务扩大会议，吴征镒作"三个战场，八大兵种"建设综合研究所报告，提出"花开三带、果结八方、群芳争艳、万紫千红"的目标。

3月，在西双版纳允景洪召开热带生物地理群落站四年（1959—1962）总结会议，并制定十年远景规划。竺可桢副院长和北京植物所汤佩松副所长到会。但此站工作于一年后终止。

7—9月，与周俊、李恒、王守正等赴滇东南西畴、广南、麻栗坡、富宁等地考察、调查、采集标本，得标本近千号。

1964年

9月，在庐山出席中科院第一次植物引种驯化学术会议，与俞德浚、陈封怀等登含鄱口。

10—11月，与肖培根等赴柬埔寨进行热带植物区系和资源考察。

11月，与汤彦承、张永田赴越南北方进行植物区系考察，足迹几遍北越，完成后得越南科委奖章。离河内时，越美开战。

本年6月起至1971年3月，为云南中医中药展览会中的中草药标本进行学名订正。做《新华本草纲要》中由中草药文献考订的植物名录四本。

1972年

恢复业务组工作，任所革委会生产组组长。

夏，去嵩明一带"拉练"，后又与张敖罗等赴蒙自草坝党校学习。

秋，去彝良小草坝朝天马视察周铉人工种植天麻工作。

1973年

本年，担任《中国植物志》副主编。

1974年

春，随中科院秦力生秘书长、石山等访问菲律宾，到马尼拉和吕宋岛（碧瑶）。参观各有关部门的遥感设施，访问国际水稻研究所和碧瑶的蚕桑研究所，并见到以椰子为主的海岸综合农业。

1975年

5—7月，第一次经西宁、格尔木赴青藏高原进行科学考察，经西宁、格尔木沿青藏线至拉萨、日喀则，西达萨格，南至山南。归程经川藏线返回，与李文华、武素功同下三峡，至黄山疗养，登上诸峰，并到西海。

1976年

6—9月，第二次赴青藏高原进行科学考察，由滇藏路入藏。主要在林芝一带和藏东北及昌都地区。归途自雅安，转峨眉（重登金顶）、峨边、天全和泸定，达西昌、盐源、石棉、会理，途经金沙江的红军长征故道。返昆后三日，"四人帮"被揪出。

11月，在湘潭韶山参加《中国植被》《中国植被图》编辑南方片会议。顺访毛主席和刘少奇故居。

1977年

3月，人代会后，赴西安，堂弟吴敬持自咸阳来访，同游碑林等古迹。应陕西省植物学会和武功农学院之邀，赴武功作学术报告，由院长辛树帜主持。并参观该院和西北植物研究所（即前之武功工作站）。

1979年

4月15日至5月底，参加科学院组织的以汤佩松为团长的植物学会代表团赴美国访问，任副团长。

9月，率中科院生态学考察团赴英国、瑞典考察，任团长。

1980年

6月，日本植物学会会长原宽教授夫妇访问昆明植物所。

8月，接待时任美国植物学会主席 Peter H. Raven 夫妇访问本所，陪同游览石林风景区等。后和闵天禄陪同考察峨眉植物，并三登金顶。此后，中美双方开始互派植物学工作者共同工作。

9月，应日本学术振兴会邀请，首次访日，在东京、京都、日光、仙台、札幌等地，结识了北村四郎、柴田承二、前川文夫、津山尚、岩槻邦男、大桥广好、大场秀章、小山博滋等学者。

1981年

2—3月，赴南美三国委内瑞拉、巴西、阿根廷进行科学考察。

4月，接待英国植物学家赴大理一带考察。

5月，组团第二次赴英考察其自然保护区。

8月19—25日，出席在澳大利亚悉尼召开的第十三届国际植物学会议，任副团长，团长汤佩松。会后与侯学煜等访布里斯班（Brisbane）自然保护区。

9月，经院外事局批准，接收联邦德国嘉比·洛克（Gaby Lock）女士为博士研究生，研究题目为"滇中地区植物区系的组成和特征"。洛克完成毕业论文后于1983年9月毕业归国。

11月，赴景东哀牢山徐家坝为山地常绿阔叶林生态系统观察站选址。

1982年

6月，赴西宁参加生物学部评议西北高原生物所。会后应新疆维吾尔自治区植物学会邀赴新疆讲学和进行植物区系考察，吕春朝陪同，风雪中经祁连山到张掖，乘火车达新疆乌鲁木齐。考察吐鲁番、伊犁等天山北路，过冰达板到新源野果子沟和巴音布鲁克草原。

7月，出席贵州梵净山科学考察学术讨论会。

9月25日，与徐仁、侯学煜，参加在密苏里植物园召开的东亚北美植物区系学术讨论会，发表"关于太平洋洲际间断分布的重要性"一文，并在大会宣读。会见贺善安、张敖罗、陈心启、郑重等。

10月，应施雅风之邀参加在安徽屯溪召开的中国第四纪冰川学术讨论会。在会议作"On The Evolution of North Temperate Conifers"学术报告，讲第四纪冰川对世界北方针叶林（Taiga）发展的影响。会后顺访祖籍徽州（即歙县）。

1983年

5月，访西北植物所，时王作宾还在。归途顺访骊山、参观兵马俑，在咸阳访堂弟吴敬持。

7月，生物学部评议东北林业土壤研究所（今称应用生态研究所）。会后专访长白山，在天池附近与王伏雄合影于高山草甸上，会后又赴千山考察。

8月，先赴梵净山后赴湘西考察，李恒等随行。在梵净山李永康陪同，在湘西中南林学院教授祁承经陪同。经吉首、到永顺小溪，登天平山顶的中生混交林，最后在桑植、大庸一带考察。在张家界和长沙作报告，建议将慈利、桑植、大庸三处旅游点合为一个国家公园。

9月，参加生物学部评议武汉植物研究所及磨山植物园。

10月，退休，由周俊代理所长。

12月，不慎摔倒左股股骨颈粉碎性骨折，住昆明医学院第一附属医院，静卧养伤达八个月之久，幸得自然愈合，但从此扶杖。

1985年

5月，赴贵阳开授植物地理学讲习班，孙航、彭华等参加。重访张宗和。

6月，由吕春朝陪同赴山东考察，赴曲阜、泰安、济南、青岛。登泰山，从日观峰下石峪。在崂山巧遇徐仁。

6—7月，应联邦德国马普学会邀请访问德国，赴慕尼黑、吐宾根、海得尔堡、波恩、科隆、柏林、汉堡等地。

7月，赴英国，参加在伦敦南部布莱顿召开的第三届国际系统植物学和进化植物学讨论会，任中方联系人，并在会上报告中国龙脑香科望天树的情况。

10月，院部授予昆明植物所名誉所长称号。同月，到四川灌县参加联合国山地研究中心召开的会议，应李文华约，在会上提出综合治理小流域的意见，并成文投刊 *Intecol Bulletin*（《国际生态杂志》）。

冬，在云南省植物学会于武定狮子山开设的讲习班讲述植物区系地理学。稍后，赴厦门鼓浪屿开《中国植物志》编委会审稿会，行前赴北京大学医学院附属医院看望俞德浚、徐仁两位院士。

1986年

3月3—12日，应日本放送协会邀请，到东京为《云南の植物》定稿。三晤原宽。

7月，第一次赴四川松潘、黄龙寺、九寨沟进行野外考察。

9月，与李恒等第二次赴九寨沟进行野外考察。

11月，到武汉，与钱保功院士赴鄂西房县神农架野外考察，下巴东见到千年以上铁杉大树和香果树大树。同月，出席中国自然资源综合考察委员会成立三十周年纪念会。

1987年

7月24日至8月1日，赴联邦德国柏林出席第十四届世界植物学会。临时被邀宣读论文"横断山区植物区系的重要性"，介绍有关芒苞草的系统位置和区系来源的意见。

本年，担任《中国植物志》主编。

1988年

3—4月，应河南农业大学丁宝璋邀请，与周铉到该校讲植物地理学，后又到新乡河南师范大学讲学，到洛阳观牡丹。

夏初，应中科院成都生物所邀请，与郑国锠院士同往讲学。

10月1—11日，赴美国圣路易密苏里植物园，谈判并签订中美合作编辑和出版《中国植物志》的英文增订版（*Flora of China*）协议，崔鸿宾、戴伦凯、陈心启、夏振岱等同去，并出席第一次联合编委会。

1989年

9月，在福州开《中国植物志》编委会后，考察鼓山，后赴武夷山自然保护区考察，福建师范学院林来官教授等同行，历时一周，曾沿一沟谷登顶，下可见江西境内的共青城。

10月15—31日，应日本药学会、广岛大学田中治邀请，由夫人和杨崇仁陪同赴日本广岛、九州岛、长崎、京都参观访问，并在熊本参加日本药学会第三十六届年会，在大会上作学术报告。在长崎结识大桥裕。

11月，由夫人陪同出席在海南海口召开的"热带人工群落与热带、亚热带土地合理利用开发"国际学术讨论会，并在会议上致开幕词。

1990年

4月，赴广东肇庆鼎湖山，主持"中国种子植物区系研究"大课题南方片工作会议并在自然保护区考察。会后由张宏达教授陪同赴粤西北黑石顶中山大学的定位观察站考察。

6月，赴兰州，主持"中国种子植物区系研究"大课题北方片工作会议，后赴兴隆山、马衔山考察。

7月8—28日，与自然科学基金会齐书莹、本所李恒访问加拿大。

7月28日，从加拿大赴美，直飞波士顿，与夫人会于哈佛大学，在标本室工作两个月。在阿诺德树木园参加 *Flora of China* 中美合作第三次联合编委会。三访密苏里植物园，并鉴定该园标本室有关标本。归途时访问夏威夷，由夏威夷大学唐崇实夫妇接待。

10月12日，回国，至上海，评议复旦大学胡嘉琪的研究工作。稍后，从上海转杭州，至26日参加在杭州植物园召开的中国植物志编委会，并考察天目山自然保护区，与韦直、汤彦承同登天目山老殿。后又经桐庐、建德至新安江水库（即千岛湖），谒海瑞祠，在桐庐登桐君山。

1992年

5月，应李博院士邀请，赴内蒙古考察中科院草原工作站，后重访呼和浩特。

7月11日至10月1日，李德铢陪同，赴英国邱园鉴定标本。其间参加在邱园召开的世界豆科植物学术研讨会，华南植物所吴德邻等参加，会间重晤 H. Hanelt。后又到法国巴黎，在法国国家博物馆标本室工作，路过瑞士至奥地利，访问维也纳博物馆、维也纳大学植物研究所等，重晤 F.

Ehrendorfer 教授。

1993年

早春，与夫人应邀赴南京访问南京土壤研究所，访旧友李庆逵夫妇及黄胜白各于其家中。后土壤所派车至扬州，访二十四桥和吴道台宅第。后经扬州至江阴、常熟、常州，到常州戚墅堰八弟家。

7月，区系大课题在湖南株洲开中期协调会，武素功等同往。会后中南林学院祁承经教授陪同，访湘东炎帝陵和赣西井冈山。

8月25日至9月6日，与夫人同赴日本大阪、神户、横滨等地访问。在大阪参加美、英、中、日四国首席学者座谈会，作了"人类生态，植物资源与近代农业"的报告。在横滨参加第十五届国际植物学大会，在分类学组大会上报告"中国－日本和中国－喜马拉雅区系的联系和分异"。会后参加在日光召开的 *Flora of China* 第五次联合编委会，日本学者始参加 *FOC* 的编纂。日本学者曾赠日本特有单型科蕨叶草科二株，归途经南京中山植物园转赠后未能存活。

10月，赴成都参加中国植物学会六十周年大会，在分类学组大会上作报告。

12月6—20日，与武素功同访泰国，在曼谷识其国家标本馆的 Phengklai 教授，由此北上访清迈和金三角，自清迈回昆。归途采少量标本。

12月，周浙昆陪同往杭州参加《浙江植物志》验收会。后同访宁波天一阁，见伯祖手迹，并去奉化。

1995年

4月4—15日，赴英国爱丁堡出席 *Flora of China* 第七次联合编委会。4月15日，因植物志疑难问题，回程时从英国乘机，与陈心启、戴伦凯等同赴俄罗斯圣彼得堡柯马罗夫植物研究所看模式标本，与 Linchevski 和 Kirpichnikov 教授四十年后重逢。

5月22日返京，自此结束国外考察访问。

1996年

春，最后一次去勐仑西双版纳热带植物园，与过兴先夫妇、蔡希陶夫人黄蜀琼共同参加蔡希陶教授纪念会，并为纪念蔡老的石雕揭幕。会后至勐腊望天树林作最后考察，并登林内索桥。

1997年

11月11—17日，应海峡两岸植物多样性与保育学术会议邀请，由夫人陪同赴台湾访问，经香港顺访香港中文大学，在台湾与胡秀英、洪德元、陈心启等同行。经台中、台北、基隆、台东，南至台南海滨，但未能上高山，采集部分标本。

1999年

10月，赴日本大阪出席日本花卉绿地博览会，被授予"COSMOS"国际大奖。重访东京和京都。三访北村四郎教授于其家中。

2000年

9—10月，因白内障、青光眼，双目作换人工晶体术，获得成功。

2001年

5月，赴丽江，参加中英合作的丽江高山植物园恢复成立典礼。

6—7月，由李德铢陪同，两次赴京参加"西南野生生物种质资源库"项目立项会和项目论证答辩会。

2002年

5月，赴京参加中国科学院第十一次院士大会。

2003年

12月，获得何梁何利基金会授予的科学与技术成就奖，赴京出席颁奖大会。得奖后以四十万元在清华生物技术系成立"三代奖学金"，以纪念钱崇澍以下的三代生物学优秀人才，以激励后进。同月，与路安民、汤彦承、陈之端、李德铢合著的《中国被子植物科属综论》出版。

2004年

11月，经国家批准的中国西南野生生物种质资源库在昆明植物所内破土建设，与陈竺副院长出席奠基仪式。

2005年

9月，时逢著名植物学家胡秀英九十七大寿，深圳仙湖植物园和植物分类学报联合在深圳主办"中国植物学百年回顾学术交流会"，为胡秀英祝寿，写专文"平生风义兼师友——胡秀英博士素描"以致祝礼，因耳目不灵，行动不便，未到深圳。

2006年

8月7日，中科院院长路甬祥视察昆明各所，承蒙来家中看望，促膝相谈甚畅。

12月23日，《云南植物志》验收会在本所召开，在会上由孙航代作书面发言。

2007年

1月，应任继愈先生盛邀任《中华大典·生物学典》主编，并在昆明出席《中华大典·生物学典》启动会并作发言。

6月，在本所出席《中华大典·生物典·植物分典》启动会，作书面发言。

2008年

1月8日，获国家最高科学技术奖，赴京参加受奖仪式。

7月，为帮助编纂《中华大典·生物学典》的各位同仁学习古文和熟悉古籍文献，撰写"识古字、学古文与编《大典》"一文。

2010年

本年，接受采集小组采访。

2011年

为哀牢山生态站建站三十周年题词"坚持中发展，发展中创新"。

2013年

6月20日，在昆明去世。

附录二 吴征镒主要论著目录

论文

[1] C Y WU. A PRELIMINARY SURVEY OF THE VEGETATION OF SHWELI REGION WITH AN ENUMERATION OF PLANTS COLLECTED [J]. 华西边疆学会杂志, 1946, xv: 149-175.

[2] 钱崇澍, 胡先骕, 吴征镒, 等. 美军飞机在朝鲜北部和中国东北撒布两种朝鲜南部特产树叶的报告 [J]. 科学通报反细菌战特刊, 1952: 132-133.

[3] 吴征镒, 侯学煜. 参加印度南亚栽培植物之起源及分布讨论会经过 [J]. 科学通报, 1952, 5: 517-520.

[4] 吴征镒. 中国植物学历史发展的过程和现况 [J]. 植物学报, 1953, 2 (2): 335-348.

[5] 吴征镒. 苏联植物学家在改造自然与利用自然资源方面的工作 [J]. 科学通报, 1953, 10: 17-2.

[6] 吴征镒. 苏联植物学研究与农业生产的结合 [J]. 科学通报, 1953, 11: 35-39.

［7］钱崇澍，吴征镒，陈昌笃. 中国植被的类型［J］. 地理学报，1956，22（1）：37-92.

［8］吴征镒，王文采. 云南热带亚热带地区植物区系研究的初步报告（I）［J］. 植物分类学报，1957，6（2）：183-250.

［9］吴征镒，王文采. 云南热带亚热带地区植物区系研究的初步报告（I）（续）［J］. 植物分类学报，1957，6（3）：267-300.

［10］吴征镒，陈昌笃. 中国植被图 // 中华人民共和国地图集［C］. 地图出版社，1957.

［11］吴征镒. 云南东南部植被类型及其分布情况［J］. 华南热带资源开发讨论会会刊，1957.

［12］吴征镒. 我国热带地区植被的特点及其利用改造问题［J］. 华南热带资源开发讨论会会刊，1957.

［13］吴征镒，王文采. 对"云南热带亚热带地区植物区系研究的初步报告（I）"的一些订正［J］. 植物分类学报，1958，7（2）：193-196.

［14］吴征镒. 中国唇形科植物订正［J］. 植物分类学报，1959，8（1）：1-66.

［15］吴征镒，周铉. 心叶石蚕属、全唇花属——云南唇形科二新属［J］. 植物分类学报，1962，10（3）：247-252.

［16］吴征镒. 中国植物区系的热带亲缘［J］. 科学通报，1965，1：25-33.

［17］吴征镒，李锡文，宣淑洁，等. 中国唇形科植物志资料（I）［J］. 植物分类学报，1965，10（2）：143-166.

［18］吴征镒，李锡文，宣淑洁，等. 中国唇形科植物志资料（II）［J］. 植物分类学报，1965，10（3）：215-242.

［19］吴征镒，周铉. 唇形科的两个新分类单位［J］. 植物分类学报，1965，10（3）：249-257.

［20］吴征镒，陈介. 中国唇形科植物志资料（III）［J］. 植物分类学报，1974，12（1）：21-33.

［21］吴征镒，黄蜀琼. 中国唇形科植物志资料（IV）［J］. 植物分类学报，

1974，12（3）：337-346.

［22］周俊，黄伟光，吴征镒，等. 人参属植物的三萜成分和分类系统、地理分布的关系［J］. 植物分类学报，1975，13（2）：29-45.

［23］吴征镒，黄蜀琼. 中国茄属及红丝线属植物志资料［J］. 植物分类学报，1978，1:（2）：72-80.

［24］吴征镒. 论中国植物区系的分区问题［J］. 云南植物研究，1979，1（1）：1-22.

［25］吴征镒，何铸. 四川堇菜科一新种［J］. 云南植物研究，1979，1（1）：149-151.

［26］吴征镒，李恒. 西藏楝科两新种［J］. 植物分类学报，1980，18（1）：110-111.

［27］吴征镒，陈书坤. 中国远志科植物志资料［J］. 云南植物研究，1980，2（1）：75-90.

［28］吴征镒，李锡文. 对《中国植物志》65（2）、66卷册唇形科的一些说明［J］. 云南植物研究，1980，2（2）：235-239.

［29］吴征镒，庄璇. 绿绒蒿属分类系统的研究［J］. 云南植物研究，1980，2（4）：371-381.

［30］吴征镒，吴珍兰，黄荣福. 华福花属五福花科一新属［J］. 植物分类学报，1981，19（2）：203-210.

［31］徐永椿，王从皎，吴征镒，等. 我国山毛榉科植物中一个新分布的属三棱栎属［J］. 云南植物研究，1981，3（2）：213-215.

［32］吴征镒. 五福花科的另一新属，兼论本科科下进化和系统位置［J］. 云南植物研究，1981，3（4）：383-388.

［33］Wu Cheng-yih, Tang Yeng-cheng, Li Xi-wen, et al. Dissertations upon the Origin, Development and Regionalization of Xizang Flora through the Floristic Analysis［M］//Liu Tong-sheng. Proceedings of Symposium on Qinghai-Xizang Plateau, Geological and Ecological Studies of Qinghai-Xizang Plateau：II. Science Press, 1981.

［34］Wu Cheng-yih, Shu Zhi-yun, Zhuang Xuan. The Evolution Of Some

Sections on the Genus Corydalis in Qinghai-Xizang Plateau [M] // Proceedings of Symposium on Qinghai-Xizang Plateau, Geological and Ecological Studies of Qinghai-Xizang Plateau: II. Science Press, 1981.

[35] 吴征镒, 苏志云. 中国紫堇属伞花紫堇组的初步研究 [J]. 云南植物研究, 1982, 4 (1): 1-6.

[36] 吴征镒, 庄璇. 中国紫堇属鳞茎紫堇组的研究 [J]. 云南植物研究, 1982, 4 (1): 7-16.

[37] 吴征镒, 李锡文. 论唇形科的进化与分布 [J]. 云南植物研究, 1982, 4 (2): 97-118.

[38] 吴征镒, 唐昌林. 川滇蝇子草属新分类群 [J]. 云南植物研究, 1982, 4 (2): 145-156.

[39] C Y Wu, On The Significance of Pacific Intercontinental Discontinuity. Annals of the Missouri Botanic Garden, 1983, 70 (4): 577-590.

[40] 吴征镒, 庄璇. 中国紫堇属糙果紫堇组的研究 [J]. 云南植物研究, 1983, 5 (3): 239-260.

[41] 吴征镒, 陈书坤. 中国绞股蓝属 (葫芦科) 的研究 [J]. 植物分类学报, 1983, 21 (4): 355-369.

[42] 吴征镒, 庄璇. 中国紫堇属曲花堇组的研究 [J]. 云南植物研究, 1984, 6 (3): 237-265.

[43] 吴征镒. 吴征镒教授学术报告专集 [J]. 湘州林业科技, 1984, 7: 1-51.

[44] 聂瑞麟, 森田俊信, 吴征镒, 等. 中国葫芦科药用植物的皂甙成分 [J]. 植物药, 1984, 50 (4): 322-327.

[45] 吴征镒, 庄璇. 秃疮花属二新种 [J]. 云南植物研究, 1985, 7 (1): 87-89.

[46] 苏志云, 吴征镒. 中国的紫堇属延胡索亚属的分类、分布、演化趋势及其用途 [J]. 云南植物研究, 1985, 7 (3): 253-276.

[47] 吴征镒, 陈宗莲. 中国葫芦科植物志资料雪胆属 [J]. 植物分类学报, 1985, 23 (2): 121-143.

[48] H Hara, Cheng-yih Wu. A New Species of Galium (Rubiaceae) from Yunnan, China. Jornal of Japanese Botany, 1986, 62 (3): 74-76.

[49] Wu Zhengyi. Relationship Between Watershed Ecosystems and Use of Natural Resources in the Tropical and Subtropical Mountian Regions of China. Intecol Bulletin, 1986, 13: 9-12.

[50] 吴征镒, 陈宗莲. 雪胆属 [M] // 中国植物志: 73 (1). 科学出版社, 1986.

[51] 吴征镒. 论西藏植物区系的起源和演化 [M] // 西藏植物志: 5. 科学出版社, 1987.

[52] 崔现举, 陈介, 吴征镒. 长柄山蚂蝗属新分类群和山蚂蝗属一新种名 [J]. 云南植物研究, 1987 (3).

[53] 方瑞征, 吴征镒. 越桔属新分类群 [J]. 云南植物研究, 1987, 9 (4): 379-395.

[54] 吴征镒. 论植物资源的合理利用与保护 [M] // 云南生物资源合理利用和保护论文集. 云南科技出版社, 1987.

[55] Wu Zhengyi. Henduan mountain flora and her significance [J]. Journal of Japanese Botany, 1988, 63 (9): 297-311.

[56] 聂瑞麟, 陈宗莲, 吴征镒, 等. 雪胆属植物的开发利用 [J]. 云南植物研究, 1988 (增刊 I): 29-37.

[57] 吴征镒, 张秀实. 中国桑科的一些新分类单位 [J]. 云南植物研究, 1989, 11 (1): 24-38.

[58] 杨亲二, 顾志健, 吴征镒. 云南乌头属牛扁亚属的核态研究 [J]. 植物分类与资源学报, 1994 (1).

[59] 邱声祥, 李德铢, 吴征镒, 等. 鹅绒藤属及其近缘属的化学分类兼论 Vincetoxicum 的恢复问题 [J]. 云南植物研究, 1989, 11 (1): 41-50.

[60] 吴征镒, 苏志云. 四川产紫堇属四新种 [J]. 云南植物研究, 1989, 11 (3): 311-316.

[61] Wu Zhengyi. Publication of the Flora of China will be a great contributed

to the scientific circles of the world [J]. Annals of the Missouri Botanical Garden, 1990, 77 (3): 427-429.

[62] 吴征镒. 植物园在前进与人类生态和植物资源有关的全球战略 [J]. 植物引种驯化集刊, 1990, 7: 203-211.

[63] 吴征镒, 潘锦堂. 横断山虎耳草属新分类群 [J]. 植物分类学报, 1990, 28 (1): 54-67.

[64] 唐亚, 吴征镒, 李恒. 斜翼属植物的订正 [J]. 云南植物研究, 1990, 12 (2): 126-128.

[65] 吴征镒, 庄璇. 紫堇属一新组南黄堇组 [J]. 云南植物研究, 1990, 12 (3): 279-286.

[66] 朱华, 吴征镒, 王洪. 西双版纳植物区系资料 (I) [J]. 云南植物研究, 1990, 12 (4): 375-380.

[67] 吴征镒, 庄璇. 紫堇属高紫堇组新分类群 [J]. 云南植物研究, 1990, 12 (4): 381-386.

[68] 唐亚, 吴征镒. 国产杜英科花粉形态的研究 [J]. 云南植物研究, 1990, 12 (4): 397-403.

[69] 李德铢, 邱声祥, 吴征镒. 鹅绒藤类群的化学分类 [J]. 植物分类学报, 1990, 28 (6): 461-466.

[70] 庄璇, 吴征镒. 中国紫堇属大叶紫堇组的分类与分布 [J]. 云南植物研究, 1991, 13 (2): 121-138.

[71] 吴征镒. 中国种子植物属的分布区类型 [J]. 云南植物研究专辑, 1991 (增刊Ⅳ): 1-139.

[72] 吴征镒, 佘孟兰. 西藏独活一新种, 云南植物研究, 1991, 13 (2): 274-276.

[73] 吴征镒. 中国繁缕属的一些分类问题 [J]. 云南植物研究, 1991, 13 (4): 351-368.

[74] 庄璇, 吴征镒. 紫堇属一新组—毛茎紫堇组 [J]. 云南植物研究, 1991, 13 (4): 369-371.

[75] 吴征镒, 谷粹芝. 变豆叶草族——中国虎耳草科一新族 [J]. 植物分

类学报，1992，30（3）：193-196.

［76］李建强，吴征镒，路安民. 赤瓟属新分类群［J］. 云南植物研究，1992，14（2）：133-134.

［77］马金双，吴征镒. 国产大戟属新资料［J］. 云南植物研究，1992，14（4）：362-372.

［78］李建强，吴征镒，路安民. 赤瓟亚族植物叶片中脉的比较解剖［J］. 云南植物研究，1992，14（4）：418-422.

［79］Ma Jinshuang, Wu Zhengyi. A synopsis of Chinese Euphorbia L. s.l. (Euphorbiaceae)［J］. Collectanea Botanica, 1993, 21: 97-120.

［80］李建强，吴征镒，路安民. 葫芦科赤瓟亚族植物的细胞学观察［J］. 云南植物研究，1993，15（1）：101-104.

［81］吴征镒. "中国种子植物属的分布区类型"的增订和勘误［J］. 云南植物研究专辑，1993（增刊）：141-178.

［82］马金双，吴征镒. 华西南大戟属的分类学修订［J］. 云南植物研究，1993，15（2）：113-121.

［83］韦仲新，吴征镒. 鹅掌楸属花粉的超微结构研究及其系统学意义［J］. 云南植物研究，1993，15（2）：163-166.

［84］苏志云，吴征镒. 紫堇属突尖紫堇组的订正［J］. 云南植物研究，1993，15（4）：353-360.

［85］杨亲二，顾志建，吴征镒. 云南乌头属牛扁亚属的核形态研究［J］. 云南植物研究，1994，16（1）：61-74.

［86］吴征镒，李恒，杨崇仁. 百合族的细胞地理学及各属间系统关系［J］. 云南植物研究，1994（增刊Ⅵ）：101-112.

［87］吴征镒，谷粹芝. 中国秋海棠属新植物［J］. 植物分类学报，1995，33（3）：251-280.

［88］Wu Zhengyi, Zhu Hua. Validation of a new species of Diospyros (Ebenaceae) from Yunnan, China, Novon, 1995, 5（3）：296.

［89］马金双，吴征镒. 中国大戟属的修订［J］. 云南植物研究，1995，17（3）：291-295.

[90] 梁汉兴, 吴征镒. 五福花科的分类、进化与分布[J]. 云南植物研究, 1995, 17 (4): 380-390.

[91] 李朝銮, 吴征镒. 中国崖爬藤属 (*Tetrastigma* (Miq.) Planch.) 植物系统分类研究[J]. 应用与环境生物学报, 1995, 1 (4): 307-333.

[92] 吴征镒, 庄璇, 苏志云. 论紫堇属的系统演化与区系发生和区系分区的关系[J]. 云南植物研究, 1996, 18 (3): 241-267.

[93] 吴征镒, 苏志云, 庄璇. 紫堇属新分类群[J]. 云南植物研究, 1996, 18 (4): 398-404.

[94] 吴征镒, 彭华. 论生物资源的合理开发利用和生物多样形的有效保护[J]. 世界科技研究与发展, 1996, 18 (1): 24-30.

[95] 吴征镒, 谷粹芝. 中国秋海棠属新分类群(续)[J]. 植物分类学报, 1997, 35 (1): 43-56.

[96] 彭华, 吴征镒. 无量山种子植物区系的关系和地位[J]. 山地研究, 1997, 15 (3): 151-156.

[97] 彭华, 吴征镒. 无量山种子植物区系科属的两种不同排序[J]. 云南植物研究, 1997, 19 (3): 251-259.

[98] 王印政, 高致明, 梁汉兴, 吴征镒. 峨眉尖舌苣苔(苦苣苔科)花部形态发生及其系统学意义[J]. 云南植物研究, 1997, 19 (3): 265-270.

[99] Wu Zhengyi. Recent Advances in Floristic Plant Geography in China [J]. Bulletin of the Chinese Academy of Sciences, 1997, 11 (4).

[100] Peng Hua, Wu Zhengyi, Lei Ligong. THE DIALECTICAL UNITY OF THE UTILIZATION OF PLANT RESOURCES AND THE CONSERVATION OF BIODIVERSITY——WITH A SPECIAL REFERENCE TO THE UTILIZATION IN WESTERN HUNAN TUJIA AND MIAO NATIONALITIES AUTONOMOUS PREFECTURE [J]. 吉首大学学报: 自然科学版, 1997, 18 (4): 24-32.

[101] 彭华, 吴征镒. 无量山中山湿性常绿阔叶林及其植物区系的初步研

究［J］.云南植物研究，1998，20（1）：12-22.

［102］吴征镒.在新建议的东亚植物区的背景下台湾植物区系的地位特论其森林系统分带的特点和来源［C］//海峡两岸植物多样性与保育.台湾自然科学博物馆，1998.

［103］Wu Zhengyi, Wu Sugong. A proposal for a new florisitic kingdom(realm), the E. Asiatic Kingdom, its delineation and characteristics［M］//Zhang Aoluo, Wu Sugong. Floristic Characteristics and Diversity of East Asian Plants. China Higher Education Press, Springer-Verlag, 1998.

［104］Wu Zhengyi, Lu Anmin, Tang Yancheng. A comprehensive study of "Magnoliidae" sensu lato, with special consideration on the possibility and necessity for proposing a new "polyphyletic-polychronic-polytopic" system of angiosperms［M］//Zhang Aoluo, Wu Sugong. Floristic Characteristics and Diversity of East Asian Plants. China Higher Education Press, Springer-Verlag, 1998.

［105］Cheng-yih Wu. Delineation and Unique Features of the Sino-Japanese Floristic Region［M］//Sino-Japanese Flora, its Characteristics and Diversification, The University Museum. The University of Tokyo, Bulletin, 1998, 37: 1-35.

［106］吴征镒，汤彦承，路安民，等.试论木兰植物门的一级分类一个被子植物八纲系统的新方案［J］.植物分类学报，1998，36（5）：385-402.

［107］Wu Zheng-yi. Two New Combinations in Chinese Scrophulariaceae［J］. Novon, 1999, 9: 288.

［108］周丽华，吴征镒.大果枸子的分类修订［J］.云南植物研究，1999，21（2）：160-166.

［109］周丽华，韦仲新，吴征镒.国产蔷薇科李亚科的花粉形态［J］.云南植物研究，1999，21（2）：207-211.

［110］周丽华，韦仲新，吴征镒.国产蔷薇科绣线菊亚科的花粉形态［J］.云南植物研究，1999，21（3）：303-308.

［111］周丽华，韦仲新，吴征镒．国产蔷薇科蔷薇亚科的花粉形态［J］．云南植物研究，1999，21（4）：455-460.

［112］周丽华，韦仲新，吴征镒．国产蔷薇科苹果亚科的花粉形态［J］．云南植物研究，2000，22（1）：47-52.

［113］周丽华，韦仲新，吴征镒．中国特有属牛筋条属的花粉形态与其系统位置［J］．云南植物研究，2000，22（2）：143-147.

［114］吴征镒，李德铢．甜菜树属我国云南产山柚子科一原始新属及其植物地理学意义［J］．云南植物研究，2000，22（3）：248-250.

［115］周丽华，龚洵，吴征镒．中国特有牛筋条属的核形态及其系统位置［J］．云南植物研究，2000，22（3）：282-285.

［116］周丽华，尹擎，吴征镒．矮生栒子的分类学研究［J］．云南植物研究，2000，22（4）：379-382.

［117］周丽华，吴征镒．中国蔷薇科一新属多蕊石灰树属［J］．云南植物研究，2000，22（4）：383-389.

［118］王印政，李军，梁汉兴，吴征镒，等．中国特有河口异叶苣苔（苦苣苔科）胚胎学研究［J］．云南植物研究，2001，23（1）：72-78.

［119］周丽华，吴征镒．栒子属黄杨叶系的分类修订［J］．云南植物研究，2001，23（1）：29-36.

［120］周丽华，吴征镒．小叶栒子的分类学研究［J］．云南植物研究，2001，23（2）：162-168.

［121］彭华，吴征镒．无量山半湿润常绿阔叶林的区系特征及保护生物学意义［J］．云南植物研究，2001，23（3）：278-286.

［122］吴征镒，彭华．国产广义大丁草属的订正及地理分布［J］．云南植物研究，2002，24（2）：137-146.

［123］吴征镒，路安民，汤彦承，等．被子植物的一个"多系-多期-多域"新分类系统总览［J］．植物分类学报，2002，40（4）：289-322.

［124］Li-Gong Lei, Zheng-Yi Wu, Han-Xing Liang. Embryology of *Zippeliabegoniaefolia*（Piperaceae）and its systematic relationships［J］.

Botanical Journal of the Linnean Society, 2002, 140: 49-64.

[125] Yu-Min Shui, Ching-I Peng, Cheng-Yih Wu. Synopsis of the Chinese species of Begonia (Begoniaceae), with a reappraisal of sectional delimitation [J]. Botanical Bulletin of Academia Sinica, 2002, 43: 313-327.

[126] 吴征镒, 周浙昆, 李德铢, 等. 世界种子植物科的分布区类型系统 [J]. 云南植物研究, 2003, 25 (3): 245-257.

[127] 吴征镒. "世界种子植物科的分布区类型系统"的修订 [J]. 云南植物研究, 2003, 25 (5): 535-538, 543.

[128] 吴征镒, 孙航, 周浙昆, 等. 中国植物区系中的特有性及其起源和分化 [J]. 云南植物研究, 2005, 27 (6): 577-604.

著作

[129] 经利彬, 吴征镒, 匡可任, 等. 滇南本草图谱: 第一集 [M]. 石印本, 1945.

[130] 吴征镒. 北京的植物 [M]. 北京出版社, 1958.

[131] 钱崇澍, 吴征镒, 侯学煜, 等. 中国植被区划 (初稿) [M]. 科学出版社 (内部发行), 1960.

[132] 吴征镒, 等. 中国经济植物志 [M]. 科学出版社 (内部发行), 1961.

[133] 吴征镒, 李锡文. 云南热带亚热带地区植物区系研究报告 [M]. 科学出版社, 1965.

[134] 吴征镒, 李锡文. 中国植物志: 唇形科之一; 唇形科之二 [M]. 科学出版社, 1977.

[135] 吴征镒. 云南植物志 [M]. 科学出版社, 1977-2005.

[136] 吴征镒, 李恒. 中国植物志: 天南星科、浮萍科 [M]. 科学出版社, 1979.

[137] 吴征镒. 中国植物志: 旋花科、花荵科、田基麻科 [M]. 科学出

版社，1979.

［138］吴征镒. 中国植被［M］. 科学出版社，1980.

［139］吴征镒，王荷生. 中国自然地理—植物地理：上［M］. 科学出版社，1983.

［140］吴征镒. 云南哀牢山森林生态系统研究［M］. 云南科学出版社，1987.

［141］吴征镒. 西藏植物志［M］. 科学出版社，1983-1987.

［142］吴征镒. 云南种子植物名录［M］. 云南人民出版社，1984.

［143］吴征镒. 云南の植物［M］. 日本放送协会，云南人民出版社，1986.

［144］吴征镒，朱彦丞. 云南植被［M］. 科学出版社，1987.

［145］吴征镒. 新华本草纲要［M］. 上海科学技术出版社，1988-1991.

［146］吴征镒. 云南生物资源开发战略研究［M］. 云南科学技术出版社，1990.

［147］C Y Wu, P H Raven. Flora of China［M］. Science Press, MissouriBotanical Garden, 1994-2004.

［148］吴征镒. 中国植物志：罂粟科、山柑科［M］. 科学出版社，1999.

［149］吴征镒，路安民，汤彦承，等. 中国被子植物科属综论［M］. 科学出版社，2003.

［150］吴征镒，陈心启. 中国植物志：第一卷［M］. 科学出版社，2004.

参考文献

[1] 西南联大校友会. 国立西南联合大学校史[M]. 北京：北京大学出版社，1996.

[2] 校庆丛书编委会. 扬中往事[M]. [未刊稿] 2002.

[3] 吴道台宅第管理处. 扬州的九十九间半：吴道台宅第[M]. 扬州：广陵书社，2006.

[4] 西南联大《除夕副刊》. 联大八年[M]. 北京：新星出版社，2010.

[5] 本书编委会. 树人堂下[M]. 香港：经济导报社，2007.

[6] 吴征镒. 吴征镒文集[M]. 北京：科学出版社，2006.

[7] 吴征镒. 百兼杂感随忆[M]. 北京：科学出版社，2008.

[8] 吴征镒. 吴征镒自传[M]. 吕春朝，整理. 北京：科学出版社，2014.

[9] 中国科学院昆明植物研究所. 吴征镒先生纪念文集[M]. 昆明：云南科技出版社，2014.

后 记

几点说明。接下"吴征镒学术成长资料采集"项目时,吴征镒年已九十五。他领衔编纂《中华大典·生物学典》正酣,幸者是吴老虽眼疾在身但头脑清醒、思路清晰,亲自解读《草木典》,考订物种,分疏文段,指导《植物分典》编撰工作。我们依据采集工程的要求,抓紧时机向吴老请教,收集有关资料、文稿、笔记、照片、视频和手稿等。当时的吴征镒院士办公室一套班子肩负三项任务。其一是国家重大出版工程项目的《中华大典·生物学典》(吴老任主编);其二是国家奖励办公室要求撰写最高科学技术奖获奖人传记;其三是本传记的"采集工程"项目。怎么办?吴老指示:"事情一件一件做,按先后次序来做。"故而,先做2007年接下的《中华大典·生物学典》任务。全国有十二家单位参加《生物学典》工作,参编人员年越古稀者占多数,从古籍整理和编纂人员高龄化两方面来说都具有明显的抢救性,历经十年编典,2016年提交文稿千余万字,经文稿修订,2017年10月正式出版。2008年来自国家奖励办公室下达"关于组织编写国家最高科学技术奖获奖人传记的函",吴征镒作为获奖人的传记列入《国家最高科学技术奖获奖人丛书》,于2019年6月提交《原本山川,极命草木:吴征镒传》,文稿四十余万字于2019年提交国家奖励办公室。"采集工程"任务,于2015年赴京做验收结题汇报,提交依类别收列汇总的口述资料、传记、证书、手稿、信件、照片、著作、论文、学术评价、新闻报道、视频、音频及其他等基本资料，捐赠吴征镒著作孤本《滇南本草图谱》第一集（线装本）一册。在前两项任务基本完成后，致力撰写《一生情缘植物学：吴征镒传》，于2019年9月得以脱稿。12月接到采集办文稿审阅意见，依据意见重新修订撰写提纲，得到认可后，于2020年3月完成修订。

一点感悟。1933年吴征镒考取清华大学生物系，立志学习植物学，吴征镒的父亲吴启贤问吴征镒："你学植物学到底有什么用？"当时吴征镒回答不了父亲的提问。直到2008年，吴征镒获得国家最高科学技术奖时，吴征镒才回答父亲的问题。他用自己的成绩回答了父亲。吴征镒认为，植物既是环境和资源的重要部分，又必用于提供资源以改造环境。植物是自然界里的第一生产力，在人居环境和生态建设中具有不可替代的地位和作用。吴征镒一生的植物学研究从调查国家植物家底起步，进而研究中国植物区系的来龙去脉，提出"被子植物八纲新系统"和"多系、多期、多域起源"理论；发现"植物有用物质的形成和植物种属分布区的形成历史有一定相关性"规律；提出科学合理利用植物资源的论点，提出建立自然保护区和野生生物种质资源库的战略性、前瞻性建议，使得生物多样性保育得到落实，在国家持续发展、生态环境建设和植物资源合理利用方面意义至深至远，"绿水青山就是金山银山"理念有了植物科学支撑。吴征镒是在国内完成全部教育、没有留学经历的植物学家。从他的所经所历，可以悟出学习和钻研植物大有作为，他的精神必将鼓舞众多后学者发奋图强，接下接力棒，形成磅礴之力，为中国植物科学事业的创新发展谱写更加辉煌灿烂的新篇章。

一点期望。如今的植物科学已经发展成宏观与微观相结合的综合性学科，并越来越被重视。世界植物种类有十分之一生长在我国，原产我国的植物，例如水稻、茶树、竹子、大豆、猕猴桃、花卉园艺植物等，已对世界产生深远影响，数量百余种之多。生物安全事关国家发展战略，故而生物资源、生物多样性保护成为国家发展战略核心之一。从国家大计着眼，希望学习植物科学知识从幼时培养做起，讲好老一辈植物学家的故事，引导和启发，让更多孩子对植物有好奇心、有兴趣感，希望更多的人关爱无处不在的植物，爱护无处不在的植物，因为植物是自然界的第一生产力。为此，我们还要继续付出不懈努力。

昆明植物研究所李德铢、孙航两任所长十分关注采集工程和传记撰写，指示有关职能部门全力配合，有难必帮，给予人力物力支持。杨云珊、康珠永初采集资料、归纳整理，颇费心力，献力良多，使得撰文有据可依。吴征镒院士夫人段金玉女士、儿女吴京、吴玉和儿媳陈爱珍大力辅佐，有问必回，有求必应，关注有加。其间吴老的多位师友、同事、学生百忙中接受采访，得益甚多。值此一并由衷诚谢。

承蒙华东师范大学陆晓光教授审阅书稿，赐教良多，特此致谢。

虽对吴老学术成长历程感悟甚多，心折殊深，又觉自己知之浮薄，对吴老人生哲理、治学精髓、为人之道领会肤浅，唯恐辜负期盼。衷心希望读者对书中的错误予以指正，不胜感激。

吕春朝谨记于昆明黑龙潭

2022 年 4 月

老科学家学术成长资料采集工程丛书
已出版（139种）

《卷舒开合任天真：何泽慧传》　　《此生情怀寄树草：张宏达传》
《从红壤到黄土：朱显谟传》　　　《梦里麦田是金黄：庄巧生传》
《山水人生：陈梦熊传》　　　　　《大音希声：应崇福传》
《做一辈子研究生：林为干传》　　《寻找地层深处的光：田在艺传》
《剑指苍穹：陈士橹传》　　　　　《举重若重：徐光宪传》

《情系山河：张光斗传》　　　　　《魂牵心系原子梦：钱三强传》
《金霉素·牛棚·生物固氮：沈善炯传》《往事皆烟：朱尊权传》
《胸怀大气：陶诗言传》　　　　　《智者乐水：林秉南传》
《本然化成：谢毓元传》　　　　　《远望情怀：许学彦传》
《一个共产党员的数学人生：谷超豪传》《没有盲区的天空：王越传》

《含章可贞：秦含章传》　　　　　《行有则　知无涯：罗沛霖传》
《精业济群：彭司勋传》　　　　　《为了孩子的明天：张金哲传》
《肝胆相照：吴孟超传》　　　　　《梦想成真：张树政传》
《新青胜蓝惟所盼：陆婉珍传》　　《情系梁菽：卢良恕传》
《核动力道路上的垦荒牛：彭士禄传》《笺草释木六十年：王文采传》

《探赜索隐　止于至善：蔡启瑞传》《妙手生花：张涤生传》
《碧空丹心：李敏华传》　　　　　《硅芯筑梦：王守武传》
《仁术宏愿：盛志勇传》　　　　　《云卷云舒：黄土松传》
《踏遍青山矿业新：裴荣富传》　　《让核技术接地气：陈子元传》
《求索军事医学之路：程天民传》　《论文写在大地上：徐锦堂传》

《一心向学：陈清如传》　　　　　《铃记：张兴铃传》
《许身为国最难忘：陈能宽传》　　《寻找沃土：赵其国传》

《钢锁苍龙　霸贯九州：方秦汉传》　　《虚怀若谷：黄维垣传》
《一丝一世界：郁铭芳传》　　　　　　《乐在图书山水间：常印佛传》
《宏才大略　科学人生：严东生传》　　《碧水丹心：刘建康传》

《我的气象生涯：陈学溶百岁自述》　　《我的教育人生：申泮文百岁自述》
《赤子丹心　中华之光：王大珩传》　　《阡陌舞者：曾德超传》
《根深方叶茂：唐有祺传》　　　　　　《妙手握奇珠：张丽珠传》
《大爱化作田间行：余松烈传》　　　　《追求卓越：郭慕孙传》
《格致桃李半公卿：沈克琦传》　　　　《走向奥维耶多：谢学锦传》
《躬行出真知：王守觉传》　　　　　　《绚丽多彩的光谱人生：黄本立传》
《草原之子：李博传》

《此生只为麦穗忙：刘大钧传》　　　　《探究河口　巡研海岸：陈吉余传》
《航空报国　杏坛追梦：范绪箕传》　　《胰岛素探秘者：张友尚传》
《聚变情怀终不改：李正武传》　　　　《一个人与一个系科：于同隐传》
《真善合美：蒋锡夔传》　　　　　　　《究脑穷源探细胞：陈宜张传》
《治水殆与禹同功：文伏波传》　　　　《星剑光芒射斗牛：赵伊君传》
《用生命谱写蓝色梦想：张炳炎传》　　《蓝天事业的垦荒人：屠基达传》
《远古生命的守望者：李星学传》

《善度事理的世纪师者：袁文伯传》　　《化作春泥：吴浩青传》
《"齿"生无悔：王翰章传》　　　　　　《低温王国拓荒人：洪朝生传》
《慢病毒疫苗的开拓者：沈荣显传》　　《苍穹大业赤子心：梁思礼传》
《殚思求火种　深情寄木铎：黄祖洽传》《仁者医心：陈灏珠传》
《合成之美：戴立信传》　　　　　　　《神乎其经：池志强传》
《誓言无声铸重器：黄旭华传》　　　　《种质资源总是情：董玉琛传》
《水运人生：刘济舟传》　　　　　　　《当油气遇见光明：翟光明传》
《在断了 A 弦的琴上奏出多复变　　　《微纳世界中国芯：李志坚传》
　　最强音：陆启铿传》　　　　　　　《至纯至强之光：高伯龙传》

《弄潮儿向涛头立：张乾二传》
《一爆惊世建荣功：王方定传》
《轮轨丹心：沈志云传》
《继承与创新：五二三任务与青蒿素研发》

《材料人生：涂铭旌传》
《寻梦衣被天下：梅自强传》
《海潮逐浪　镜水周回：童秉纲口述人生》

《淡泊致远　求真务实：郑维敏传》
《情系化学　返璞归真：徐晓白传》
《经纬乾坤：叶叔华传》
《山石磊落自成岩：王德滋传》
《但求深精新：陆熙炎传》
《聚焦星空：潘君骅传》

《采数学之美为吾美：周毓麟传》
《神经药理学王国的"夸父"：金国章传》
《情系生物膜：杨福愉传》
《敬事而信：熊远著传》

《逐梦"中国牌"心理学：周先庚传》
《情系花粉育株：胡含传》
《情系生态：孙儒泳传》
《此生惟愿济众生：韩济生传》
《谦以自牧：经福谦传》

《恬淡人生：夏培肃传》
《我的配角人生：钟世镇自述》
《大气人生：王文兴传》
《历尽磨难的闪光人生：傅依备传》
《思地虑粮六十载：朱兆良传》

《世事如棋　真心依旧：王世真传》
《大地情怀：刘更另传》
《一儒：石元春自传》
《玻璃丝通信终成真：赵梓森传》
《碧海青山：董海山传》

《心瓣探微：康振黄传》
《寄情水际砂石间：李庆忠传》
《美玉如斯　沉积人生：刘宝珺传》
《铸核控核两相宜：宋家树传》
《驯火育英才　调土绿神州：徐旭常传》

《追光：薛鸣球传》
《愿天下无甲肝：毛江森传》
《以澄净的心灵与远古对话：吴新智传》
《景行如人：徐如人传》

《通信科教　乐在其中：李乐民传》
《力学笃行：钱令希传》
《与肿瘤相识　与衰老同行：童坦君传》

《没有勋章的功臣：杨承宗传》　　《科学人文总相宜：杨叔子传》